學校特色發展與創新

秦夢群　莊清寶　著

五南圖書出版公司 印行

輕撫上帝的面龐（代序）

　　湛湛晴空下，盡是鬱鬱蒼蒼的耀眼綠色。初抵哈佛，就被芊綿的春草與井然的建築所吸引。密密匝匝的長春藤穿過鐫刻拉丁文的古樓，無視於撚指而過的百年光陰。極目迴望，天光、雲影、風聲、鳥鳴，只有John Harvard的銅像在遠方屹立無語。

　　那是許久前的事了。當時剛拿到博士，應友人之邀至波士頓采風，順便搭乘頗為破舊的地鐵，跨河至鄰近的哈佛一遊。那天逛的是老校區，鋪滿苔痕的小徑，成片的野草閑花放肆地開著。白色雕像則隨處可見。密布的細紋裂痕，訴說著對於古典的眷戀。遠處教堂鐘聲響起，有人唱起悠揚的民歌。微風過處，滿地斑斕的落葉。整個校園宛如罩在一個遙遠的夢中。

　　徘徊許久，想拍張照留念，卻找不到刻有校名的大門。再三問津，當地學生多是一頭霧水。同行美國友人也說只要能自由進出，要大門做什麼？

　　沒有大門怎麼能號稱名校？幾百年來，哈佛學生自不起眼的小門進出，卻從未質疑學校的存在。這些年東奔西跑，發現海峽兩岸大學有志一同，紛紛建起沖天的黌宮大門，然後再找些名人題字，似乎覺得這樣就能與天地同朽。殊不知，校門即使再華麗，大樓即使再崢嶸，缺少積極創新的決心，大學充其量不過淪為混吃等死的地方。

多年前，與外國學者辯論何謂創新，當時援引禪宗《指月錄》的一段話回應：「老僧三十年前未曾參禪時，見山是山，見水是水。後來參禪悟道，見山不是山，見水不是水。而今得個休歇處，依然見山是山，見水是水。」

這段話詮釋的人極多，就創新的過程而言，「見山是山，見水是水」乃是現有的境界與狀況，充滿了虛幻迷惑。現況常令人質疑，但多數人卻抱著隨遇而安的心情，無意在既有結構中試圖改變。有志之士卻不如此，幾經懷疑、分析、批判與辯證，終於了解事物的表象乃是偶然的風景，接著進入「見山不是山，見水不是水」的境界。最後，創新者在生命的轉折處注入新的活水，終能改變現況再創高峰。所謂「見山又是山，見水又是水」，此時山水依舊，但在本質上已經有所差異。

說得具體一點，創新即是把現況事物的元素重新組合，進而創造績效，以滿足環境變遷的需求。然而知易行難，要想有成功的創新，配合條件眾多。舉其犖犖大者，可包括以下三者：一個尊重創新的時代氛圍、一群希望創新的夢想家，與一個協助實現創新的組織。

創新之路往往顛躓難行。猶記到學校參訪，發覺部分教師教學一成不變如老僧入定。有人質疑創新僅是嘗試錯誤，根本是朝令夕改。我回說：「以前你的班上有50人，現在減到20人，不改變可以嗎？」

個人如此，組織更是困難。發動創新往往影響既得利益者，反彈強度可想而知。然而，全球化的浪潮席捲而至，只想裝聾作啞而偏安一隅，必會遭到致命一擊。

此種衝擊絕不可小覷，小則影響個人生涯，大則危害文化發

展。南宋大儒朱熹登高觀賞風景，在山巔之處竟發現貝殼化石。此種地殼變動現象，如今已爲科學證實而成爲常識。然而，當時朱熹雖懷疑群山數萬年前或在海底，但警覺應立即脫離此種「形而下」的觀察，而回歸明心見性的修爲層次。「滄海桑田」本是地球物理研究的重要議題，但在理學昌盛的南宋，過度觀察實作卻是不務正業遠離正軌之事。無形之間，近代科學的種子難以萌發。第一流讀書人的心智埋在四書五經，鮮少有人願意從事「不合成本」的創新研究。

大學時讀李約瑟的《中國科學技術史》，驚歎古代中國科技之發展。扼腕的是，十六世紀以降近代科學卻未在中國生根，其關鍵就在政府沒有建立政策制度以刺激社會創新。啓蒙時代之後，歐洲積極利用科學與實驗進行創新，然而當時科舉制度卻綁死了中國知識分子，無心也無力投身於無功無利的科學研究。

此種現象影響甚鉅。明末撰寫《天工開物》的宋應星，記載描述中國古代130多項生產技術與工具，但卻是六試不第。其雖感於「士子埋首四書五經，飽食終日卻不知糧米如何而來」，但在功名路上卻屢戰屢敗，又怎能激發社會主流之支持？明朝科舉採用八股取士，考生所寫內容僅以程朱學派的註釋爲準。影響所及，考生行文命意必須依註作解，不得擅有新論，毫無獨立思考的空間。此種考試文化完全抹殺士子創意而難以開創新局。宋應星若是金榜題名，恐怕不會有空撰寫注重技術的實學。

所以，創新的夢想能夠實現，時代氛圍至關重要。不怕失敗、不講功利、不隨波逐流、心無旁鶩做有意義的研究，如此才能遨遊宇宙無限疆界，開啓時代嶄新契機。

負笈海外，最驚訝的是教授上課的態度。研究所課堂中鮮少

重複教材內容，講究的是多元觀點的討論。囿於英語能力，初抵美國總是惜語如金。指導教授不明白，數次提點，只得對其坦承心中猶豫。指導教授笑說：「我們對東方文化很有興趣，教育議題在不同場域各有其獨特詮釋。博士課程不該僅灌輸具體知識，必須多角度思考問題。你不發言，大家就失去聆聽新觀點的機會，這樣太可惜了！」

教授之言如醍醐灌頂。教育不是被動的灌輸，尤其是在眾聲喧嘩的時代。唯有聆聽不同立場，才能博採眾議，發展匠心獨運的觀點。有些研究機構，連在走廊與廁所中也備有紙筆，以便寫下突發之創新靈感。鼓勵標新立異，不強調標準化，盼望時間久了，就能激發智慧的火花。這過程看似很沒效率，但卻是組織另尋活水的不二法門。

有了時代的氛圍，創新也需要有夢想的人。他們充滿熱情，隨時希望革故鼎新，即使生命多舛，依舊矢志不渝。

西元1101年，在生命的最後，半生疏狂的蘇軾獲赦北歸。途經鎮江金山寺，見舊時畫像，深感書劍飄零，因而提筆寫道：「心似已灰之木，身如不繫之舟。問汝平生功業，黃州惠州儋州」，為一生做成總結。其中黃州、惠州、儋州乃是東坡歷年漂泊貶謫之處，生命之困頓可想而知。然而，他卻將其視為是畢生功業所在，原因耐人尋味。

在黃州，因為身背罪責皇帝禁其綜理政事，東坡於是寫下「大江東去，浪淘盡，千古風流人物」之千古絕唱。在惠州，東坡積極修築新橋與長堤，並引水入廣州，澤及百姓同飲甘泉。在現今海南島之儋州，東坡努力施行教化，未數年，當地人竟能金榜題名高中進士。

　　蘇軾的故事說明了即使環境再磽薄，只要有心，依舊可以推陳出新另闢蹊徑。山陬海澨之地，因爲東坡的流放與作爲，最後脫胎換骨而成膏腴之畝。荊棘載途的人生，東坡從未退縮。傲立於天地之間的，是其超逸脫俗的創新生命力。

　　始終難忘偏遠地區的教師，在艱困的環境中，針對文化不利的孩子發展新的課程教學。或許，鄙陋教室中的笑語，不能成爲學生未來出將入相的保證；然而，眞正的教育創新卻萌芽其中。荒煙蔓草的大地，不灑下種子，永遠不會有姹紫嫣紅的一天。

　　學校創新也是如此。如果一味趑趄不前，很快就會在墨守成規中垂垂老去，最後湮沒於歷史灰燼。創新需要勇氣，一份清新或是一點傻勁，就可能改變孩子的一生。在學校，鮮有叱吒風雲的萬世功業，有的只是見機而動的創新累積。成立班級圖書館、開設校本課程，看似無足輕重，時間久了就能重塑學校的風景。這裡面，沒有名，沒有利，有的只是希望打開枷鎖的一股憤懣。

　　創新不在乎大小，只要是正面有所作爲皆值得鼓勵。人們經常低估自我創新的能力，往往錯失爲周遭環境帶來改變的契機。創新者不見得皆是天縱英才，只要有所行動，就能爲他人的生命另闢蹊徑。我還能多做些什麼？改變些什麼？縱然人生風雨掩小樓，依舊堅持青春的純粹。創新者的目的不在從中圖利，而是爲了更上層樓。他們爲過眼風燈的時代，留下令人難忘的身影。

　　因此，轉個念頭，學校就能成爲創新的沃土。創新不能僅停留於夢想階段，必須搭配資源與作法，以有層次地實現夢想。這其中，錢不能少，理念策略更必須通權達變。此時，組織扮演的角色就至關重大。

　　猶記造訪名古屋大學是在穉夏季節，豔陽把校園楓樹的葉子照得晶亮。這個在二十一世紀已經產生六個諾貝爾獎得主的舊帝國大學，規模較東京大學為小，但表現卻不落人後。接待者引我們進入「諾貝爾紀念館」，其中赫然出現坂田昌一、平田義正教授的看板照片。兩位於1940年代分別設立物理與化學研究室，皓髮窮經多年，雖未得到諾貝爾獎，但之後名古屋大學獲獎者皆深受兩人影響。

　　靜靜的看著照片，兩間實驗室局窄簡麤，竟有如此巨大的成就，關鍵何在呢？

　　「兩位都堅持自由學風與培養學生做自己喜歡的研究，不需與他人競爭評比，不必在短時間內展現研究成果。認為只要具有探索與開拓精神的，就可以放手去做。」介紹者驕傲地解釋：「名古屋大學不追求number 1，但是要做only one」。

　　此種潛心研究堅持做only one的態度，日後竟創造出如許燦爛的成就。因為喜歡，所以披星戴月焚膏繼晷，十年磨一劍，總會在意想不到的地方大放異彩。走過校園，發現各樓教室走廊多設有白板，其上有學生討論問題的過程，字體各異卻寫得密密麻麻，難說其中沒有未來諾貝爾獎的得主。

　　名古屋大學的經驗告訴我們，創新除了必須具有直覺與靈感外，絕難一蹴而就。要想創建一己風格，首先需有面壁十年的決心。經年研究苦練，方能在摸索中獨出機杼。在創新這條路上，是沒有捷徑的。

　　小時候，讀過東晉王獻之寫完十八缸水的故事。習字秘訣無他，就在專注與苦練，方能有爐火純青的創新境界。再看五百年一大家的張大千，從小天賦異稟，之後遠赴風沙蔽日的敦煌臨摹

石窟壁畫，歷經五載艱辛，方能借古開新，建立蒼莽不羈的潑彩風格。與其同代之林風眠早年負笈法國，終年鑽研融合中西繪畫之方法。文革浩劫，數十年創作搗毀殆盡，但其在困頓中堅持創作，終能吸取民間工藝的古樸精髓，以獨樹一幟的幾何圖形，再創中國傳統繪畫之風格。

愛因斯坦曾說：「沒有僥倖這回事，最偶然的意外，似乎也都是事有必然的。」創新也是如此，一時的靈感，如果沒有鍥而不捨的凝聚，多半不會開花結果。創新很迷人但也是個苦差事，急功近利往往與成功擦身而過。

想想看，如果牛頓看到蘋果自樹上掉下，只覺運氣好有免費水果，就難有萬有引力定律之出現，近代天體運行觀念必將改寫。發現盤尼西林的弗萊明，發覺培養皿忘記上蓋而遭霉菌汙染。如果自認倒楣放棄進一步觀察，之後就無法產生抗生素，人類之傷亡恐難以估計。

我常想，一個擁有與實踐創新夢想的民族是有福的。面對紛至沓來的挑戰，有創新，心智未開的學生得以破繭而出；有創新，多災多難的人類方能迎向幸福。

這些年，始終記得1986年美國挑戰者號太空梭升空爆炸的瞬間。除了當時在電視前目睹外，還因為其中有一位女太空人Christa McAuliffe。身為教師，她希望能在太空中進行實驗教學，最後卻齎志以終。作為一位夢想家，她其實可以安享天命，但為了實踐創新，寧願把一生的燦爛乘風揮向雲霄。

事件發生後，美國人民震驚不捨。早上才彼此揮手道別，轉瞬間卻灰飛煙滅。為了探索未知世界，付出的代價竟是死生契闊。當日，雷根總統發表悼念演說，最後引用英年早逝飛行

員John Magee的詩句：「他們越過地球的羈絆，輕撫了上帝的面龐。」

每一次創新，似乎就更接近上帝。造物者信手拈來，排列出宇宙的秩序。萬物逆旅，百代過客，人類一步一步向前行，渴望在存在實體中尋覓知識源泉。這是一條艱險的不歸路，但卻是如此迷人且永恆。

輕撫上帝的面龐誠非易事，但是我鼓勵老師多凝視學生的眼眸，他們往往深不可測。不必多，只要做點小創新，你將會感到那熾熱的綻放光亮。

秦夢群　戊戌年正月
春寒料峭的臺北

致讀者

　　「離開天空的懷抱，來自羽衣般飄逸的雲層，飛越棕色質樸的森林，穿過被遺忘的莊稼地，靜靜地、柔柔地、緩緩地，雪花飄落！」（"Snow-flakes", by H. W. Longfellow）。本書採「雪花模型」（snowflake model）介紹整體架構（如下圖），希望帶給大家如同欣賞美麗的雪景一般，那樣歡欣愉悅的感受。雪花有許多特性，與本書「學校特色發展與創新」之核心內涵，有著不謀而合且相互輝映之處；例如：雪花具有新奇性（由低溫下水蒸氣瞬間形成，給人驚鴻一瞥的新奇感）、獨特性（大自然中幾乎難以找出兩片完全相同的雪花）、變化性（雪花形狀會隨溫度與溼度的不同而相對變化）、對稱性與均衡性（多數雪花爲六角形對稱且均衡的基本結構）、形成的次序性（依水分子的晶格結構逐步排列形成）、具美感（雪花的緩緩飄落可帶給人浪漫、純潔的唯美意象）等特性。至於「雪花模型」，則是取雪花象徵新奇、獨特、富變化、均衡對稱、具形成次序性及唯美等特有意象，來闡釋學校特色與創新之核心內涵，以及其與各章主題重點（亦即各分枝）之間對應關係的一個模型。本書分爲七章，並以「雪花模型」說明整體架構與各章關係如下：

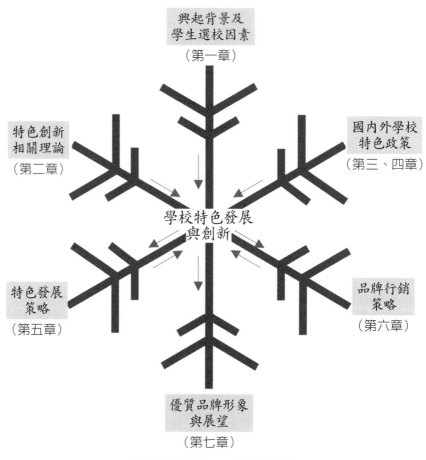

興起背景及
學生選校因素
（第一章）

特色創新
相關理論
（第二章）

國內外學校
特色政策
（第三、四章）

學校特色發展
與創新

特色發展
策略
（第五章）

品牌行銷
策略
（第六章）

優質品牌形象
與展望
（第七章）

【本書架構圖──雪花模型】

一、先從雪花結構的第一分枝──「興起背景及學生選校
　　因素」談起

　　本書第一章的「導論」中，首先探討「創新的定義與檢核元素」，以作爲學校特色發展之依歸。其次，再探討「學校特色發展的興起背景」，以說明學校特色爲何在近年來日益受到各界重

視。最後，再從學生需求的角度出發，探討「學生選校因素」對
學校特色發展之啓示，以期學校特色發展能兼顧學生需求，使這
些特色眞正成爲招生誘因，而非各行其道。

二、「特色創新相關理論」及「國內外學校特色政策」，乃是鞏固雪花核心結構的兩大主力與來源

(一)「特色創新相關理論」部分

第二章探討「學校特色與創新之相關理論」，由於學校教
育觸及的領域與面向甚多，諸如哲學、心理學、企業管理，乃至
於教育行政學之新興理論的崛起，均可能影響教育發展與走向。
因此，學校特色發展與創新，可視爲跨領域的多元創新思潮交互
影響之結果。限於篇幅，本書僅就後現代主義、多元智能理論、
Schumpeter的創新理論、破壞性創新模式、創新擴散理論、學校
本位管理及學校創新經營等理論加以說明。

(二)「國內外學校特色政策」部分

1. 第三章的「臺灣中小學特色發展政策與趨勢」，除探討
國中小「特色學校」政策之發展現況並進行檢討外，也進一步探
討高級中等學校優質化及其認證制度，並討論其中涉及特色發展
之事項，適度進行政策檢討與反思。

2. 有關第四章的「英、美、日之學校特色發展政策與趨
勢」，則先探討英國的學科重點學校、燈塔學校、公辦民營學
校、自主學校及工作坊學校等政策措施；再探討美國的磁性學
校、藍帶學校及特許學校等政策措施；接著，探討日本的超級科

學高校、超級英語高校及超級國際高校等不同類型的重點學校政策措施。最後，再綜整出英、美、日之學校特色創新整體發展趨勢。

三、「特色發展策略」及「品牌行銷策略」為雪花核心對外擴展的兩大行動分枝；同時，該兩大行動分枝接觸外部水分後也將反饋給核心

(一)「特色發展策略」部分

第五章的「中小學特色發展之創新策略與措施」中，因考量「創新」與「特色」這兩個詞彙，可能對部分學校人員而言過於抽象；因此，先探討中小學可運用哪些創新策略，以發展出與眾不同的學校特色；接著，再提出具體創新措施案例，供學校作為激發創意及發展特色之參考。

(二)「品牌行銷策略」部分

第六章的「學校特色發展與品牌行銷」，則是鑒於學校即使再怎麼努力推動創新與變革，但如果多數社會大眾並未知悉或認同，恐怕仍無助於提升學校形象及吸引學生就讀。因此，本章先探討「品牌行銷」相關內涵，接著再提出中小學推廣學校特色之品牌行銷策略，以作為各校激發品牌行銷創意之參考。

四、雪花結構的唯美結尾——「優質品牌形象與展望」分枝

從「興起背景及學生選校因素」分枝的開端，結合「特色創新相關理論」及「國內外學校特色政策」兩大主力的滋潤，並透

過「特色發展策略」及「品牌行銷策略」兩大行動分枝的反饋，使得雪花結構中的核心（學校特色發展與創新）獲得強化，並促成「優質品牌形象與展望」分枝的健全發展，如同花朵盛開般，形成雪花結構的唯美結尾。第七章的「學校特色品牌之塑造與展望」中，先說明如何透過學校特色打造優質品牌形象，以增進學生就近入學與適性選校之信心。接著，再論述學校特色發展之未來展望，以探討學校如何結合時代趨勢與新興科技發展多元特色，達到成就孩子未來與夢想之目標。

綜上所述，本書撰寫方向是希望從學生需求的角度出發，充分匯集創新理論構想與國內外學校特色，並結合品牌行銷的方法，進而引導學校營造優質品牌形象，據以逐步實現讓每位學生願意適性入學與就近入學之發展基礎。同時，也希望藉由兩位作者分別在學術界及政府機關之所見所聞，集合各家精華與寶貴經驗，綜整為一本具整體性的著作，以期讓各級教育主管機關及學校可在最短時間內，掌握如何打造學校優質品牌形象之規劃構想與巧思，從而激盪出不同的創意火花。希望藉由本書的拋磚引玉，能深化學校教育的多元創新發展。

莊清寶 謹誌

Contents
目 錄

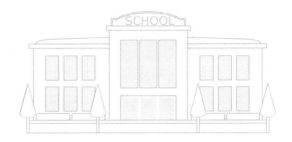

Chapter 1 導　論

「凡戰者，以正合，以奇勝。故善出奇者，
　無窮如天地，不竭如江河。」

（《孫子兵法・勢篇第五》）

為了有效傳承知識，現代國家莫不積極發展各種型態的教育，以符合社會之需求。雖然在家教育與另類教育近年如雨後春筍般興起，但在學生數量上，傳統學校仍是當今最普遍之教育形式。每個時代皆有其特定的社會需求與教育價值觀，學校教育所提供的即是在特定組織（學校）中，根據受教者身心發展，進行有計畫與有系統的多元教育活動。

從管理的角度論之，建立學校成為提供教育的場所，乃是一種較有效率的作法。實務上，現代人類早期的成長關鍵階段，需要大量教育的陶冶與教導。由於人數眾多，集中處理可以對資源進行最有效的利用。在有限時空內，入學者被分門別類至各類學校與班級中，接受不同課程與教學，以學習人類科學文化的精華。理論上，受過專業訓練的教師運用適當的教學方法，即能在有限時間內，有效率且精準的引導學生掌握系統的知識與行為上的改變。基於此，相較於其他形式關鍵的教育（如在家教育），學校教育在實施效率上，仍有其一定之優勢。

水能載舟，亦能覆舟。傳統學校教育雖然在組織與資源運作上有所擅長，但也因為時間與空間的擠壓，而必須採取較為標準化與制式化的教育模式。影響所及，大班教學、單一課程、標

準化測量，乃至填鴨式的知識傳遞模式，近年不斷受到質疑與挑戰。學生在齊一化的環境中，不斷被強迫操練與考試，除了人格扭曲外，對於學習也產生鈍化現象。此種被割裂的教育模式，很難使受教者獲得均衡、和諧與自由的發展。

過度僵化的教育，會成為限制孩子未來發展的枷鎖。由於每個孩子的學習風格、興趣與專長有所不同，如出一轍的學校經營模式已不符所需。如果希望每個學生都能夠適性發展，找到適合自我的教育場域，則學校教育未來必須逐步朝向發展重點特色的方向努力。

學校特色的發展與世界主流國家近年倡行之適性發展、因材施教、多元選擇趨勢有所連結。隨著教育的普及化，如果學校發展重點與特色缺乏明顯差異性，即很難滿足學生的個別選擇需求。此外，近年各國少子女化與教育自由市場化的現象，更進一步促使學校教育必須戮力發展特色與創新。

幼年人口逐漸減少乃是少子女化的重要指標。由於幼兒增加速度低於上一代自然死亡速度，未來國家人口數可能縮減，而使得社會結構與經濟發展受到巨大衝擊。少子女化近年成為已開發國家極為關心之議題，例如日本少子女化現象即不遑多讓。依據厚生勞動省統計，日本的新生兒出生數於2000年達1,190,547人，但2015年已降至1,005,677人，足足減少184,870人，顯示日本出生數已有逐年減少之趨勢（厚生勞動省，2016）。而韓國的出生數，也由2001年的555,000人，於2016年驟減至406,000人，並創下歷年最低的出生數紀錄，總計減少計149,000人，可見韓國也正面臨出生數逐年降低的問題（Kim, 2017）。

臺灣近年之少子女化趨勢也日益明顯。根據內政部

（2017）統計資料，臺灣的新生兒出生數於2000年達307,200人，之後呈現逐年遞減的趨勢，並在2010年創下166,473人的最低紀錄。雖然之後略微回升，於2015年達213,093人，但仍使入學人數大幅減少。各縣市國民中小學新生入學人數普遍下滑，尤其偏遠地區學校人數更急速萎縮，面臨是否整併或裁撤的窘況。學生人數過少造成教室過剩與校園荒廢現象，也引來資源難以充分利用的批評。

面臨海嘯般的少子女化現象，學校搶人大戰一觸即發。為了能夠出類拔萃，植基於在地文化，並積極發展學校特色已成為不可或缺的競爭利器。學校特色的建立可藉由教師與社區之合作，規劃在地化特色課程平臺，提供現場體驗學習處所，以活化閒置校舍，創造教育附加價值。此外，發展學校特色意味著學校必須在各項校務運作上進行創新經營，其中包括校園空間活化、教學課程活化、行政制度活化與學生學習活化等部分。面對慘烈的競爭，唯有改變與創新才能夠脫穎而出。

少子女化現象使得學校教育面臨巨大挑戰，而近年教育自由市場化的主張，更使得問題的嚴重性雪上加霜。二次世界大戰之後，後現代主義興起，並引起各界對教育制度之設計與實施重新思考。理論上，後現代主義反對單一性與普遍性。在主張尊重個體的前提下，教育應在相異的文化脈絡上，引導個人自由發展潛能。後現代主義力主價值多元化與求異不求同，一向在組織運作趨向單一化與標準化的傳統學校教育，於是開始受到嚴峻的批評與挑戰。

為了提供多元的選擇，教育市場化的呼聲遂起。其強調「選擇」與「競爭」，希望利用市場自由機制，由身為消費者的

家長進行評比，以促使學校必須辦出特色並提供高品質的教育。Chubb與Moe（1990）即指出，傳統公立學校教育由於對市場需求的靈敏度不夠高，往往在講究供需平衡的市場競爭中屈居下風。學校唯有推陳出新，並加強自我特色發展，才能滿足顧客的需求。

基於上述背景，先進國家開始創建多元並具有特色的學校教育，以提供家長不同的選擇。以美國為例，其在1965年核准「磁性學校」（magnet school）的成立，至1991年再通過相關法令以開放「特許學校」（charter school）。英國則是自1994年，在國中小階段推動「學科重點學校」（specialist school，或譯為「特色學校」）政策。凡此種種，皆顯示英美兩國政府透過立法，試圖改變一成不變的傳統學校制度，積極設立各種型態的特色學校，落實因材施教與多元價值的理念，以提供家長更多選擇機會（秦夢群、濮世緯，2006）。

在臺灣，由於受到少子女化的衝擊，更因家長教育選擇權的觀念與意識逐漸抬頭，於是發展出各種具吸引力、可滿足不同需求，並彰顯多元教育價值的學校特色。在中小學招生名額已供過於求的壓力下，面對激烈的競爭，各校應如何擬定經營的戰略，形塑出一所具有特色與招生吸引力的學校，實是當務之急。面對市場飽和與激烈競爭，學校若不能善用創新的策略，研訂出奇制勝的辦學特色，恐將逐步面臨減班、被整併、甚而停辦的命運。如果校內教師無法共體時艱且齊心協力共度難關，也難逃遭超額介聘他校或資遣的後果。

除了推動各類高級中等學校評鑑計畫外（教育部，2015a，2015b），臺灣自2003年起開始逐步推廣國中小「特色學校」相

關方案（或計畫）。實務上，「特色學校」與「學校特色」乃是一體之兩面，彼此環環相扣密不可分。本書即以學校特色發展作為研究焦點，希望能分別從相關理論、實施政策、發展趨勢與具體措施等方面加以探討。

由於特色發展與創新的理念密不可分，本章以下將從「創新」的定義與檢核元素，以及學校特色成為主流的興起背景談起，以期掌握「創新」的本質與意涵，並了解學校特色的時代需求與發展脈絡。

第一節 創新的定義與檢核元素

創新、創意與創造力之比較

創新（innovation）一詞，意指創造，推陳出新（教育部，2015c）。Altshuler與Zegans（1997）認為創新就是把新奇的構想付諸行動（innovation is "novelty in action"）。吳清山、林天祐（2003c）則表示創新是變革的一種，它是一種新觀念應用在增進產品、過程或服務效果上。李文同、王富祥、史建軍（2014）指出，創新是指創造新的生產經營方法、新的資源配置與生產組織，以及符合消費者需求的新產品和服務。而管理學大師Peter F. Drucker 更主張：「不創新，就滅亡」（innovate or die）（Drucker, 1999）。可見創新對於組織的長遠發展而言相當重要。

創意（creative mind）則是指表現出新意與巧思（教育部，

2015c）。葉鳳強（2014）認為，創意就是一個點子、想法或靈感；把舊元素做重新的組合，甚至只是部分改革。覃彥玲（2015）也表示，創意的名詞性解釋，就是指創造性的主意、想法或巧妙的構思。湯志民（2007）更指出，創意就是與眾不同、別出心裁、具有特色、不同凡響；而創意的效果，猶如事之「拍案叫絕」，物之「以稀為貴」，術之「點石成金」，音之「繞樑三日」，與食之「回味無窮」。

至於創造力（creativity），乃是一種個人心理能力，指經擴散思考而表現於外的行為，具有變通、獨特、流暢三特徵（教育部，2015c）。Amabile（1996）表示，創造力是新奇的，並且對於手邊工作而言是適當、有用、正確或有價值的。而Leonard與Swap（1999）則認為，創造力就是能發展與表達一些有用的新點子的歷程。

簡言之，有關創新、創意與創造力之間的差異，在於創新是一種事物（如產品）或行動的實踐（如服務、政策措施）；而創意是一種構想（如新觀念、新想法）；至於創造力則是一種心理能力（如懂得變通、易有獨到見解或善用新點子的能力）。由於本書較關注學校如何採取各種新興作為來發展特色，以期在少子女化趨勢下提升學校招生競爭力的相關課題，因此採用「創新」一詞較為適切，以期聚焦於創意及創造力如何轉化為具體的創新事物或行動。

二 創新元素的檢核

創新涉及到改變，但不是所有的改變都會用到新觀念或產生顯著的改進效果（吳清山、林天祐，2003c）。換言之，並非所

有的改變，都可以稱得上是「創新」。然而，究竟具備哪些特性
（或稱元素）的新事物或行動，才能稱得上是「創新」？則需要
一套客觀與合理的檢核方式。參酌相關文獻（方淑惠譯，2012；
吳清山、林天祐，2003c；教育部，2013d；Amabile, 1996；
Rogers, 2003）與作者之研究，本書認為「創新」是指事物或行
動的本質具有新奇性、獨特性與變化性，並透過至少一個增強元
素（如趣味性、理想性、實用性、經濟性、感動性、話題性、領
先性或喜好性等）的催化下，使該項新事物或行動獲得社會大眾
的認同與肯定。其中，有關創新元素與其相關意涵可以歸納如表
1-1：

表1-1　創新元素及其相關意涵一覽表

核心元素	定義	相關意涵
1. 新奇性 （novelty）	指事物能夠帶給人新鮮奇妙的感受；並由於其通常令人意想不到，因此容易引起好奇心與關注。	新鮮感、引發好奇心、吸引群眾目光、令人耳目一新、引人入勝、意想不到、前所未有、充滿想像
2. 獨特性 （uniqueness）	指事物與眾不同，且數量有限。	與眾不同、限量性（限量發行）、稀少性、物以稀為貴、人無我有
3. 變化性 （variability）	指改變事物的性質、外觀或使用方式等，擺脫傳統束縛，使事物擁有不一樣的風貌或選擇。	有所變化、帶來改變、變通性、轉型、擺脫傳統束縛、突破框架、錯覺、另類用途、另類媒介

增強元素	定義	相關意涵
1. **趣味性**（interest）	指事物令人覺得有趣，容易讓人會心一笑。	幽默、有笑點、有趣、模仿與惡搞（KUSO）
2. **理想性／美感性**（ideality / aesthetics）	指事物具有崇高理念與正向價值，能帶給人希望與夢想；或令人產生美學欣賞上的心靈體驗與愉悅感受。	提出願景、憧憬、令人嚮往、充滿希望、實現夢想（或自我實現）、找到價值、有意義、具象徵性、滿足渴望、崇高、尊榮感、具號召力；或具美感（包括視覺藝術、舞蹈、戲劇、音樂、文學等層面）、帶來美好身心靈體驗與感受、令人激賞、產生愉悅或幸福感、氣氛佳
3. **實用性**（practicability）	指事物能夠符合使用者的實際需要，有助於解決問題，且耐用度高。	用得到、符合實際需要、可解決問題、應用層面廣泛、使用頻率高、耐用、品質佳
4. **經濟性／簡便性**（economy / handiness）	指事物能夠以較低成本獲得較高產出（或報酬），有時甚至可產生額外附加價值；或具有簡單易學、操作便利、可就近取得等特性。	經濟性（低成本高產出）、高投資報酬率、附加價值高；或簡捷便利、簡單易學、操作容易、符合人性需求（偷懶、省事）、具近便性、具易得性

5. 感動性 （impressiveness）	指事物能夠透過貼近生活的故事或情境，觸動人們內心深處的情感，進而引起共鳴，產生感動他人的渲染力。	可感動他人、扣人心弦、引起共鳴、貼近生活、與個人經驗連結、感染力、渲染力、具故事性、融入故事情境、關聯性、發人深省
6. 話題性／隱喻性 （newsworthiness / metaphor）	指事物本身具爭議性或新聞價值，易引起迴響（或熱議）；或可透過暗示、雙關語等技巧，展現事物的弦外之音或埋下伏筆，以期引導人們思考或探詢，找出背後深藏的寓意。	爭議性、具新聞價值、引發熱烈討論、引起迴響、挑戰權威、挑釁、增添議題曝光度；或有弦外之音、埋下伏筆、省略、暗示、雙關語、寓意深遠、妙不可言
7. 領先性／對比性 （lead/contrast）	指一項事物（如服務、產品）的效能或品質具相對優勢，足以領先對手；或可突顯與其他事物之間的差異性，從而襯托出該事物的價值。	領先對手、居於領導者地位、具相對優勢、更進步、出類拔萃、脫穎而出、可突顯差異性、相對性、比較性、誇飾、襯托
8. 喜好性 （likeability）	指事物受到顧客喜愛、歡迎與支持之程度，可反映出其聲譽、口碑與評價之高低。	深受喜愛、覺得可愛、討喜、受歡迎、符合流行與潮流（或時尚）、聲譽良好、口碑佳、備受肯定、深獲認同、被讚揚、社會評價高、深得民心、贏得掌聲

資料來源：作者整理。

　　總結以上相關創新的元素與意涵之論述，可以歸結具體結論如下：

1. 創新的元素可分爲核心元素與增強元素：

(1) **核心元素**：是指一個新事物或行動能夠被視爲「創新」的必要條件與基礎條件。核心元素可視爲創新的本質，主要包括「新奇性」、「獨特性」及「變化性」3個元素。核心元素是所有創新事物或行動的共同要素；若缺少前述3個核心元素中的任何一個，則不可謂之爲「創新」。

(2) **增強元素**：是指能夠使新事物或行動變得有價值、引起關注、受歡迎、獲得社會大衆認同與肯定、對外擴散或發揚光大的關鍵元素。主要包括「趣味性」、「理想性／美感性」、「實用性」、「經濟性／簡便性」、「感動性」、「話題性／隱喻性」、「領先性／對比性」、「喜好性」8個增強元素。新事物或行動至少應具備1個以上的增強元素，才能吸引外界的目光，並且較容易獲得認同與肯定。而且，當一個新事物或行動能兼具越多的增強元素（或能讓某個增強元素的特質變得更強烈或顯著）時，則該項新事物或行動的價值也就越高，或越能夠受到認同。因此，增強元素的選用，也可視爲如何彰顯「創新」價值的幾種可能的試探與發展方向。

2. 當一個新事物或行動只具備核心元素時，並不一定都能受到外界的關注、認同與肯定。因此，只有當一個新事物或行動，能同時兼具新奇性、獨特性及變化性3個核心元素，並至少具備1個以上的增強元素（如趣味性、理想性／美感性、實用

性、經濟性／簡便性、感動性、話題性／隱喻性、領先性／對比性、喜好性）時，才能稱得上是「創新」。有關創新元素的關係圖，如圖1-1所示。

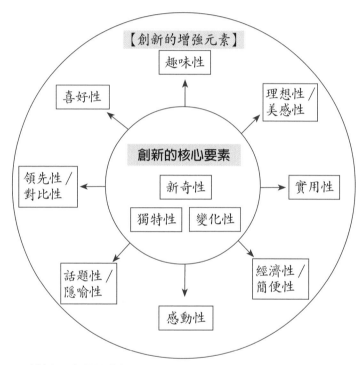

圖1-1　創新元素的關係圖

3. 創新的元素有其生命週期，當「創新」的事物或行為不斷地蓬勃發展與擴張，使得該「創新」的普及率達到一定程度以後，人們將不再感覺到新奇、獨特或有所變化，使得該「創新」不再呈現物以稀爲貴的狀態，進而逐漸降低其價值，終致「創

新」核心元素的特性逐漸流失，使得「創新」不再是一種「創新」，轉而成為一種普遍化或稀鬆平常的事物或行為。

第二節　學校特色發展的興起背景

有關「特色」一詞，是指事物所表現出獨特優異的地方（教育部，2015c）。隨著時代的演進與推展，學校特色發展已逐漸在世界各國掀起一股熱潮，例如美國的磁性學校（magnet school）及特許學校（charter school）、英國的學科重點學校（specialist school，又譯特色學校）及公辦民營學校（academy）、與臺灣國中小的特色學校等。然而，既然傳統學校教育已致力發揮提升國民知識水平、穩定社會發展等功能，為何學校還需要導入創新作為，發展辦學特色？在整個時代背景的演進過程中，究竟是怎麼樣的一股新力量，造成學校特色開始受到各界重視並逐漸蔚為主流？確實值得我們深入探討。綜合分析相關文獻後，有關中小學開始重視發展特色並形成主流的興起背景，可歸納如下：

一 「多元創新」價值觀逐漸受到重視

自十九世紀末以來，世界各國的教育改革，可謂星火燎原、方興未艾。在這股全球化的教育改革浪潮下，打破了傳統教育政策追求在穩定中求發展的保守路線，許多跟不上時代的教育政策或措施都被逐一檢討，各種實驗性質的創新改革措施更是不斷地推陳出新。而臺灣開始正視教育改革的議題，最早可溯自

1994年4月10日民間發起的「四一○教改運動」，其中提出廣設高中大學、落實小班小校、制訂教育基本法、推動教育現代化等四大教育改革訴求（國家教育研究院教育資源及出版中心，2005）。爲回應民間教育改革的聲浪，政府於同（1994）年成立行政院教育改革審議委員會（教育部，2017a）。而行政院教育改革審議委員會（1996）公布的《教育改革總諮議報告書》中，指出「多元化：多姿多樣，活潑創新」爲教育現代化的重要發展方向之一。這使得多元創新的教育改革價值觀自此興起，並逐漸受到重視。

2002年1月份教育部頒布《創造力教育白皮書》，更對於教育融入多元創新精神有著宣示性的作用（教育部，2002a）。該白皮書的方案三，更提出「創意學校總體營造」之構想，並鼓勵各校發展學校本位特色，轉型爲多元主題特色學校（教育部，2002b）。且教育部更自2007年起持續推動補助國民中小學活化校舍空間與發展特色學校相關方案或計畫（教育部，2006），並逐步於國中小階段落實上開白皮書所揭示的多元創新精神。至於高級中等學校部分，不僅高中優質化輔助方案將「學校創新特色措施」列爲第一期程的重點發展項目之一，並以第二期程爲「焦點創新」階段及第三期程學校爲「特色領航」階段；更於高職優質化輔助方案將「推動創新多元教學」及「激發學校卓越創新」列爲辦理項目（教育部國民及學前教育署，2014a，2017e）。

由於《公立國民小學及國民中學委託私人辦理條例》、《學校型態實驗教育實施條例》及《高級中等以下教育階段非學校型態實驗教育實施條例》等實驗教育三法，均於2014年立法通過，對於鼓勵政府及民間辦理教育創新與實驗更邁向一個全新的

里程碑（教育部，2015f）。由上述臺灣教育政策或法規的發展脈絡，不難看出「多元創新」的價值觀，已在逐年推動教育改革的過程中深化於臺灣教育的本質中。

二 少子女化迫使中小學必須發展特色吸引學生

臺灣新生兒的出生數，在近二十年來有了很大的變化。依據內政部（2017）的統計，臺灣1995年的出生數曾高達326,547人，但至2010年的出生數則驟減至166,473人，呈現出生數幾乎減半的畫面，不難看出臺灣少子女化的現象已至為明顯；雖然至2015年的出生數已稍微回升至213,093人，但相較1995年仍少了113,454人，因此整體而言仍未能擺脫少子女化的局勢，並對於學校招生來源帶來重大衝擊，危及學校生存與發展空間。

這股少子女化的趨勢，雖然也為臺灣中小學帶來降低班級學生人數、促進小班小校發展、提升教育品質等正向發展的契機，但也迫使中小學陸續面臨嚴重的減招、整併或停辦壓力。以高級中等學校為例，由於臺灣的國中畢業生升學率已於1996學年度超過90%，並於2000學年度超過95%，甚至2012學年度更已超過99%（教育部統計處，2017b）；顯示目前國中畢業生幾乎99%以上均可就讀高級中等學校，並使得高級中等學校的招生競爭至為激烈；尤其2012學年度至2017學年度期間，已有5所私立高級中等學校停辦（或停止招生），且另有3所高級中等進修學校停止招生（或結束該學制）（教育部統計處，2013a，2013b，2014，2015，2016，2017c）。可見在整體招生來源降低的情況下，凡是無法發展特色吸引學生就讀的學校，隨時可能面臨減招、整併或停辦退場的命運。

㈢ 資訊科技進步促使學習型態與教學模式急速轉變

近年來隨著資訊科技的進步，世界各國民眾擁有電腦、網路及智慧型手機的普及性已日益提高，更隨著許多線上學習平臺（例如美國可汗學院、臺灣的均一教育平臺等）的陸續建置，臉書（facebook）、LINE等網路社群媒體的崛起，以及各種手機APP（指電腦應用程式，為application一詞的簡稱）學習軟體及電子書的不斷開發，使得人類的學習型態開始有所改變。

依據2014年國際電信聯盟（International Telecommunication Union, ITU）的估計，全球已發展國家之家戶連網率約為78%；而臺灣家戶電腦擁有率為88.5%、連網率為85.5%，均優於已發展國家之平均水準；尤其世界經濟論壇（World Economic Forum, WEF）公布的「2014年全球資訊科技報告」資料亦顯示，2014年臺灣在基礎建設及整備度方面分別榮獲第5名及第7名，顯見臺灣網路環境已較其他國家完善（教育部，2015h）。

而上述資訊科技的進步與網路基礎環境的建設成果，使得學習型態逐漸有所轉變。過去那種透過紙本式教材及面對面教學的傳統學習型態，除已歷經「線上學習」（e-learning）型態的演進外，目前學習潮流更進一步提升至「行動學習」（mobile learning）的層次（教育部，2015h）。「行動學習」是指使用行動裝置與載具及無線網路等行動通訊設備，搭配行動學習的數位化學習系統，使得學習者不受時間、地點的限制，以享受學習所帶來的便利性、立即性及適宜性（鍾佳宏，2015）。此外，在教學模式部分，美國更於2007年發展出「翻轉教室」（flipped classroom）的教學模式，亦即先將錄製好的教學影片上傳至網

站（如YouTube等），讓學生先在家看影片講解，再由教師利用
課堂時間與學生互動、解答疑惑及引導學生完成作業（廖怡慧，
2012）。這種資訊科技的不斷發展與進步，將陸續為學習型態與
教學模式帶來重大變革，學校若未能與時俱進並引進最新資訊科
技融入教學，恐怕很難跟上時代潮流，亦難以獲得學生及家長的
肯定與認同。

四 學生個別差異與適性發展逐漸受到正視

　　臺灣過去由於學業成績優異的菁英學生，集中就讀於少數
明星高中，以至於明星高中不僅在升大學的整體表現優於其他學
校，更往往能在各種國際競賽（如國際奧林匹亞競賽等）及全國
性競賽獲得優異成績，並爭取到更多經費補助，形成資源過度集
中的現象，並造就升學主義的盛行。外界認為這種明星高中現象
衍生了不少問題，包括導致其他非明星高中被忽視（或輕視）、
純粹以考試分數為依據的取才方式造成價值一元化、過度的升學
壓力導致同儕惡性競爭並扭曲生活品質與社會價值觀、教學無法
正常化、明星高中只有菁英學生卻不必然有優良師資與教學品質
（高怡宣，2011；陳國偉，2003）。同時，並非所有菁英學生就
讀明星高中後均可獲得良好發展（仍有學生遭留級、退學或只考
取很差的私立大學），並面臨其他多數的非明星高中缺少菁英學
生帶動全校整體學生表現之發展等問題。為解決上述明星高中與
升學主義帶來的問題，學校需依自己的專長發展各自特色，並透
過多元評量招收不同專長的多元菁英，使學校更具多元性。

　　《教育改革總諮議報告書》已指出，教育改革並非不考慮
就業問題，而是將思想方向回歸到替每個人創造機會，讓每個人

得以發揮自己的潛能；個人可以自主的因應社會的變遷與需要，作適性的選擇；並將「營造適性教育之校園環境」列為優先推動項目之一（行政院教育改革審議委員會，1996）。可見個人的適性選擇，在1996年已逐漸受到重視。尤其臺灣自2014學年度起實施十二年國民基本教育（以下簡稱十二年國教），其中揭示的「適性揚才」理念，不再只是企圖將孩子們依成績比較出高下，而是希望幫助每一位孩子適性發展，並開展其各自的興趣與專長。國家教育研究院於2015年委外進行民調結果亦顯示，有高達8成4的高一學生認同推動十二年國教能達到適性入學的目標（安田明，2015）。可見學生的個別差異與適性發展，確已逐漸受到正視。

在過去實施高中（職）聯考及國中基本學力測驗的年代裡，家長及學生習於比較各高級中等學校的最低錄取分數，以致過去錄取分數較低的後段高級中等學校早已被「標籤化」，學生及家長普遍對這類學校不具信心，也導致其難以招收程度佳的學生，而不易有翻身機會。但近年來教育部已陸續擴大推動大學及技專校院「繁星推薦」入學管道，使得即使是後段高級中等學校，也能推薦該校「在校學業成績全校排名百分比」較佳的優秀學生進入聲譽佳的大學或技專校院就讀，並成為吸引優秀學生就讀的誘因。同時，對於被動且抗拒變革的後段高級中等學校，教育部已實施高級中等學校評鑑，督促其改善辦學成效；對於願意主動努力改善的後段高級中等學校，教育部也分別推動高中優質化輔助方案及高職優質化輔助方案，鼓勵其全面提升辦學表現。換言之，過去錄取分數較低的後段高級中等學校，雖然長年以來飽受標籤化的痛苦，但目前正由於整體教育政策與環境的轉變，

帶來發展特色、轉型創新、提升辦學品質，進而改變形象、突破
招生困境的契機，有待學校進一步規劃與運用，以期找到學校發
展的活路。

〈五〉家長參與學校事務之程度日增

依據聯合國教育科學文化組織（United Nations Educational,
Scientific and Cultural Organization, UNESCO）的統計，截
至2014年止，全世界實施10年以上國民教育（compulsory
education）的國家計有99國，其中實施12年以上國民教育的國家
至少44國（包括美國、德國、義大利、荷蘭、比利時、瑞士、
土耳其、以色列、墨西哥、智利、阿根廷、秘魯、烏拉圭、菲律
賓、埃及等）（UNESCO Institute for Statistics, 2017）；可見延
長國民教育年限，全面提升國民教育水平，已逐漸成為國際潮流
與趨勢；這也同時使得家長的平均教育水準不斷提升。

在1999年6月23日公布的《教育基本法》第8條第3項已明
定，國民教育階段內，家長負有輔導子女之責任；並得為其子女
之最佳福祉，依法律選擇受教育之方式、內容及參與學校教育事
務之權利。而「國民教育階段家長參與學校教育事務辦法」第7
條第1項更規定，家長或學校家長會對學校所提供之課程規劃、
教學計畫、教學內容、教學方法、教學評量、輔導與管教學生
方式、學校教育事務及其他相關事項有不同意見時，得向教師
或學校提出意見。可見家長教育選擇權及參與學校教育事務，
已是相關法規賦予家長的權利，其旨在督促學校改善課程與教
學、輔導與管教學生方式等事項，並提供教育革新建言。林明地
（1999）的研究則進一步指出，家長參與可讓教育改革的資源

更豐富，並獲得更多社會支持，同時是建構有效能學校的必備特徵，也是教育系統（尤其是學校組織）持續生存的有效策略。

而1990年代伴隨著教育改革的興起，在家長教育選擇權及家長參與教育事務的蓬勃發展下，也促進了臺灣另類教育（alternative education）與實驗教育的萌芽。例如：1994年開辦的「毛毛蟲親子實驗學苑」（1996年改名爲「種籽親子實驗學苑」），就是由一群熱心家長們親自參與創辦學苑的過程，並希望建構一個充滿深刻信任、愛與支持的學校（王雅惠，2007）。此外，尋求家長會之捐贈向來是學校在公務預算不足下解決教育問題的重要策略之一；學校並可透過家長媒合在地資源，進行策略聯盟，發展學校本位特色，例如：由家長媒合地方產業提供高職建教合作機會，商請具特殊專長（如藝術、技職或運動）的家長協助指導學生發展特色社團等。由於家長來自於社會上的各行各業，對於學校教育自有其不同觀點，家長對於學校教育事務的參與、監督與意見交流，可避免學校教育與社會脫節，促使學校教育方式及內容能與時俱進，並爲學校教育風貌帶來改變。

第三節　學生選校因素對學校特色發展之啓示

發展學校特色的重要目標，乃是希望在激烈的招生市場中脫穎而出。實務上，如果學校在發展特色時忽略學生之需求，將難以創建符合市場機制之創意成品。由於學生選校因素對於推展學校特色有極大之參考價值，本節因此先以學生選校因素相關研究爲討論主軸，以進一步了解學校在謀求特色發展時，所必須考慮

之層面。

一 學生選校因素之探討

　　為實現就近入學與適性入學之理想，各中小學必須逐步發展成為讓學生心生嚮往的好學校，才能有效吸引鄰近地區的學生就近入學，並引導學生依個人性向與生涯規劃適性選擇喜好的學校類型（或科系）。有鑑於企管領域向來重視消費者行為之分析，以期推出符合顧客需求的產品或服務，進而作為後續行銷及提升企業競爭力之發展基礎。同理可知，中小學若要獲得學生的肯定與喜愛，也應先行了解學生在選擇學校時的主要考量因素為何，才能發展出符合學生期待的創新作為與特色。

　　換言之，學校於思考發展哪些特色時，應先探討學生選校因素，以期作為後續推展學校特色之參考基礎。林耀隆（2012）認為學生選擇學校影響因素，是指學生在決定升學時，基於某些因素影響其所做的決定；而蔡永智（2011）則表示學生選校就讀，是指學生在選擇就讀學校時所考慮的因素。綜上見解，可知「學生選校因素」乃是學生選擇就讀學校時，所考量或較為重視的因素。

　　此外，儘管可能影響學生選校的人物類型有很多，但許多研究探討此議題後，卻一致地發現「學生自己」在選校方面扮演至為關鍵的角色。例如陳聰吉（2002）的研究結果指出，高雄市國中生於升學選填志願之影響因素，在最後選擇就讀學校時，對學生影響力最大的人（複選）依序為「自己」（28.4%）、「母親」（20.0%）、「父親」（15.5%）、「同學／朋友」（15.2%）、「國中老師」（8.4%）。鍾國源（2010）的研究則

發現，影響高雄市國中畢業生升學時選擇高中職之關鍵人員的重要程度平均數（M），由高而低依序為「自己」（$M=4.43$）、「父母」（$M=3.88$）、「國中老師」（$M=3.54$）、「同學或朋友」（$M=3.33$）及「兄姊」（$M=3.15$）。而林耀隆（2012）的研究結果也指出（採4點式量表），影響私立高中學生選校之關鍵人物的重要程度，依序為「我自己」（$M=3.48$）、「父母或其親朋好友」（$M=3.21$）、「同學或朋友」（$M=2.72$）及「國中老師」（$M=2.66$）。至於陳秀瑩（2015）的研究結果也顯示，臺南市私立國中畢業生選擇高級中等學校之選校因素的重要性，在「關鍵人物」層面的排序依序為「自己」、「父母長輩」及「同學朋友」。由上述不同研究結果中，可發現一個共通點，也就是學生自己均為影響選擇學校程度之關鍵人物。因此，若能充分掌握並符合學生需求，確有助於影響學生選校結果，並找出可吸引學生入學之誘因。因此，本書只聚焦於探討學生選校因素，不另就其餘人物進行討論。

　　本書經廣泛參閱「學生選校因素」之相關實證調查研究結果後，依據行政管理層面、環境設施層面、課程教學層面、學生展能層面、公關資源層面等5個層面綜合整理出各種學生選校因素（如圖1-2），並引述其重要程度（或同意程度、符合程度）之平均數（M）供參。其中由於多數研究採用李克特5點式量表，因此不另標註；但引用採李克特4點式量表之調查研究結果時，則另以「（採4點式量表）」進行註記。有關上述5個層面之學生選校因素分別如下：

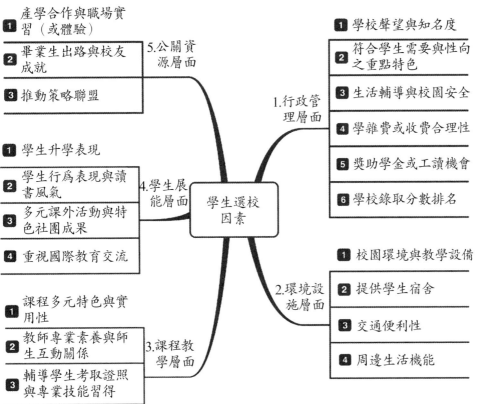

圖1-2　學生選校因素之架構圖

(一) 行政管理層面

1.學校聲望與知名度

　　「學校聲望」是指社會各界（包括在校生、學校教職員、家長、畢業校友、社區居民及企業雇主等）對於學校聲譽及名望之整體評價與看法。至於「知名度」，則指名聲為人所聞知的程度（教育部，2015c）。林耀隆（2012）的研究結果顯示（採4點式量表），私立高中學生選擇學校時，認為「學校的聲譽及形象

良好」（M=3.14）之重要程度非常高。而蔡永智（2011）研究也指出，新北市學生選擇就讀公私立高職所考量因素之同意程度中，「學校在地方上有良好的美譽」（M=3.63）、「畢業校友對學校有正面的評價」（M=3.56），均達到中高程度。至於王傳揚（2013）的研究結果則發現，學生選擇就讀私立高職之選校原因中，「知名度高」（M=4.14）之同意程度非常高。由上述結果可知，多數學生認同「學校聲望」與「知名度」為選擇高級中等學校的重要考量因素。亦即學校聲望佳且知名度高，是吸引學生選擇就讀該校的重要誘因。

2.符合學生需要與性向之重點特色

由於並非所有學生都只喜歡傳統升學考試科目（諸如國語文、英文、數學、自然、社會等），也有許多學生熱愛技職類科（如餐飲、美容美髮、汽車修護、電子、機械、家具木工）、藝術類科（如音樂、美術、舞蹈、表演藝術）或體育類科（如籃球、棒球、田徑、滑輪溜冰）等。因此，若所有學校都只重視教導學生傳統升學考試科目的知識，將只能滿足部分學生的需要與性向，並使得其他學生的需求與性向受到忽略。因此，為兼顧各種學生的不同需求與性向，近年來，已有許多學校開始發展符合學生需要與性向的重點特色，例如私立開平餐飲職業學校、國立新港藝術高中、彰化縣立彰化藝術高中、國立臺東大學附屬體育高中、花蓮縣立體育實驗高中等，均分別以技職、藝術或體育類科作為學校重點發展特色。

有關學校是否符合或重視學生的性向發展，也與學生選校攸關。蔡永智（2011）的研究指出，新北市學生選擇就讀公私立高職所考量的因素中，「學校有開設符合自己性向興趣的科系」

（M=4.12）之同意程度爲非常高。而林耀隆（2012）的研究也發現（採4點式量表），私立高中學生選擇學校時，認爲「學校重視學生的性向發展」（M=3.29）之重要程度非常高。至於楊正義（2014）的研究結果則顯示，「個人性向因素」對選讀高中或高職具有預測力。由此可知，學校是否提出符合學生性向之相關措施或重視學生性向發展，確爲多數學生選校的考量因素之一。此外，康雅媚（2014）的研究指出，學生選擇就讀新北市高中之選校評估考量因素中，「學校特色取向」（M=3.46）之同意程度達中高程度，可見多數學生尚能認同學校特色是選校考量之一。而鄭筱慧（2011）的研究結果也指出，「學校創新經營」可對服務品質及學校形象產生正向影響，同時服務品質及學校形象亦可對「選校意願」產生正向影響。由此可知，當學校積極推動創新經營（包括發展特色等）時，可透過服務品質及學校形象，間接提高學生的選校意願。綜上所述，若學校能積極發展符合學生需要與性向之重點特色，將可成爲吸引學生選讀該校之一大誘因。

3.生活輔導與校園安全

許多學生都希望能及早適應不熟悉的中小學生活，並且不希望在學校遭遇校園霸凌事件，也不希望同儕有吸毒、抽菸、打群架、加入幫派等不良行爲。林耀隆（2012）的研究結果顯示（採4點式量表），私立高中學生選擇學校時，認爲「學生同儕之間能夠和睦相處」（M=3.58）、「學生的規矩良好」（M=3.19）、「學校重視品德教育」（M=3.13）及「學校重視學生的生活適應並有專業輔導教師協助」（M=3.00）之重要程度皆非常高；至於「學校對學生的生活管理嚴格」（M=2.51）

之重要程度則只有中高程度。而蔡永智（2011）研究結果也指出，新北市學生選擇就讀公私立高職所考量的因素中，「學校提供完善的校園安全措施」（M=3.97）之同意程度達中高程度。綜上可知，多數學生認同學校能輔導學生適應校園生活、重視品德教育、養成學生良好規矩、提供完善的校園安全措施，是他們選校時所考量的重要因素。但需特別留意的是，太過嚴格的校園生活管理，則相對不那麼受到學生們的看重；可見學校應更著重對學生的生活輔導，而非過度依賴嚴格的生活管理。

4.學雜費或收費合理性

對於低收入戶、中低收入戶、家庭突遭變故或經濟負擔較沉重的小康家庭（如需繳房貸、父母需扶養長輩或子女人數過多等）而言，若學校能收取較低的學雜費或收費合理（亦即不巧立名目收取額外費用），將使得來自前述家庭的學生提高就讀該校的意願。林耀隆（2012）的研究結果顯示（採4點式量表），私立高中學生選擇學校時，認為「學雜費合理」（M=3.30）之重要程度非常高。蔡永智（2011）的研究則發現，新北市學生選擇就讀公私立高職所考量因素中，「學校收取一切費用訂立明確合理的收費標準」（M=3.99）之同意程度為中高程度。此外，邱昭雯（2008）的研究亦發現，選擇就讀私立高級中學的學生，其選校考量因素以「經濟相關因素」之重視程度最高。由此可知，學校收取較低的學雜費或收費合理，確為多數學生（特別是經濟弱勢學生）選校時所考量的重要因素。

5.獎助學金或工讀機會

有關學校可提供的獎助學金或工讀機會，包括提供就近入學、成績優良或清寒學生之獎助學金，或提供學生擔任工讀生之

機會，據以增加學生收入來源，並減輕學生生活費用（或學雜費）之經濟負擔。蔡幸枝（2004）的研究結果指出，學生對於選擇高職之考慮因素中，「學校設有獎助學金以獎勵在校成績優良及清寒學生」（M=4.25）、「學校能提供工讀機會以幫助清寒學生減輕就學負擔」（M=4.23）、「學校設有獎學金或學費減免措施，獎勵入學成績優良的學生」（M=4.19）之重要性，均呈現非常高的現象。蔡永智（2011）研究結果也指出，新北市學生選擇就讀公私立高職所考量因素中，「學校設有成績優良、清寒等獎學金」（M=4.00）及「學校提供學生工讀機會，減輕生活負擔」（M=4.02）之同意程度皆非常高。此外，國立基隆高中等學校也表示，獎學金獎勵就近入學政策，招生效果明顯，能為學校吸引更多優秀的國中生就讀（俞肇福，2016）。綜上，確有許多學生認同提供獎助學金或工讀機會，為選校時的重要考量因素。

6. 學校錄取分數排名

當高級中等學校的最低錄取分數（或積分）越高且排名越佳，通常越容易讓學生認為該校是一所好學校；除了從眾心理（亦即認為多數高分群學生優先選擇的學校就是好學校）以外，更是因為該校的學生素質（至少在考試成績方面）普遍較佳。涂育銘（2011）的研究結果顯示，非依傳統聯招排名選校及依傳統聯招排名選校這兩類學生，於選填高中時，均重視「學校錄取分數排名」。而蔡永智（2011）的研究也發現，新北市學生選擇就讀公私立高職所考量的因素中，「基測成績達入學標準」（M=3.78）」之同意程度為中高程度。由此可知，學校錄取分數排名確為多數學生選擇高級中等學校的重要考量因素。

(二) 環境設施層面

1.校園環境與教學設備

　　一般而言，校園環境與教學設備，包括校園景觀、綠美化、校園環境整潔衛生、教學設備（含e化、實驗設備及圖書藏量）、通風（含空調）、採光等範疇。林耀隆（2012）的研究結果顯示（採4點式量表），私立高中學生選擇學校時，認為「學校教室有空調設備」（M=3.46）、「校園環境整潔衛生」（M=3.35）、「學校教室有e化設備」（M=3.29）、「學校的各項實驗器材設備完善充足」（M=3.29）及「校園綠化環境優美」（M=3.17）之重要程度皆非常高。郭俊宏（2014）的研究也指出，國中生選擇就讀高中職學校科系時，認為「教學設備充實」（M=4.08）及「教材設備隨時更新」（M=4.00）之重要程度非常高；至於「圖書設備與藏量的充實度」（M=3.88）之重要程度則為中高程度。而蔡幸枝（2004）的研究亦發現，學生對於選擇高職之考慮因素中，「學校的教學環境（通風、採光、清潔等）舒適」（M=4.27）、「學校環境安全無虞，能提供合宜教學與活動處所」（M=4.06）之重要性，均為非常高；至於「學校校園景觀優美，規劃人性化，方便師生及民眾使用」（M=3.97）之重要性則為中高程度。又蔡永智（2011）的研究亦指出，新北市學生選擇就讀公私立高職之考量因素中，「學校本身設有完善的

（新北高工鑄造學苑──實習工廠）

相關實習場地」（*M*=4.03）之同意程度非常高；至於「學校有完善且充足的教學設備」（*M*=3.98）、「學校環境整潔、校舍設備新穎」（*M*=3.92）及「學校有優質的資訊化環境與資源」（*M*=3.91）之同意程度皆為中高程度。此外，楊正義（2014）的研究也發現，「學校環境因素」為高中職學生學校選擇的主要考量因素；且「學校環境因素」對於學生選讀高中或高職具有預測力。綜上可知，多數學生均認同「校園環境與教學設備」為其重要選校因素；且學校環境越佳，學生越願意選讀該校。

2.提供學生宿舍

當學校地處偏遠或交通不便時，若該校無法提供學生宿舍，學生就學時便需付出許多往返的交通費用、通勤時間或較高租屋費用等成本，因而很可能降低學生選擇該校的意願。換言之，當學校可提供學生宿舍時，便有機會吸引更多遠地的學生選擇就讀該校。林耀隆（2012）的研究顯示（採4點式量表），私立高中學生選擇學校時，認為「學校提供宿舍以供遠地同學住校」（*M*=2.94）之重要程度為中高程度。郭俊宏（2014）的研究結果也發現，國中生選擇就讀高中職學校科系時，認為「舒適安全的宿舍」（*M*=3.49）之重要程度為中高程度。至於蔡永智（2011）的研究結果亦指出，新北市學生選擇就讀公私立高職之考量因素中，「學校提供環境佳的宿舍設施」（*M*=3.38）之同意程度為中高程度。綜上可知，多數學生認同「提供學生宿舍」為學生選校的重要考量因素。

3.交通便利性

有關學校的「交通便利性」，包括學校是否位於交通便利地區（如鄰近捷運站、公車站或火車站等），以及是否安排校車

接送學生等。一般而言，由於學校具交通便利性時，通常可為學生節省許多往返的交通費用與時間成本。林耀隆（2012）的研究結果顯示（採4點式量表），私立高中學生選擇學校時，認為「學校交通方便」（$M=3.46$）及「學校有校車接送學生上下學」（$M=3.04$）之重要程度皆非常高。蔡幸枝（2004）的研究也指出，學生對於選擇高職之考慮因素中，「學校所處位置交通、生活便利」（$M=4.18$）、「學校備有學生專車，方便學生上下學」（$M=4.16$）之重要性，均為非常高。蔡永智（2011）的研究亦發現，新北市學生選擇就讀公私立高職所考量的因素中，「學校備有交通專車，方便學生上、下學」（$M=4.03$）之同意程度非常高。另楊正義（2014）的研究更指出，「交通便利因素」對於選讀高中或高職具有預測力。由此可知，多數學生認同「交通便利性」為學生選校時的重要考量因素；且交通越便利的學校，學生通常越願意選讀該校。

4.周邊生活機能

學校周邊生活機能，包括學校附近是否有許多書局（或文具店）、圖書館、社教機構（如科學博物館或科學教育館）、歷史建築（或古蹟）及其他有關食、衣、住、行等功能之商店。蔡幸枝（2004）的研究發現，學生對於選擇高職之考慮因素中，「學校所處位置交通、生活便利」（$M=4.18$）之重要性為非常高。而蔡永智（2011）的研究結果也指出，新北市學生選擇就讀公私立高職所考量的因素中，「學校地理位置佳，生活機能便利」（$M=3.66$）之同意程度為中高程度。由此可知，多數學生認同學校「周邊生活機能佳」，為其選校的重要考量因素。

(三) 課程教學層面

1.課程多元特色與實用性

當學校提供的課程內容越多元，越能符合更多學生的不同需求；尤其是學校課程越具特色或實用性時，越容易引起學生的注意與學習動機。蔡幸枝（2004）的研究結果指出，學生對於選擇高職之考慮因素中，「學校會針對學生不同的需求設計科別或課程」（M=4.00）之重要性為非常高；至於「學校課程內容具有特色」（M=3.95）之重要性則為中高程度。而郭俊宏（2014）的研究也發現，國中生選擇就讀高中職學校科系時，認為「課程規劃特色與發展性」（M=4.05）之重要程度非常高；至於「上課內容與教材多元且有彈性」（M=3.78）之重要程度則為中高程度。蔡永智（2011）的研究結果亦顯示，新北市學生選擇就讀公私立高職所考量的因素中，「學校有規劃實務（實習）課程」（M=4.14）之同意程度非常高。綜上可知，多數學生認同課程多元特色與實用性，為其選校的重要考量因素。

2.教師專業素養與師生互動關係

有關教師專業素養，包括教師是否接受過合格師資培育養成過程，並具備專業知識、教學技能、教學態度與服務熱忱；至於師生互動關係，則指教師在上課或班級經營過程，與學生之間的互動情形。林耀隆（2012）的研究結果顯示（採4點式量表），私立高中學生選擇學校時，認為「教師教學態度用心認真」（M=3.60）、「教師的專業能力」（M=3.51）、「教師與學生的互動關係」（M=3.43）、「教師關心學生」（M=3.38）、「教師的教學熱忱」（M=3.36）及「教師具備任

教科目的合格教師資格」（M=3.15）之重要程度，皆非常高。蔡幸枝（2004）的研究也指出，學生對於選擇高職之考慮因素中，「學校教師的專業能力佳」（M=4.25）、「學校教師課程活動設計新穎活潑，教學成效良好」（M=4.05）及「學校師長親切友善，具服務熱誠，能耐心解決學生課業和行政等問題」（M=4.09）之重要性，均為非常高。至於蔡永智（2011）的研究則發現，新北市學生選擇就讀公私立高職所考量的因素中，「學校教師之專業能力佳」（M=3.96）之同意程度為中高程度。而朱慧明（2013）的研究結果也指出，有關影響學生選校意願因素中，以經營策略構面之「教師創意教學」影響程度最大。綜上可知，多數學生均認同教師專業素養與師生互動關係，為學生的重要選校因素。

3.輔導學生考取證照與專業技能習得

當學校能積極輔導學生取得專業證照或習得專業技能時，學生較容易感覺到在學校確實有學到東西，也較能對學校提供的教學內容感到有信心。蔡幸枝（2004）的研究結果顯示，學生對於選擇高職之考慮因素中，「學校提供免費的技能輔導，以協助學生儘快取得各類證照」（M=4.24）之重要性為非常高。郭俊宏（2014）的研究也指出，國中生選擇就讀高中職學校科系時，認為「提供就業及證照輔導」（M=4.17）之重要程度非常高；至於「學得專業一技之長」（M=3.98）之重要程度則為中高程度。而蔡永智（2011）的研究亦發現，新北市學生選擇就讀公私立高職所考量的因素中，「學校可輔導學生取得專業證照」（M=4.24）之同意程度非常高。綜上可知，學校對於輔導學生考取證照與專業技能習得之努力情形，確為學生的重要選校因素之一。

(四) 學生展能層面

1.學生升學表現

一般來說，想繼續升學的學生，通常都會希望在選擇就讀適當的高級中等學校以後，能夠有助於自己考取理想的大專校院。林耀隆（2012）的研究結果顯示（採4點式量表），私立高中學生選擇學校時，認為「學校每年的升學率」（$M=2.94$）之重要程度為中高程度。而郭俊宏（2014）的研究也指出，國中生選擇就讀高中職學校科系時，認為「升學率的高低」（$M=3.92$）之重要程度為中高程度。蔡幸枝（2004）的研究亦發現，學生對於選擇高職之考慮因素中，「學校的讀書風氣佳，有升學競爭力」（$M=3.86$）之重要性為中高程度。另凃育銘（2011）的研究結果也顯示，非依傳統聯招排名選校及依傳統聯招排名選校這兩類學生，於選填高中時，均重視「升學率不錯」。綜上可知，多數學生認同「學生升學表現」，為其選校時的重要考量因素。

2.學生行為表現與讀書風氣

當一所學校裡多數學生的素質與行為表現佳，且讀書風氣良好時，學生比較不用擔心交到壞朋友、染上不良習慣（如抽菸、喝酒、吸毒、打群架）、受到霸凌，讀書時也比較不會受到干擾。林耀隆（2012）的研究結果顯示（採4點式量表），私立高中學生選擇學校時，認為「學生的素質優良」（$M=3.16$）及「學生的讀書風氣良好」（$M=3.39$）之重要程度皆非常高。而蔡永智（2011）的研究也指出，新北市學生選擇就讀公私立高職所考量的因素中，「學生有良好的素質及行為表現」（$M=3.65$）之同意程度，皆為中高程度。由此可知，多數學生

認同「學生行為表現與讀書風氣」，為學生考量的重要選校因素之一。

3.多元課外活動與特色社團成果

當學校發展多元課外活動（含績優團隊培訓）與特色社團活動，並透過社團成果展、公演、參加國內外競賽或技能檢定等方式展現成果，不僅可引導學生發展多元興趣與專長，並可作為吸引學生前來就讀之誘因。林耀隆（2012）的研究結果顯示（採4點式量表），私立高中學生選擇學校時，認為「學校有豐富的社團活動」（M=3.34）及「學校舉辦多元的課外活動（例如聖誕節活動、復活節活動、好歌勁唱、慈善訪問等）」（M=3.34）之重要程度皆非常高。蔡幸枝（2004）的研究也指出，學生對於選擇高職之考慮因素中，「學校的社團活動多元化，滿足學生個別需求」（M=4.25）之重要性為非常高。蔡永智（2011）的研究則發現，新北市學生選擇就讀公私立高職所考量的因素中，「學校有多樣性的社團讓學生參加」（M=3.97）之同意程度為中高程度。綜上可知，多數學生認同多元課外活動與特色社團成果，為學生的重要選校因素。

4.重視國際教育交流

當學校能重視並提供許多國際教育交流機會，學生將比較有機會拓展國際視野、理解外國文化及體會外語能力的重要性，進而提升其國際競爭力。林耀隆（2012）的研究結果顯示（採4點式量表），私立高中學生選擇學校時，認為「學校辦理國際教育交流擴展學生視野」（M=3.21）之重要程度非常高。可見多數學生普遍認同「重視國際教育交流」，為學生選校時的重要考量因素。若學校能重視並提供許多國際教育交流機會，將有助於吸

引對外國語文、國際事務、外交、國際貿易等領域較感興趣的學生選擇就讀。

(五) 公關資源層面

1.產學合作與職場實習（或體驗）

當學校能與民間企業（或團體）維持良好的產學合作關係，便可幫學生爭取到更多、更充足的職場體驗或實習機會。蔡永智（2011）的研究結果指出，新北市學生選擇就讀公私立高職所考量的因素中，「學校積極提供學生在職場實習的機會」（M=3.92）及「學校和企業有良好的合作與交流」（M=3.82）之同意程度，皆為中高程度。由此可知，多數學生認同「產學合作與職場實習（或體驗）機會」，為學生的重要選校因素。

2.畢業生出路與校友成就

有關畢業生出路與校友成就，包括學校的畢業生是否較容易就業、工作薪資高，且校友是否大多能在社會上有所成就，表現傑出並具影響力。郭俊宏（2014）的研究指出，國中生選擇就讀高中職學校科系時，認為「未來工作薪資」（M=4.14）之重要程度非常高；至於「畢業後就業有好的工作」（M=3.97）之重要程度則為中高程度。而蔡永智（2011）的研究結果也顯示，新北市學生選擇就讀公私立高職所考量的因素中，「學校能協助學生找到工作」（M=3.80）及「畢業學長姊在職場就業情況佳」（M=3.72）之同意程度，皆為中高程度。又，蔡幸枝（2004）的研究亦指出，學生對於選擇高職之考慮因素中，「學校的校友表現傑出，深獲各界肯定」（M=3.71）之重要性為中高程度。綜上可知，多數學生均認同「畢業生出路與校友成就」，為學生

的重要選校因素。換言之，不僅這些學校的傑出校友，可作為日後栽培學弟妹的人脈資源與學習典範；若學校能掌握畢業校友未來出路情形，並找出許多有成就的傑出校友案例後，作為對外公關行銷之客觀依據，應有助於增進學生對該校辦學成效與未來出路之信心，進而吸引學生前來就讀。

3.推動策略聯盟

有鑒於學校本身的教育資源有限，若能與其他各級學校、社教機構或政府機關建立「策略聯盟」，將可為學校引進更多教育資源，以提升學生學習成效。蔡幸枝（2004）的研究結果指出，學生對於選擇高職之考慮因素中，「學校與國內外學校之間有結盟，促進教育文化交流」（$M=3.88$）之重要性為中高程度。由此可知，多數學生認同「推動策略聯盟」，為學生選校時的重要考量因素。

二 學生選校因素對於推展學校特色之啟示

由於「學生選校因素」可視為類似消費者行為或顧客需求的一種重要參考資訊，若學校發展特色時能將學生選校因素納入考量，將使得這些學校特色更符合學生需求，並且更容易受到學生的肯定與歡迎。經充分探討學生選校因素以後，可歸納出幾個推展學校特色的啟示如下：

(一) 學校可加強行銷特色與校友傑出成就，以提升聲望與知名度

由於許多研究均指出學校的聲望、評價與知名度，為學生選校時的重要考量因素（王傳揚，2013；林耀隆，2012；蔡永

智，2011）。又鑒於學校通常是一個比較獨立、封閉的系統，不論學校發展再多的特色，如果外界都不了解，這些特色終將只能孤芳自賞，而無助於提升學校聲望與知名度，更難以成為吸引學生就讀的誘因。因此，學校不能只顧著發展特色，更應積極善用這些特色對外行銷，以期贏得外界肯定並吸引學生目光，進而提升整體學校聲望與知名度，使學生更樂意選擇就讀該校。此外，也有許多研究支持畢業生出路及校友成就，為學生的重要選校因素（郭俊宏，2014；蔡永智，2011；蔡幸枝，2004）。因此，學校應結合畢業生流向追蹤資料，適時對外公布優秀畢業校友之傑出成就，並邀請優秀畢業校友專訪或返校分享成功經驗，或結合校慶活動主動邀請優秀畢業校友「回娘家」與學弟妹進行座談交流，善用這些成功案例進行故事行銷，同時結合YouTube等網路影音平臺分享成果，將有助於增進學生信心，爭取外界的認同與肯定，並且增加學校的曝光度與正面評價。

(二) 發展學校重點特色，宜先從學生需求的角度出發

由於非常多的研究均顯示，「學生自己」才是對於學生選校具有最大影響力的人（林耀隆，2012；陳秀瑩，2015；陳聰吉，2002；鍾國源，2010）。同時，很多研究也證實，符合學生的興趣與性向是學生選校的重要考量因素（林耀隆，2012；蔡永智，2011；楊正義，2014）。換言之，學校教職員不能只顧著發展自己想要的特色，卻忽略學生們的實際需要，否則這些特色將淪為一些中看不中用的花招；一旦學校無法提出可滿足學生需要的特色，即使花費再多時間與經費推出各種創新作為，也難以有效吸引學生前來就讀。創新擴散理論的大師Rogers（2003）

表示，創新發展歷程往往始於對一個問題或需求的認知。因此，學校發展重點特色，宜優先從學生需求的角度出發，才能事半功倍；唯有學校懂得學生的心，並發展出能讓學生肯定、引以爲傲並受學生歡迎的創新作爲與特色，才能成爲吸引學生就讀的一大誘因。

(三) 可善用幫助學生就學的經濟補貼措施，發展學校招生特色

鑒於不少研究顯示，學校提供獎助學金、工讀機會、學雜費減免或收費合理性等經濟層面的誘因，爲學生選校的重要考量因素（林耀隆，2012；蔡幸枝，2004；蔡永智，2011）。因此，學校可善用扶持學生就學的多元經濟補貼措施，發展學校招生特色。有關多元經濟補貼措施，例如提供「特色實驗班獎學金」，吸引優秀學生選讀特色班級；提供「創新逐夢獎學金」，鼓勵學生勇於提出夢想或目標（諸如全校／全班排名大躍進、弱勢生協助家庭分攤經濟負擔、從事社區服務與研究、成立社團幫助弱勢族群或老農義賣等），並積極實現；提供「專業證照獎學金」，鼓勵學生考取更多不同領域的專業證照；提供「適性選校獎學金」，鼓勵具技職性向的優秀學生優先選擇技術型高級中等學校（亦即高職）；提供「就近入學獎學金」，吸引學區內優秀學生就近入學；提供其他清寒學生獎助學金、工讀機會或學雜費減免措施，以期減輕經濟弱勢學生就學負擔。至於上述獎助學金、工讀費或學雜費減免措施，可由學校透過企業贊助、家長會捐款或場地租金等收入作爲財源。這些扶持學生就學的多元經濟補貼措

施，將有助於引導學生適性選擇，減輕學生經濟負擔，進而成爲
支持學校發展招生特色之一大動力。

(四) 設計具空間特色的校園學習環境作為招生誘因

多數研究均指出，校園環境與教學設備爲學生的重要選校因
素；其中校園環境部分包括綠化環境、景觀優美與舒適、有空調
等，至於教學設備部分則包括e化設備、實驗器材、圖書藏量、
設備新穎充足等（王傳揚，2013；林耀隆，2012；郭俊宏，
2014；蔡永智，2011；蔡幸枝，2004）。因此，在校園環境部
分，學校可研議推出具創意的空間設計概念（例如新北市米倉國
小的「玩具魔法學院」、臺中市永春國小的「夢幻城堡」等），
再結合可親近大自然、種植花草或養小動物（如羊、兔子等）的
生態校園學習環境，並營造優質舒適的校園空間（例如通風情況
不佳或位於頂樓的教室，可評估由學校或家長集資裝設使用者付
費且獨立電表的空調設備），以期發展出深受學生喜愛的校園生
活空間。至於教學實驗設備部分，則可搭配特色實驗班或特色課
程，引進新穎且具代表性的先進設備（例如科學實驗班引進3D
列印設備、多媒體動畫實驗班引進VR虛擬實境設備、醫學先修
實驗班引進先進醫學實驗器材等），以期展現學校與時俱進、走
在時代前端的決心，並強化學生選讀該校的決心與信心！

(五) 學校可結合社區生活機能，形塑特色遊學圈

不少研究均指出，多數學生認為「交通便利性」及「生活機能便利」為其重要選校因素（林耀隆，2012；蔡永智，2011；蔡幸枝，2004）。因為交通不便，往往將增加通勤費用、時間成本或住宿費等負擔；至於周邊生活機能匱乏，則容易造成生活不便與文化刺激不足，因此，當學校交通不便或周邊生活機能匱乏時，很容易造成學生就讀意願低落。因此，學校不能只侷限於關注校內教學事務，更需要試著向外拓展，透過結合交通及社區生活機能的改善來發展特色。以雲林縣華南國小為例，該校原本因交通不便、生活機能不佳，導致人口外移、老化，學生人數驟減與裁併問題；但該校將當地生態及咖啡產業融入自主學習課程中，並與社區做結合，帶動當地咖啡、溯溪活動、民宿之發展及成立社區醫療站，同時也積極爭取校車、設置醫療巡迴車，終使得該校招生人數大幅成長（洪樹旺，2015；許藝齡，2010）。華南國小結合社區推動在地遊學及特色課程，並透過遊學平臺行銷，光是2008年及2009年就吸引超過2,500人次前來遊學，並於2009年獲選為教育部十大經典特色學校之一（教育部，2009）。由此可知，當學校結合交通及社區生活機能的改善來發展特色，形塑特色遊學圈，促進地方發展與共榮，將有助於帶動人潮，擴人跨縣市的招生來源，並提高學校的招生競爭力。

(六) 推動技職模組化課程與產學合作，發展技職教育特色

由於郭俊宏（2014）、蔡永智（2011）及蔡幸枝（2004）

等人的研究，均指出學校輔導學生考取專業證照或習得專業技能，為學生選校時的重要考量因素。同時，蔡永智（2011）的研究結果也顯示，多數學生均認同產學合作與職場體驗（或實習）機會，為學生的重要選校因素之一。因此，學校可評估減少非必要的傳統學術科目學分（或時數），發展務實致用的技職模組化課程，並建立輔導學生考取證照的各項機制（包括介紹技能檢定制度、結合實作課程或社團指導術科操作、邀請學長姊分享準備心得、記功敘獎或納入畢業門檻等），推動各種產學合作措施（包括引進業師教授新興技術、提供學生職場體驗或實習機會、結合地方特色產業與公益團體推動產品義賣活動等），以期打造出一所務實致用並充滿技職教育特色的學校，進而吸引學生前來就讀。

(七) 發展學生多元課外活動與特色社團，展現學校特色領域

目前已有不少研究指出，多數學生認同多元課外活動與特色社團成果，為學生的重要選校因素（林耀隆，2012；蔡永智，2011；蔡幸枝，2004）。然而，若許多學校都只依既有師資專長及場地，來提供學生不一定感興趣的一些社團或課外活動，仍可能難以有效吸引學生前來就讀。因此，學校應建立定期調查學生需求的機制，以了解學生喜愛的多元課外活動與特色社團，再作為後續發展學校重點領域特色之依據。當學校能依據多數學生興趣，發展許多可受到學生歡迎的多元課外活動（含績優團隊培訓）與特色社團活動，例如：辦理戶外探索活動（包括登山、溯溪、泛舟、攀岩等），成立合唱團、籃球隊、棒球隊、跆拳社、

戲劇社（或劇團）、動漫研究社、科技創意研究社、時裝設計社、西點烘培社、熱舞社等，並透過社團成果展、公演、參加國內外競賽或技能檢定等方式展現優異成績或培訓成果，且對外廣為宣傳，不僅可引導學生發展多元興趣與專長，並有助於提升學校的知名度，吸引對這些多元課外活動、績優團隊或特色社團活動感興趣的學生前來就讀。

(八) 結合國際交流活動，發展多元語言之特色學校

由林耀隆（2012）的研究結果可知，多數學生認為辦理國際教育交流，為學生選校時的重要考量因素之一。因此，學校可考量結合國際交流活動，發展語言類特色學校；其中學校除可開設第二外語課程（如法文、日文、韓文等）、成立雙語部、試辦全英語教學、舉辦暑期外語生活營、進用外語教學支援工作人員協同教學、舉辦留學考試制度說明會外，更可推動締結國際姊妹校、交換學生、招收國際學生、安排國外遊學或參訪活動、建立國際學伴制度、邀請國外知名教授蒞校演講、申請推動國際文憑組織高中文憑學程（International Baccalaureate Diploma Programme, IBDP）、舉辦國際會議、推廣國際志工服務或海外留學打工等國際交流活動，以期拓展學生的國際視野，提升學生外語能力與全球競爭力，進而塑造學校的語言教育特色，並作為吸引對外語學習及出國留學感興趣之學生前來就讀之誘因。

(九) 強化生活教育，推廣閱讀教育與讀書風氣

有鑒於林耀隆（2012）、蔡永智（2011）等人的研究，皆指出多數學生認同生活輔導與校園安全（包括輔導學生適應校園

生活、重視品德教育、養成學生良好規矩、提供完善的校園安全措施等），以及學生行為表現與讀書風氣，均為學生選校時所考量的重要因素。由此可知，多數學生都不喜歡在學校遭遇校園霸凌事件，且希望同學都能守規矩、有良好行為表現與讀書風氣。因此，學校可強化「生活教育」特色，結合藝文、公民教育、服務學習、童軍、學生自治組織及社團活動，推出各種多元創新措施，形塑良善的核心價值觀（例如公德心、關懷包容、知足感恩、孝順友愛、講信修睦、盡職負責等）；並落實正向管教的策略，透過理解與尊重的友善態度，指導學生為不當行為的後果負責並學習改正，而非只是大聲怒罵或嚴懲，透過正確觀念的引導與啟發，逐步實現無校園霸凌的學習環境。同時，並透過各種閱讀教育推廣措施（包括推動晨讀運動、實施圖書館利用教育、布置閱讀走廊、進行閱讀理解教學、建立閱讀心得分享平臺、推行閱讀護照與閱讀獎勵措施等）與創新作為，增進學生的知識與內涵，並營造校園讀書風氣。

(十) 善用策略聯盟，以豐富學生多元之學習體驗

依蔡幸枝（2004）的研究結果顯示，多數學生認為推動策略聯盟，為學生選校時的重要考量因素。因此，中小學可考量透過策略聯盟方式推動各項創新合作措施，引進大學或社教機構（如國立臺灣科學教育館、國立海洋生物博物館、國立臺灣藝術教育館等）之專業人力、場地、教學與實驗設備等教育資源，讓中小學學生有機會至大學或社教機構使用實驗器材與設備、接受教授（或研究人員）指導實驗研究、聆聽專業解說（或專題演講）、參與大學預修課程、定期參加各種特展並享有優惠票價

等，同時也可由中小學教師設計特色課程與學習單，以豐富中小學學生之多元學習體驗。而上述特色課程與學習單，也可開放作為社教機構邀請其他中小學前來體驗學習，並增加館所參訪人次與票價收入之促銷工具。至於大學與中小學進行策略聯盟，亦可作為大學評鑑時之社會服務亮點特色，並增進外界對該大學的正向評價與好感；同時，也可作為發掘與招收優秀高級中等學校學生之重要策略（秦夢群、黃麗容，2007）。

Chapter 2

學校特色與創新之相關理論

　　一般人所追求的特色與創新，多指嘗試改變現況或創造新事物，以產生與眾不同的思維及作法。相較之下，學校特色與創新，除了反映學校應積極發展自己特有的辦學重點與特色優勢之外，更鑒於其他學校可能陸續仿效或甚至超越，因此學校必須持續推陳出新，精益求精，才能保持自己的領先性與獨特性。

　　近年來，世界各國紛紛追求發展學校特色與創新，而不再大量複製標準化、規格化、單一化的學校教育模式；這種觀念上的啟發與變革，並非來自單一領域或理論，而是各種不同領域的理論與知識，隨著時代演變下所相互激盪與影響下的結果。由於學校教育所觸及的領域與面向甚多，諸如哲學、心理學、企業管理，乃至於教育行政學之新興理論的崛起，都可能影響到教育的發展與走向。

　　因此，學校特色發展與創新，可視為一種跨領域的多元創新思潮彼此交互影響下的結果。有關學校特色與創新之相關理論基礎牽涉範圍相當廣泛，諸如哲學領域之後現代主義；心理學領域之多元智能理論；企業管理領域之技術創新理論、破壞性創新、創新擴散理論；教育行政領域之學校本位管理與學校創新經營等，這些理論都強調創新與特色的重要性，並重視多元發展與個別差異。學校特色發展與創新，是一個不斷求新求變的發展歷程，並且隨著時代的發展與民眾的需求，一再地推陳出新；因此前述各領域的相關理論或思潮，皆有助於促進學校特色與創新之發展，並能兼容並蓄，甚至開花結果。本章先說明「學校特色發展與創新之相關理論」，再針對「學校特色發展與創新之整體趨勢」進行探討。

學校特色發展與創新之相關理論

影響學校特色發展與創新的理論極多。限於篇幅，以下僅就後現代主義、多元智能理論、Schumpeter（熊彼得）的創新理論、破壞性創新模式、創新擴散理論、學校本位管理及學校創新經營等相關理論加以說明。

一 後現代主義

後現代主義（postmodernism）主要興起於1960年代，主張挑戰主流霸權與重視多元（洪正華，2000；詹棟樑，2009）。其重要學者包括J. Lyotard（李歐塔）、R. Rorty（羅逖）、M. Foucault（傅柯）、J. Derrida（德希達）、F. Jameson（詹明信）等人（楊瑞明，2006）；其中Lyotard被視為最突出的後現代主義者之一（洪正華，2000）。相對於現代主義強調整體性、大敘述（grand narratives）、後設敘述、確定性、普遍性及統一性等，後現代主義正像是對於現代主義的一種反動（李奉儒，1996）。後現代主義之派別頗多，以下僅就其主要主張敘述如下：

(一) 去中心化，反對主流的霸權

後現代主義對於究竟是何種權力與制度因素，使得知識成為知識的課題相當關注；因此，後現代主義者提出去中心化的主體觀，揭露人往往並非自己的主宰，總是不自覺地承受著權力與制度的宰制，唯有去中心化，才能反制那些滲透於文化之中、不

易為人察覺的宰制（許立一，1999）。Lyotard反對以主流論述宰制邊際論述，並反對任何知識理論的優位性（引自游振鵬，2009）。後現代主義質疑主流論述之所以成為主流，是因為其受到權力與制度的支撐，使之成為主流。這種主流論述雖可讓人使用不同的敘事方式，卻不能言說不同的東西；否則就是不正常、不道德的異議（許立一，1999）。後現代主義是對於啟蒙時代以來之現代主義與西方優位文明的一種省思，更是對於主流價值、焦點論述與霸權意識的質疑與解構（楊瑞明，2006）。由此可知，成為中心思想並具權威的主流論述，並不一定就是真理（或普世價值），這些論述能成為主流，往往不過就是權力與制度宰制（或把持）的結果；若這些主流論述的霸權不容質疑或解構，將可能導致其他不同意見或想法受到忽視或壓迫。

(二) 反對統一性（或同一性），強調異質性、多元性及對他者的尊重

後現代主義反對現代性（modernity）所強調的統一性及普遍性等論點，並提倡多元化及尊重差異性與他者（李奉儒，1996）。後現代主義透過謬誤推理（paralogy，或稱「悖論」）來打破求「同一」的穩定模式，並強調差異的不穩定性；謬誤推理是種非邏輯性的想像，較著重創新與求變（洪正華，2000）。後現代主義所追求的知識，不再是同質性的共識，而是異質性的多元論述（游振鵬，2009）。謬誤推理下的後現代主義特色不在於求同，而在求異；要達成公正思想，靠的不是同一性的中心維繫作用，而是靠語言遊戲異質且多元的本質，並以更深廣的氣度

去包容不一致的規準（洪正華，2000）。後現代主義認為多元社會中的決策是多元化的，以往主導世界的思想霸權（如殖民主義等），只不過是眾多他者之一而已，並已漸失去其強勢領導地位（林奕成，2011）。後現代主義提供他者一種希望與合法性，鼓勵對話、協調及互動，使得少數人（如女性、少數民族）的聲音及權益更能受到重視（李奉儒，1996）。簡言之，後現代主義透過謬誤推理的方式，來突顯統一性及普遍性可能衍生的問題，並喚起各界對於異質性與多元性的重視，使得少數他者的個別差異也能受到平等的對待與尊重。

(三) 去整體性，認同「局部」的重要性

後現代主義也反對現代性所強調的整體性論點，並重視局部理論（李奉儒，1996）。尤其Lyotard反對任何優勢的方法論，其主張典範之間的「不可共量性」（incommensurability），提倡方法論的多元主義與小敘述（petit récit，又稱little narrative）；亦即應掙脫既有研究典範的束縛，重新找尋局部、小型、但卻更接近真實（reality）的理論架構（引自林奕成，2011）。換言之，一部完整的機器，有時只要缺少一個局部的小零件（如螺絲釘等），就可能導致整部機器無法運作；而後現代主義就是喚醒大家對這些「局部」小零件的重視。此外，強調整體性固然有助於團隊目標的達成，但過程中卻不免也可能犧牲掉個別團隊成員的應有權益。例如：整體來說，一所高中拚升學率的結果，確實可能提高考上國立大學的學生人數；但就「局部」的角度來看，該所高中具主流學科以外之其他專長（如藝術、技

職、體育等）的學生，卻可能因此被埋沒（或成爲墊腳石），並失去發展其另類興趣與專長之機會；甚至也可能有部分學生因無法調適沉重的升學壓力，衍生身心疾病或恐懼上學；或是造成同儕之間競爭激烈、相互猜忌，群育發展受到扭曲等個別問題。

(四) 揚棄確定性，並提倡不確定性

學者Lyotard主張沒有一種放諸四海皆準的共識眞理及方法，所謂的人類生活世界，它所要追求的是不確定性（indeterminacy），而不是製造先驗（transcendental）的眞理（引自蘇美麗，2005）。相對於現代性強調確定性的概念，後現代主義更提倡不確定性的論點（李奉儒，1996）。所謂不確定性，包括影響知識和社會的各種模糊性、斷裂性和移置，不確定性滲透到後現代社會人們的所有行動和思想中，並構成人們實際面對的世界的最基本境況（張國清，2000）。後現代主義強調多元主體、個人觀點的詮釋，支持各種主體可各自表述，這造成文本由於個體對事件不同觀點，而有不同的意義，導致每個文本都具有某種程度的不確定性（引自蘇美麗，2005）。申言之，後現代主義更重視不確定性所創造出來的模糊空間，因爲沒有一套理論或方法是絕對能夠放諸四海皆準的，至多只能說這些理論或方法可在符合某些情境或條件下成立；因此，在許多情況下我們必須保留因人而異（如因材施教）、因地制宜、與時俱進等彈性。尤其，多數的決定背後，往往都面臨資訊有限、時間有限等窘境；以致多數人所面臨的，往往都是不確定情境下的抉擇。由於不確定性幾乎快成爲常態，許多決定（或作法）也就很難有所謂

確定的「標準答案」，亦無從衡量其「對」或「錯」。

(五) 反再現論（anti-representationalism）

現代主義認為符號、概念及理論等，具有作為主體和客體之間溝通橋梁的功能，其相信符號、概念及理論是實在的代表與再現。後現代主義則提出反再現論，認為在符號之下根本沒有實質，只有影像沒有實在（許立一，1999）。例如英文的「You are a lucky dog」（您真是個幸運的人），就字面上來看，是將「人」說成一條「狗」，但英美語系的國家認為這是表達個人的羨慕與肯定之意，並無任何貶低的意思；但對中文語系的國家而言，一個「人」被稱為「狗」，其實就是罵人、貶抑之意。許立一（1999）認為，由於語言（或稱符號）的變動與演化，使得語言並不一定指涉固定的對象和意義，敘述者可任意加以改變。綜上可知，即使是同樣一句話（或一個詞彙），在不同國家、情境、時間點或對象的差異之下，都可能有著極為不同的解讀之意；因此，後現代主義並不認同有哪些符號（或概念、理論）等，能夠真正完整地代表（或反映）事物的實體或本質。

(六) 反對「基礎主義」，並反對理性與二元論的邏輯觀

後現代主義並不關心知識基礎的發展和應用，反而對於知識建構的基礎，扮演一個解構的角色，強調階級制度的重構（reconstructed）及公平地建構新的宰制權力（蘇美麗，2005）。後現代主義希望跨越理性的概念，並試圖解構I. Kant（康德）的基礎主義哲學，且分別提出理性思維與行動的局部決

定因素、易誤性與偶然性，堅持理性總是相對於時間與空間等主張（引自李奉儒，1996）。而Lyotard更反對有任何固著中心的基礎主義，他主張要不斷追求奇異、否定、創新、不讓自身固著為一種典範，如此才能無限自由地追尋所有事物的無限可能性（引自楊瑞明，2006）。因此，後現代主義要求放棄理性概念，並主張沒有任何理性的普遍法則是可排除於傳統和歷史之外的（李奉儒，1996）。

此外，由於理性乃是定於一尊的判準，不容許一件事情同時存在兩種評價，這種思維也就是「非對即錯」的邏輯（許立一，1999）。然而，當我們實際處理現實社會生活中的種種問題時，卻常可發現許多事情其實並不是單純對或錯的問題；特別是面臨「道德的兩難」情境時，以「偷藥救母親」為例，偷藥是違法的，但不偷藥則母親就會病死，一位貧窮的孝子為了救母親而偷藥，究竟是全對、全錯、對一半……？恐怕會隨著理性或感性等角度與比重的不同，而有不同的多元論點與答案。因此，許立一（1999）表示，後現代主義反對前述二元論的邏輯觀，並揭露人在理性之外還存在著非理性的成分，不能僅用二元論的邏輯來判斷一個人的人格特質。總而言之，後現代主義認為需要解構知識基礎，才能自由追尋各種事物的無限可能，因此反對「基礎主義」；同時，也主張放棄追尋理性的普遍法則，並反對「非對即錯」這類二元論的邏輯觀，因為人往往兼具理性與非理性的成分，且因其所占比重或情境的不同，而可能產生不同的人格特質或行為表現。

(七) 反對「後設敘述」與「大敘述」

Lyotard認為知識包括「科學知識」與「敘述知識」（narrative knowledge，即人文知識），兩者之間並無優位性存在；但由於啓蒙運動以來強調理性、實證與科學主義，使得科學知識自我合法化，更挾其優位性，意圖消解敘述知識的正當性（引自游振鵬，2009）。Lyotard認為理性所追求的後設敘述（metanarratives）不該再具有獨占的合法性地位，並應還給長期遭科學知識壓制的敘事知識一個平等地位（引自洪正華，2000）。Lyotard對於後設敘述的質疑，也包括他認為科學知識之證成，是與財富與教育相關聯的（引自Williams, 1998）。也就是說，後現代主義反對大敘述的原因，在於其隱含著權力的宰制，並可能導致個別差異遭到漠視、壓抑與排擠（許立一，1999）。因此，Lyotard認為在後現代的社會文化中，知識的合法性將以不同方式呈現，大敘述（grand narritive）的可靠性已然消失，取而代之的將是小敘述的作用（引自楊瑞明，2006）。換言之，後現代的特色是沒有冠冕堂皇的大敘述，只有小敘述的存在；社會的不斷進步意味著多樣性、多元性的分化，但不代表一種論述會比其他論述來得高明或具優勢地位（洪正華，2000）。綜上可知，後現代主義質疑「後設敘述」或「大敘述」只是透過類似權力宰制的過程來自我合法化及取得優勢地位，但實際上它們與「小敘述」之間應該是彼此平等、共存的。

整體而言，後現代主義對於近代教育影響甚大。在過去國民教育尚未普及的時代裡，學校教育扮演著提升國民知識水平與穩

定社會秩序的功能；面對當時學校數量供不應求的情況，復爲期儘速掃除文盲、擴大國民教育服務對象及展現公平性，世界各國多致力於建立一套標準化的傳統學校制度，以期於短期內大量複製並全面推廣至全國各地。然而這段追求一致性、整體性與普及化的推廣過程中，卻使得各校辦學模式變得大同小異，不僅整個社會瀰漫著保守氛圍，連學校提出與衆不同的創新措施時，都很容易被批評爲搞怪與破壞，這種對於創意的抹煞，更使得學校不敢嘗試發展獨有特色。

面對傳統學校教育制度的保守風氣與種種弊病，後現代主義這股思潮的興起，正爲世界各國的教育改革帶來不少啓發。以臺灣於1990年代陸續興起的教育改革聲浪與行動爲例，包括四一〇教育改造聯盟發起四一〇教改運動、行政院教育改革審議委員會公布《教育改革總諮議報告書》、教育部公布「國民教育階段九年一貫課程總綱綱要」等，其教育改革中心主軸均反映出後現代主義的精神，亦即具有反權威、反知識本位與反菁英導向（湯堯，2003）。尤其前述《教育改革總諮議報告書》更指出「多元化：多姿多樣，活潑創新」爲教育現代化的重要發展方向之一（行政院教育改革審議委員會，1996）。伴隨著國民教育日益普及，少子女化導致學校數量供過於求的時代發展趨勢，使得學校競爭日益激烈；而後現代主義這股去中心化、反對統一性、尊重個別差異與他者的思潮，更引導學校在競爭過程中逐漸走向多元與特色發展。簡言之，後現代主義對於教育制度改革以及學校教育的多元創新發展，可謂具有推波助瀾的效果。

⬡二 多元智能理論：重視多元潛能

哈佛大學教授H. Gardner（迦納）於1983年在《心智的架構》（*Frames of mind*）一書中提出「多元智能理論」（Theory of Multiple Intelligences），其中包括語文智能（linguistic intelligence）、音樂智能（musical intelligence）、邏輯—數學智能（logical-mathematical intelligence）、空間智能（spatial intelligence）、肢體—動作智能（bodily-kinesthetic intelligence）、內省智能（intrapersonal intelligence）及人際智能（interpersonal intelligence）等7種智能（Gardner, 1983/2004）。Gardner隨後於1995年表示，他可能將新增第8種智能：自然觀察者智能（naturalist intelligence），並於1999年正式將該智能納為多元智能之一（Gardner, 1995, 1999）。此外，Gardner也在1999年首次提出存在智能（existential intelligence）是他考慮新增的備選智能之一（Gardner, 1999）。Gardner更於2004年《心智的架構》一書再版的介紹文中，指出他目前為止只確定有8½個智能（8½ Intelligences）（Gardner, 2004）。亦即只將「存在智能」視為1/2個智能（Gangi, 2011）。Gardner（2006）認為賦予「存在智能」為第9個智能這件事需格外謹慎，因為目前存在議題究與大腦哪些部位有關的證據仍有不足，因此，他仍維持只有8½個智能的說法。整體來說，由於過去智力商數（intelligence quotient, IQ）的測驗長期被認為可評量學生智能，並據以預知學童未來在學校學習的成敗；而上述Gardner提出的多元智能理論，可視為對傳統智能觀點及IQ測驗的一種反動（Mirzaei, Domakani, & Heidari, 2014）。

(一) Gardner之8½個智能內涵

1.**語文智能**：語文智能包含有關口語表達及語言書寫的敏感度、語言學習的能力，以及運用語言完成某些目標的能力（Gardner, 1999）。換言之，語文智能是指用文字思考、用語言表達和欣賞語言深奧意義的能力（許淑玲，2008）。律師、演講者、作家與詩人，是人群中擁有較高語文智能的人（Gardner, 1999）。

2.**音樂智能**：音樂智能包括音樂圖譜的演奏、作曲及欣賞等技巧（Gardner, 1999）。具備音樂智能優勢的學生，能透過樂曲、節奏、吟唱及詩歌，來理解音樂概念並學得很好（Gangi, 2011）。具有音樂智能的人，包括作曲家、指揮、樂師、樂評人、製造樂器者，還有善於感知的聽眾（許淑玲，2008）。

3.**邏輯—數學智能**：邏輯—數學智能包含運用邏輯分析問題、進行數學運算及以科學角度調查議題的能力（Gardner, 1999）。換言之，邏輯—數學智能是指使人能夠計算、量化及考慮命題和假設，而且能夠進行複雜的數學運算的能力（許淑玲，2008）。數學家、邏輯學者及科學家都是能積極拓展該項智能的人（Gardner, 1999）。

4.**空間智能**：空間智能是一種可形塑空間世界的心智情境，並運用該情境進行演練與操控的能力（Gardner, 1993）。空間智能的特徵，就是認知外部空間情境並予以操控的一種潛能，過程就如同處於室內情境一樣（Gardner, 1999）。換言之，空間智能就是以三度空間的方式思考，重現、轉變或修飾心像，透過操弄物件位置，產生或解讀圖形的訊息（許淑玲，2008）。例如

領航者、飛行員、雕刻師、外科醫生、棋手、圖像藝術家或建築師，通常都有良好的空間知能（Gardner, 1999）。

5.肢體—動作智能：肢體—動作智能是運用整個身體或一些身體部位，來解決問題或形成創作的能力（Gardner, 1993）。換言之，肢體—動作智能就是使人能巧妙處理物體和調整身體的技能（許淑玲，2008）。例如舞者、演員及運動員都是在肢體—動作智能有顯著成就的人（Gardner, 1999）。

6.內省智能：內省智能是一種轉化內在的關聯能力，其可形塑一種精確、真實的自我模式，並能運用該模式有效掌控生活（Gardner, 1993）。內省智能包括一個人如何了解自我，並為自己找出一套有效運作模式的能力（包括他自己的渴望、恐懼及才能），並有效善用這樣的資訊來調適自己的生活（Gardner, 1999）。換言之，內省智能就是建構正確自我知覺的能力，並善用這些知識來計畫及導引自己的人生；像神學家、心理學家及哲學家等，就是最佳例證（許淑玲，2008）。

7.人際智能：人際智能是指一個人如何理解他人想法、動機與渴望的能力，因此能與他人有效率地共事（Gardner, 1999）。換言之，人際智能就是能夠善解人意，與人有效交往的才能（許淑玲，2008）。例如成功的推銷員、政治人物、教師、臨床醫師及宗教領袖，都需要良好的人際智能（Gardner, 1993）。

8.自然觀察者智能：自然觀察者智能是展現出辨識及分類環境中無數生物（含植物和動物）種類的一種專長能力（Gardner, 1999）。自然觀察智能也包括對其他自然現象的敏感性，以及在都市長大的人擁有對於一些非生命物質（如車子）

的區分能力（許淑玲，2008）。例如生物學家C. Darwin（達爾文）就自稱自己是與生俱來的自然觀察者（Gardner, 1999）。

9.**存在智能**：存在智能是指在浩瀚無窮的宇宙中找到自我定位，以及探討有關人類的存在特性（如找尋生命價值、死亡的意義、生理及心理世界的終極命運、熱愛他人與藝術的深奧體驗）的一種能力（Gardner, 1999）。該智能又稱爲「大哉問的智能」（the intelligence of big questions）；但這些高深的存在課題與哪些大腦部位有關的證據，目前仍有所不足（Gardner, 2006）。因此，存在智能只能視爲1/2個智能（Gangi, 2011）。哲學家、宗教領袖、最能感動他人的政治家，正是存在智能的最高等級化身（Gardner, 2006）。

(二) 多元智能之特性

1.**每個人都擁有各項多元智能的發展潛能**：智能是全人類皆有的特質（每個人都有這8或9項智能）（Gardner, 2004）。而Gardner（1993）更認爲每個正常的個人，都擁有可將任何一項多元智能發展至某種程度的潛能。如果能給予適當地鼓勵、指導，這些不同智能都能發展至合適的水準（鄭美芳，2012）。

2.**各種多元智能之間波此部分獨立**：多元智能理論設想各種不同智能之間是互相獨立的；亦即在某一個智能領域具有優勢，並不必然在其他智能領域也有優勢；同樣地，劣勢亦然（Gardner, 2006）。

3.**每個人的多元智能組合皆有所不同**：智能是許多能力、天分或心智技巧的一種組合；每個人在各項多元智能的程

度及其組合的本質均有所不同（Gardner, 1993）。每個人都有一套獨特的多元智能組合；因為他們都分別來自於其不同的基因遺傳與文化及時代背景下的生活情境（Gardner, 1999）。亦即沒有任兩個人之間能擁有完全相同的智能履歷，即使是雙胞胎亦然（Gardner, 1983/2004）。因為就算基因本質都一樣，每個人還是會有不同的經驗（Gardner, 2006）。

4.智能需在特定情境下加以評價，且每種智能都有多種不同表現方式：智能是一種涉及解決問題或形塑作品的能力，其乃是特定文化情境或社群下的結果；且智能需在一種以上的文化情境中加以評價（Gardner, 1993）。此外，一個人可能不識字，但口語表達能力卻十分豐富，因而呈現較高的語文智慧（鄭美芳，2012）。換言之，每種智能都會有多種不同表現方式。

5.各種成功的文化角色，需要不同的智能組合：幾乎每個文化角色，都需要兼具多種智能；不同任務需要不同的智能或其組合，例如音樂演奏所需要的智能組合，與做菜、上課均有所不同（Gardner, 2006）。每個人都可以依據自己的志趣或文化偏好，去發動或連結這些多元智能的潛能發展（Gardner, 1999）。

6.擁有較佳的多元智能，不必然就能有智慧地加以善用：擁有一項很強的智能，並不代表他就會有智慧地行動。例如數學智能高的人，可能用於完成重要物理實驗，也可能將該能力浪費在玩樂透（Gardner, 2006）。

7.各種多元智能都同等重要，且智能本身並無道德性：各種不同的多元智能，都具有平等的優先權（Gardner, 1993）。換言之，並沒有哪一個智能是特別重要或不重要的，

每種多元智能都同樣重要。Gardner（1999）特別強調，智能本身並無所謂道德或不道德；任何智能均能用於建設性或破壞性的用途。

(三) 多元智能理論對教育的啓示

1.打破傳統智力測驗偏重語文與數學智能的框架，突顯其他智能的重要性

自從L. Terman（特曼）於1916年提出比西量表的史丹福修正案（又稱「史丹佛—比奈智力量表」）以後，智力商數（Intelligence Quotient, IQ）的概念開始廣泛運用，並受到各界重視（王琡棻、盧臺華，2012）。而上述傳統智力測驗通常只使用到多元智能裡的語文及邏輯—數學這兩種智能（王爲國，2001）。這使得多數學校只強調語文及邏輯—數學這兩種智能，而忽視其他智能的重要性，並導致該兩種智能表現不佳的學生，都被歸類爲「笨」學生（鄭博眞，2000）。然而，Gardner所提倡的多元智能理論，旨在突顯各種不同智能的差異性、重要性與均等性，以期使其他智能也能像語文及邏輯—數學智能一樣受到重視；這也引導學校不再只偏重於語文及邏輯—數學智能方面的教育，而應針對具有其他不同智能發展需求的學生，提供適性教學內容。學生將不再只因爲傳統升學考試科目（如語文、邏輯—數學智能方面）的成績優良才會受到肯定；凡在其他音樂智能、肢體—動作智能等多元智能表現優良的學生，也可在藝術類、技職類及運動類等相關科目，獲得嶄露頭角的機會並受到重視。

2.重視「以學生為中心」的適性學習與個別潛能發展

Gardner（1999）提倡「個別式教育」（individually configured education，又稱「適性教育」），並指出這是一種嚴格看待個別差異的教育；並盡可能讓各種不同心智類型的孩子獲得一樣好的教育服務。這種個別式教育，其實也正與孔子所稱「因材施教」的理念不謀而合。Gardner（1993）也提出「以個人為中心的學校」（individual-centered school）的構想，其中將有許多豐富的個人能力與性向的評量方式，以期為個別學生尋求適合的課程領域及教導這些學科的特定方法。因此，多元智能理論的興起，可促使學校更重視以學生為中心的適性學習與個別潛能發展。

3.批判傳統只重視紙筆式的標準化智力測驗，強調情境化評量的重要性

Gardner認為傳統IQ測驗只測量語文、邏輯—數學這兩種智能，使得整個社會僅將智能侷限為解決語文、邏輯—數學方面的問題（Gardner, 1993）。換言之，傳統智力測驗採用紙筆式標準化測驗，不僅脫離生活情境，且應考方式亦只有利於語文及邏輯—數學智能較強的學生（王為國，2001）。因此，Gardner認為新型態的評量，應該要是「智能公平」（intelligence-fair）的，使各項智能的發展潛力能直接觀測，而非只能透過語文、邏輯—數學的鏡頭來間接觀測（Gardner, 1993）。多元智能理論主張評量應在學習情境中，並允許學生以多元方式接受評量，如做專題報告、繪畫、錄音等（王為國，2001）。由此可知，多元智能理論認為傳統智力測驗過度重視紙筆式標準化測驗，並使得不同的多元智能難以藉此全數獲得有效的測量，有其侷限性，因此

該理論特別強調情境化評量的重要性，對於教育測驗與評量方式的變革帶來很大的啓發。

4.帶動「多元化」的教育改革思潮，並促進課程與教學革新

Gardner等人強調多元智能理論在學校教育與家庭中的應用，其論述較貼近生活，並親自規劃或參與多元智能課程設計、教學與評量的研究，對美國的教育改革影響甚大（王爲國，2001）。而多元智能理論也爲臺灣的教育改革掀起一股熱潮。例如行政院教育改革審議委員會（1996）的《教育改革總諮議報告書》，除提出「多姿多樣，活潑創新」爲教育現代化的方向之一外，更指出教育應該帶好每位學生，使每個人不同的潛能與特質都受到尊重，並獲得充分發展的機會；尤其是國民義務教育階段，國家應提供每個學習者充分的試探機會，肯定其特質與多元價值。另教育部更於1998年結合多元智能理論推動國中小補救教學示範學校實施計畫，選擇5所國中、2所國小進行試辦（鄭博眞，2000）。此外，許多研究更指出，多元智能理論不論在國內外，已普遍應用於課程與教學革新（張稚美，2001；蔡明富，1998；鄭博眞，2003；Buchen, 2006；Chan, 2000；Choudhary, 2012；McKenzie, 2005）。綜上可知，多元智慧理論已帶動「多元化」的教育改革思潮，並促進課程與教學革新，使學校得以參考多元智能發展各自的特色課程或創新教學方法，進而形塑各校的重點發展特色，使學生在各種不同智能的發展潛力得以逐步開展且獲得重視。

三 Schumpeter的創新理論

學者J. A. Schumpeter（熊彼得）首先提出「新組合」（new combinations）的概念（Schumpeter, 1934）。隨後更指出，「創新」（innovation）就是建立新的生產函數（production function）；其中包括新商品、新組織形式（如合併）、新市場的開拓等情況（Schumpeter, 1939）。亦即「創新」就是把原來的生產要素重新組合，改變其產業功能，以滿足市場需求，從而創造利潤（許明德，2006）。而Schumpeter的「創新理論」（又稱「技術創新理論」）主要可從下列三個部分探討：

(一) 創新的途徑——「新組合」的五種情況

Schumpeter於《經濟發展理論——對於利潤、資本、信用、利息和景氣循環的考察》（*The Theory of Economic Development: An Inquiry into Profits, Capital, Credit, Interest, and the Business Cycle*）一書中，多次提及「新組合」一詞，其內涵包括「新產品」（new good）、「新生產方法」（new method of production）、「新市場的開拓」（the opening of a new market）、「原料或半成品的新供應來源」（new source of supply of raw materials or half-manufactured goods）及「企業新組織型態」（new organisation of any industry）等5種情況（Schumpeter, 1934）。而這些新組合的各種情況，更被視為「創新」概念的展現（Lanzillotti, 2003; Śledzik, 2013）。有關上述新組合的5種情況，可進一步闡釋說明如下（Schumpeter, 1934）：

1.新產品：指推出消費者還不熟悉的產品，或追求產品的新特性與更高品質。

2.新生產方法：指製造部門還沒有嘗試過該方法的經驗，同時也沒有相關科學新發現的基礎下，去試著建立一套生產商品的新商業手法。

3.新市場的開拓：指開拓一個該國製造部門過去未曾進入的新興市場，不論該市場是否曾存在過。

4.原料或半成品的新供應來源：針對原料或半成品找出其他不同供應來源，不論該來源是否早已存在，或是第一次創造出來的。

5.企業新組織型態：例如創建一個壟斷地位（如透過「托拉斯化」），或是打破一個壟斷地位。

(二)「發明」（或發現）不等同於「創新」

Schumpeter認為，科學發現、技術發明不是創新，因為它們本身不等於企業的利潤（引自林德宏，2006）。亦即創新與發明是有區別的，發明是本來沒有，從無變有；至於創新則是現已存在，再加上新的創意，使它更好、更有利潤（許明德，2006）。

(三) 創造性的破壞（creative destruction）

Schumpeter指出「創造性的破壞」，是一段企業盛衰演化的過程，其不斷地進行內部經濟結構的革新，不停地破壞舊有的經濟結構，亦持續地創造新的經濟結構（引自Śledzik, 2013）。亦即創新會創造利潤，但有創新就有破壞，因為創新會破壞現有經

濟模式，但破壞之後，新的取代舊的，結果更美好，這就是創造性的破壞（許明德，2006）。

　　整體來說，Schumpeter的「創新理論」可爲教育帶來許多啓示；其以「新組合」一詞來闡釋「創新」的概念，更是許多教育創新相關研究（如教學創新、學校行政的創新管理等）所引用的重要觀念來源（李欣潔，2009；洪詠善，2011）。而教育部宣布2015年爲「教育創新行動年」時，也引述Schumpeter所提倡的各種創新情況的組合，希望能加入新要素、採用新方法、引入新成員、創造新產品（如提出新計畫或新法案）等，據以全面啓動教育創新行動（教育部，2015g）。換言之，有關Schumpeter所提倡5種創新情況的組合，可分別應用於教育層面如下：

　　1.新產品部分：包括教育行政機關採用新計畫、新方案或新法案，以及學校採用創新課程與教學方法（如特色課程）等。

　　2.新生產方法部分：包括推動創新的教師專業成長機制，如教師專業發展社群及同儕評鑑。

　　3.新市場的開拓部分：包括爲學校開闢新招生市場，如擴大招收境外生，包括陸生及東南亞學生等。

　　4.原料或半成品的新供應來源部分：包括鼓勵學校引進外部資源並放寬自籌經費使用彈性、公立學校場館委外經營或閒置空間活化等。

　　5.企業新組織型態部分：包括發展實驗學校行政組織創新模式，如推動公辦民營學校、放寬公立學校以契約方式進用人員等。

㈣ 破壞性創新模式

美國哈佛大學教授C. M. Christensen（克里斯汀生）於1997年出版《創新的兩難》（*The Innovator's Dilemma*）一書時，首次提出「破壞性科技」（disruptive technology，或譯作「破壞性技術」）一詞，並指出以破壞性科技建立的產品在主流市場中表現平凡，但這些產品的其他特色卻可滿足一些原本處於市場邊緣（且通常是新）的顧客價值（Christensen, 1997）。換言之，這種破壞性科技可迎合一些非主要顧客或新顧客的需要，因而開拓出新市場，進而賺取額外利潤。而Christensen（1997）更指出，奠基於破壞性科技的產品，通常是更便宜、更簡單、更小巧、使用更便利的，並有機會據以擊敗原本居於領導地位的企業。Christensen與Raynor（2003）後來共同撰寫《創新者的解答》（*The Innovator's Solution*）一書時，更將原本「破壞性科技」的概念，延伸爲「破壞性創新」（disruptive innovation），並逐漸在企管領域引起廣泛討論與重視。

(一) 破壞性創新模式與各種創新型態的內涵

Christensen與Raynor（2003）的破壞性創新模式中，先從「維持型創新」（sustaining innovation）的概念開始探討，再進一步襯托出「破壞性創新」的差異性與重要性；其中破壞性創新可再區分爲「低階型的破壞」（low-end disruption）及「新市場型的破壞」（new-market disruption）兩種類型。有關上述各種創新類型之間的關係，有興趣的讀者可另參見Christensen與Raynor（2003，頁44）繪製的「破壞性創新模式3D示意圖」

（The Third Dimension of the Disruptive Innovation Model）。有
關破壞性創新模式的內涵如下：

1.維持型創新（或維持型策略）

又稱為漸進式或連續性創新（趙偉忠，2010）。維持型
創新的目標，是去滿足高階顧客的需求，而這些高階顧客通常
渴望擁有比過去更佳的產品效能表現（Christensen & Raynor,
2003）。維持型創新是在既有產品的顧客評價基礎上進行改善
（Christensen, Anthony, & Roth, 2004）。這種維持型策略，就是
致力發展更佳的產品，並賣出更高的價錢獲利；而既有的市場競
爭者往往有充足資源，能在維持型戰役中獲得勝利（Christensen
& Raynor, 2003）。由此可知，維持型創新就是在既有產品與技
術基礎上，不斷追求產品的改良或修正，以期提供更高效能或高
品質的產品，以迎合高階顧客的需求，使他們願意付出更高的價
錢購買，從而讓企業獲利。

2.破壞性創新

是一種非連續性的創新（趙偉忠，2010）。破壞性創新是
藉由提供不如現有產品那麼好的產品與服務，來破壞並重新定義
事業發展軌道；通常是提供較簡單、更便利且較低價的產品，以
吸引新顧客或要求較低的顧客（Christensen & Raynor, 2003）。
而破壞性創新模式，正是在說明新組織如何運用較簡單、較便利
較低成本的創新來創造成長，進而勝過強勁的現有市場競爭者
（Christensen et al., 2004）。換言之，破壞性創新較不重視追求
產品的更多功能或更高品質，而是藉由開發出更低價、更簡便、
更實用的產品，提供消費者買得起、用得到的產品，並結合產品
物超所值的優勢，透過薄利多銷的策略，吸引要求不高的顧客購

買；或是透過新產品或新技術開拓出新市場，以吸引未曾消費（或使用）的新顧客購買，進而逐步擴增顧客數量及提高市占率。破壞性創新可分為下列兩種類型：

(1) 低階型的破壞

又稱為「低階市場的破壞性創新」。當既有產品與服務過度良好，並導致其價格遠高於既有顧客用得到的價值時，便是低階型的破壞可能產生的時機（Christensen et al., 2004）。低階型的破壞是指專攻原有價值網絡中的低階市場，以追求薄利多銷並爭取被過度服務的眾多顧客（Christensen & Raynor, 2003）。簡言之，這種低階型的破壞，就是以更低成本、足用的性能，進占原有技術基礎或既有價值網路中的低階市場（趙偉忠，2010）。由此可知，當一個企業過度追求更多進階功能或更高品質的產品時，往往可能導致產品價格變得太高，尤其若這些進階功能或過高的品質是不實用或不常用的，反而會因為價格過高而成為顧客購買的阻礙（不管是消費能力或意願方面）。因此，當其他企業的創新研發方向，就是以越低的成本與價格，開發出更多實用功能與一定品質以上的產品時，這些產品將可吸引更多顧客（包括消費能力較低者）購買，因而在低階市場上更具競爭優勢，並逐漸影響其他主流產品的銷量與市占率。

(2) 新市場型的破壞

又稱為「新市場的破壞性創新」。當既有產品的特性限制了潛在消費者的數量，或顧客被迫在不便利且高度集中化的環境中消費時，便是新市場型的破壞可能產生的時機（Christensen et al., 2004）。新市場型的破壞是指藉由創

造一個新的價值網絡，以進行破壞；其藉由提供更負擔得起與使用更簡便的新產品，以開拓新顧客群（Christensen & Raynor, 2003）。由此可知，新市場型的破壞，特別關注於既有產品（或市場）所無法滿足（或長期忽略）的顧客需求，並藉由創新的技術、產品或服務流程，來迎合（或創造）新的顧客需求，進而形塑一個全新的價值網路，開拓出新的市場與營運模式。Christensen與Raynor（2003）更指出，雖然新市場型的破壞始於獨特價值網絡的競爭，但當其產品功能改善得夠好時，仍可將既有主流價值網絡的顧客吸引至新市場。

(二) 目標顧客群之類別

我們須先了解顧客為何「需要」該創新，以及其可帶給顧客多少價值及利益，才能為破壞性創新發掘機會與開創新市場（趙偉忠，2010）。破壞性創新模式關注三種目標顧客群，分別是「尚不知足的顧客」（undershot customers）、「被過度服務的顧客」（overshot customers）及「未曾消費者」（nonconsumers）（Christensen et al., 2004）。

1.尚不知足的顧客：指已購買產品，卻對其諸多限制感到沮喪的顧客；他們願意付更多錢去提升產品效能與品質（Christensen et al., 2004）。他們是最引人關注（亦即能獲得最多利潤）的主流市場顧客，也最願意為了改善產品效能而付錢（Christensen & Raynor, 2003）。由此可知，尚不知足的顧客，就是不計代價，追求最高產品效能與品質的一群人。對他們來說，即使這些高檔的產品貴到感覺像是個奢侈品，他們也會因為

追求流行、品牌、尊榮感等因素考量而選擇購買；這類產品，也往往可為企業帶來最多利潤。

2.被過度服務的顧客：指不願再為了進一步改善產品效能表現而付錢的顧客（Christensen et al., 2004）。被過度服務的顧客位於主流市場中的低階市場，是低階型的破壞之目標顧客（Christensen & Raynor, 2003）。換言之，這類顧客通常會先想好自己實際需要的常用功能與基本品質要求後，再找出符合前述條件且價格最低的產品作為優先考慮購買的目標；且這類顧客通常也比較期待產品能夠物超所值，亦即能以越低的價格，買到越多功能或品質越佳的產品。因此，對這類顧客來說，在能夠省錢的情況下，他們只追求夠用的平價產品，而非更多功能、更高品質的頂級產品。

3.未曾消費者：指缺乏能力、金錢或管道，以致無法便利且容易地完成一件重要工作的人（Christensen et al., 2004）。未曾消費者是新市場型的破壞之目標顧客，因為他們過去缺乏足夠資金或技術，以致未能購買及使用該產品（Christensen & Raynor, 2003）。申言之，由於既有主流市場與產品有著價格過高或技術門檻過高（操作不夠便利）等問題，使得這些未曾消費者無法成為顧客。因此，當企業能開發出價格較低且操作更便利的替代產品時（例如當年開發出USB隨身碟，以取代DVD光碟燒錄器存取資料及製作開機光碟等功能），便可創造出一個具有新價值網絡的新市場，不僅可吸引未曾消費者前來購買（因為USB隨身碟便宜，且存取更簡便，不再需要光碟燒錄的技術門檻），同時也對於既有主流市場（如DVD光碟燒錄器的市場）造成破壞，甚至逐漸吸引既有主流市場的顧客前來購買。

(三) 破壞性創新在教育領域之應用與啓示

有關「破壞性創新」理論所提到的各種創新類型，對於教育領域之應用與啓示分別如下：

1.維持型創新方面

許多特許學校都是維持型創新，旨在找出更適合特定學生需求的教學模式，例如推動KIPP計畫（Knowledge Is Power Program）的特許學校，但這些學校卻無法適合所有的學生（Christensen, Horn, & Johnson, 2008）。此外，由於維持型創新的精神，乃是爲既有顧客提供性能更好、功能更多、品質更佳、更高價的產品給高階顧客，此與目前許多學校（特別是私立學校）推動的創新模式大致相符。例如高雄市私立義大國際高級中學、新北市私立康橋雙語學校、雲林縣私立維多利亞實驗高級中學、臺北市私立奎山實驗高級中學等4校經申請並獲認證推動「國際文憑組織高中文憑學程」（International Baccalaureate Diploma Programme, IBDP），使前開學生得以學習與國際接軌的國際課程，並受到世界上絕大多數主流大學的認可，提高學生申請全球頂尖大學（包括哈佛、耶魯、劍橋、牛津等）的競爭力（Barnes, 2017）。前述私立學校推動IBDP的作法，正是希望提供更高品質、更多功能（兼顧雙語學習與國際接軌）的一種維持型創新的表現。

2.破壞牲創新方面

(1) 低階型的破壞

由於低階型的破壞就是專攻原有價值網絡中的低階市場，以追求薄利多銷並爭取眾多被過度服務的顧客

（Christensen & Raynor, 2003）。這也正可用於解釋英國「工作坊學校」（studio school）的誕生原因與賣點。工作坊學校的課程規劃，只以英文、數學和科學為主要課程，外加職業考試科目及工作實習（駐英國代表處教育組，2013）。由於捨棄許多不必要的科目與學習時間，並優先提供更精要、更實用、更便於日後使用的實務課程與工作實習，使有心學習一技之長並及早就業的年輕學子，可以更專注地學習實用的職業技能與專長，不僅為國家培育基層專業人才，亦可吸引對抽象理論課程毫無興趣的學生前來就讀，藉此獲得持續而穩定的招生來源。

(2) 新市場型的破壞

頂尖學習虛擬學校（Apex Learning Virtual School）提供線上學習的大學預修課程、虛擬高中（Concord, Massachusetts-based Virtual High School）開設虛擬班級等，都是新市場型的破壞案例（Christensen et al., 2004）。這類基於「學生中心科技」（student-centric technology）所發展的未來教室與評量方法，可針對學生各自學習進度分別因材施教，並即時給予回饋，為傳統教學帶來破壞（Christensen et al., 2008）。由此可知，隨著資訊科技的進步，虛擬學校（或線上學習）將逐漸對傳統教學帶來衝擊與改變，並使得教育逐步走向以學生為主體的客製化學習模式；亦即未來每位學生都將可以依據自己的需求、學習風格與步調，透過電腦、線上教學平臺或專業學習軟體的協助，來進行更有效率的適性化學習，這也將使得傳統學校及教師教學方法面臨重大挑戰，甚至逐漸遭到破壞。

綜上可知，面對少子女化導致學校招生競爭日益激烈的時代來臨，臺灣已陸續有高級中等學校因招生不足開始接連退場。而破壞性創新模式的出現，更顯得格外重要；該模式有助於引導學校辨識過度滿足的顧客及未曾消費者等目標顧客群的需求，進而破壞現有教育市場的競爭模式與遊戲規則，創造新的價值網路，並開闢新招生市場（或低階市場），持續擴展招生來源，以期找出各校自己的招生市場發展定位，提高各校在激烈招生市場下的競爭力。

〈五〉創新擴散理論

創新擴散理論是由E. M. Rogers（羅杰斯）於1962年出版《創新的擴散》（*Diffusion of Innovations*）一書時所提出（張喬雯，2010）。所謂「擴散」，是指一項創新如何透過某些管道進行溝通，並隨著時間，在一個社會體系裡的許多成員中交流（Rogers, 2003）。創新擴散理論旨在探討創新擴散歷程的各種要素，以及這些要素對於創新擴散速度快慢，或甚至是創新能否順利對外擴散等方面的影響。想出一項有價值的創新並不容易，但如何將該項創新對外推廣並發揚光大更是一門大學問，而創新擴散理論正是試圖針對後者進行探討的一套專業理論。

創新擴散的歷程，包括創新（innovation）、溝通管道（communication channels）、時間（time）及社會體系（social system）四個要素（Rogers, 2003）。各要素之內涵分別如下：

(一) 創新

創新是指能讓個人或其他採用單位覺得新穎的一個觀念、作為或物品（Rogers, 2003）。前述「創新」的定義，是一種非常廣義的定義，並取決於個人或單位的主觀認知與感受。創新的特性包括相對優勢（relative advantage）、相容性（compatibility）、複雜度（complexity）、可試用性（trialability）及能見度（observability）等五項（Rogers, 2003）。而這五種特性，將會影響創新被採用（或擴散）的快慢速度。當一項創新的相對優勢越大、相容性較佳、較不複雜（即較簡便）、有機會可試用（或檢驗）、創新成果越容易被看見，則該項創新被採用的速率將會越快（Rogers, 2003；張喬雯，2010；彭建瀚，2010）。

(二) 溝通管道

溝通管道可分為大眾傳播管道（mass media channels）及人際溝通管道（interpersonal channels）兩種（Rogers, 2003）。大眾傳播管道能以較迅速且有效率之方式宣揚新事物（許麗玲，2009）。大眾傳播管道包括廣播、電視及報紙等（Rogers, 2003）。至於人際溝通管道則具有較直接、雙向、選擇性高、易回饋、回饋量較大等特色，並具說服作用（許麗玲，2009）。當溝通雙方（或多方）之社經地位、教育程度等方面有很多相似性時，效果會更佳（張喬雯，2010）。

(三) 時間

在擴散過程，很難忽略時間所帶來的效力，諸如創新決策過程、接受創新的相對早晚等，都會因時間不同而有所變化（張喬雯，2010）。創新決策過程，包括認知（knowledge）、說服（persuasion）、決定（decision）、執行（implementation）與確認（confirmation）5個步驟（Rogers, 2003）。前述創新決策過程，會有時間先後順序上的不同，且每個步驟各有不同重點，例如：「認知」階段的重點在於如何透過宣傳提高創新產品的能見度與使用技巧；「說服」階段的重點在於能否針對顧客需求找出創新產品的特色與賣點，以促進討論及形塑產品正面形象；「決定」階段的重點在於創新產品的價格是否處於顧客可負擔的範圍，並讓其願意嘗試使用；「執行」階段的重點則為創新產品的功能是否能讓顧客感到操作簡便或實用，進而願意持續使用；至於「確認」階段的重點乃是創新產品的品質是否能讓顧客感到滿意，並願向他人推廣。Rogers（2003）依據採用創新時間的早晚，將採用者（adopter）的種類及其所占人數比率區分如下：(1)創新者（innovators）占2.5%；(2)早期採用者（early adopters）占13.5%；(3)早期多數者（early majority）占34%；(4)晚期多數者（late majority）占34%；(5)落後者（laggards）占16%。關於上述5種不同時間接受創新的採用者人數常態分布情形，有興趣的讀者可另參見Rogers（2003，頁281）所繪製之「創新的採用者分類圖」（Adopter Categorization on the Basis of Innovativeness）。

(四) 社會體系

社會體系是指一組內部關聯的單位，一起投入共同問題的解決，以完成共同的目標；該社會體系的成員或單位，可能包括個人、非正式團體、組織與次群體（Rogers, 2003）。社會體系的本質包括社會結構、社會規範及意見領袖等，當創新與社會規範不相容時，擴散過程便會受到阻礙；另若創新由意見領袖率先採用，則其擴散速率將大為提升（許麗玲，2009）。

總體來說，創新擴散理論近二十餘年來在教育領域之應用，已日益廣泛，包括應用於探討新興教育政策（如e化創新學校計畫等）、電腦輔助教學、數位典藏資源融入教學、數位學習平臺、英文線上寫作系統、網路學習社群、手機電子書等創新事物之擴散與學校師生接受情形（石進祥，2007；吳鴻明，2010；李如蕙，2007；周彥，2006；侯政宇，2011；許麗玲，2009；彭建瀚，2010；歐仔珊，2011）。創新擴散理論對於教育領域的最大啟示，就是只懂得「創新」仍有所不足，如何使這些創新作為（如新興教育政策、新教學方法或系統、新學習工具等）更容易擴散或推廣至更多學校（或教學現場），並讓學校教職員及學生更願意接受這些創新作為，是許多學校創新作為的倡議者所應該審慎考量與研議的。

六 學校本位管理

自1960年代以來，「學校本位管理」（school-based management, SBM）已成為美國各州與學區最常用來改善學校

教育的改革措施（Briggs & Wohlstetter, 2003）；經過幾十年的發展與推廣，學校本位管理更已成為世界各地（如美國、加拿大、荷蘭、澳洲、新加坡、香港、臺灣等）普遍推行的教育改革新趨勢（陳震宇，2008；黃嘉雄，2001；Daniel, 1992; Karsten & Meijer, 1999; Lingard, Hayes, & Mills, 2002; Ng & Chan, 2008; Robertson & Briggs, 1998）。

有關「學校本位管理」（SBM），是指在分權化的典範下，可以讓校長、教師、學生及家長對於學校經費預算（budgets）、人事（personnel）與課程（curriculum）方面的決策具有更大的自主性和責任，以期為學生營造更有效益的學習環境（Ng & Chan, 2008）。學校本位管理可使學校修正教育決策，以符合當地社區需求，並促使學校有限資源之運用變得更有效率；同時也藉由更多人的積極參與，並授權他們為學校提出改善方案，使得學校決策能融入更廣泛的觀點，有助於提升學校績效與教育品質（Robertson, Wohlstetter, & Mohrman, 1995）。實施學校本位管理，通常亦可為學校決策過程與學校文化這兩個部分帶來正向的改變（Robertson & Briggs, 1998）；同時，也可提高學生於全國性成就測驗之平均分數（Yamauchi, 2014）。柯柏年（2003）更指出，學校本位管理之功能，主要包括發揮學校特色、提高學校成員士氣、建立績效責任、有效運用經費、促進成員溝通能力及提升教育品質。

學校本位管理除強調賦予學校更多自主性之外，更重視社區人士的共同參與及當地社區需求（柯柏年，2003；Robertson, Wohlstetter, & Mohrman, 1995）。且學校本位管理具有學校決策過程的高度社區參與、增進學校內部組成的多元性等特性

（Yau & Cheng, 2014）。因此，學校可透過社區參與過程，促進學校在地辦學特色之發展。Robertson、Wohlstetter與Mohrman（1995）以17所美國中小學進行研究後發現，學校本位管理的潛在效用之一，在於實施課程與教學創新，據以促進教與學的改善。而陳鐘金（2002）的研究也指出學校本位管理可作為提升學校創新與改革之動力，並有助於各校發展學校辦學特色。柯柏年（2003）則認為，學校本位管理可讓學校擁有更大的自主空間，以因應未來潮流與趨勢，共同協商學校的目標與方向，並訂定學校欲發展的特色，彈性投入資源，以滿足學校個別需求，使學校發展更加獨立也更具特色。而曾燦金（1996）也表示學校本位管理具有提供彈性、創造之措施，發展學校特色及目標之優點。陳國正（2002）則指出學校本位管理可讓學校擁有更多的自主權，激發學校特色；並且可透過教職員對學校事務的共同參與，提升教職員的創造與革新的能力。施宏彥（2006）的研究更發現，部分受訪者表示學校本位財務管理有助於促進學校發展特色；當學校財務自主性增加，經費便可彈性運用，學校更可視情況發展其特色，以滿足各個學校不同的條件和需求。綜上可知，實施學校本位管理，確有助於學校因地制宜發展特色，並持續創新。

㈦ 學校創新經營

　　傳統學校由於外在挑戰少，缺乏競爭壓力，偏重於穩定，因而較不重視創新經營，以致無法彰顯學校的創意，此以公立學校最為明顯（吳清山，2004）。「創新經營」一詞，又稱為「創新管理」，其概念最早出現於企業管理領域（何崇欽，1982；陳定國，1977）。教育學者針對「學校創新經營」的定義多所探

討，吳清山（2004）指出學校創新經營可界定為在學校環境場域中，採用創意點子，將其轉化到學校的服務、產品或工作方法的過程，以發展學校特色，提升學校效能和達成學校教育目標。湯志民（2006）則認為學校創新經營是學校依循教育理念，突破傳統觀念，運用學習型組織的團體動能，轉化行政、課程、教學和環境的劣勢，使之成為優勢，以創造獨特風格和組織文化，並發展學校特色之歷程。

　　黃建翔（2007）也認為學校創新經營是指學校能鼓勵教育人員追求專業成長，同時結合家長、社區的力量，透過行政管理創新、課程教學創新、學生展能創新、校園環境創新、外部資源創新五大經營層面，建構出學校創新之有利環境，並發展學校特色。綜上可知，「學校創新經營」乃是指學校因應外部環境的變遷，突破傳統觀念，針對行政管理、課程與教學、學生活動展能、校園環境、公關及資源應用等方面的作法進行改變及創新，期能激發創意展現特色，改善教育品質，以營造優質學習環境，提升學校競爭力的經營方式和歷程（秦夢群、莊清寶，2012）。

　　近年來，臺灣的學術界已興起一股探討高級中等以下學校如何推動「學校創新經營」的研究熱潮；其中有關高級中等學校（包括高中及高職）部分已有不少研究成果，例如：黃敏榮（2012）的研究指出，臺灣公私立高級中等學校教師所知覺之學校創新經營各層面推動現況，其平均數（M）由高而低分別為「外部關係創新」（M=3.82）、「課程活動創新」（M=3.82）、「行政管理創新」（M=3.75）、「校園環境創新」（M=3.70），並且皆屬中高程度。林虹妙（2005）的研究也發現，臺北市高職對於學校創新經營之推動情形中，以

行政管理創新（M=3.83）這個層面最高，其餘層面依序為活動展能創新（M=3.66）、教學能力創新（M=3.66）、教學設備創新（M=3.62）、開源方式創新（M=3.49）、對外活動創新（M=3.46），並以校園規劃創新（M=3.10）為最低。莊光復（2011）的研究則指出，臺南市私立高中職教師所知覺之各層面學校創新經營推動情形中，以課程教學創新（M=4.29）為最高，其次依序為知識分享創新（M=4.18）、校園環境創新（M=4.15）、資訊科技創新（M=4.12）、行政管理創新（M=4.12），顯示臺南市私立高中職對於各層面之學校創新經營推動情形普遍較高。此外，其他相關研究亦發現臺中市公立高中教師及桃園縣（現已改制為桃園市）私立高中職教師所知覺之「學校創新經營」推動現況達中高（或中上）程度（翟家甫，2013；葉永婷，2014）。由上述研究成果可知，臺灣的高級中等學校對於學校創新經營之推動情形，普遍已達中高程度以上。

　　而學校創新經營與學校特色之間的關係也相當密切，以國中小階段推動的「特色學校」計畫（或方案）為例，秦夢群、莊清寶（2012）的研究結果即指出，臺灣國中小特色學校教職員所知覺之學校創新經營各層面的實施程度中，學生展能創新（M=4.21）、校園環境創新（M=4.11）及課程教學創新（M=4.02）等三個層面均達到很高的程度，至於行政管理創新（M=3.99）及公關資源創新（M=3.99）等兩個層面之實施程度也達中高程度（並接近很高的程度）。由此可見，不僅學校創新經營的目的之一即在於發展學校特色（林虹妙，2005）；經評選為「特色學校」之學校，於學校創新經營各層面之實施程度也相當良好。

　　另經相關研究發現，學校推動學校創新經營之具體效益，包括有助於提升學校效能（莊光復，2011；黃敏榮，2012），並有助於提升學校品牌形象（葉永婷，2014）。而學校創新經營這股研究熱潮，也對於學校特色發展帶來不少啓發，不僅鼓勵學校教職員積極針對各項學校教育事務發揮創意，使得學校教育的樣貌不再一成不變，同時更促使學校及早因應外部環境變遷與少子女化下的激烈招生競爭進行彈性調整。此外，由於並非每位學生都能適應傳統教育模式，我們需要嘗試一些不一樣的實驗創新，以期找出更符合不同學生需求的適切教育模式，並提升學校辦學品質。儘管學校特色發展涉及許多不同的理論基礎，然而學校創新經營卻直接探討學校如何發揮創意並致力於發展學校特色，同時，也持續不斷地融入各種既有或新興的創新理論概念（或觀點），因此，可視爲將各種創新理論整合運用於學校教育的一套新興理論。

學校特色發展與創新之整體趨勢

　　隨著上述不同領域相關理論之交互激盪，對於學校發展特色與創新產生極大之衝擊與影響。其整體趨勢可整理敘述如下：

持續追求創新，形成不斷挑戰傳統制度的開放系統

　　Schumpeter提出「新組合」的概念，並表示新產品、採用新生產方法、新市場的開拓、原料或半成品的新供應來源、企業新組織型態等5種情況，可為企業創造利潤（Schumpeter, 1934）。而Christensen主張的「破壞性創新」理論，則進一步說明新組織如何運用較簡單、較便利、較低成本的創新來創造成長，進而勝過強勁的現有市場競爭者（Christensen et al., 2004）。至於「學校創新經營」，則藉由在學校環境場域中，採用創意點子，將其轉化到學校的服務、產品或工作方法的過程，以發展學校特色（吳清山，2004）；並透過行政管理創新、課程教學創新、學生展能創新、校園環境創新、外部資源創新等層面，建構出學校創新之有利環境（黃建翔，2007）。這些理論的陸續興起，顯示社會思潮已逐步朝向求新求變的方向演進，並且在這段不斷挑戰傳統制度（或保守、封閉系統）之正當性與合理性的過程中，也使得社會發展形成一種日趨開放的系統，同時更藉由不斷吸取新知的過程，使得整體社會持續邁向進步與卓越。

由單一走向多元價值觀，並強調「相對性」的重要

　　「後現代主義」反對現代性所強調的統一性及普遍性等論

點，並提倡多元化等主張（李奉儒，1996）；更指出應透過謬誤推理來打破求「同一」的穩定模式（洪正華，2000）；同時認爲不應繼續追求同質性的共識，而應重視異質性的多元論述（游振鵬，2009）。且Gardner提出的「多元智能理論」，亦對於獨尊IQ智力測驗與升學考試科目的傳統思維，形成一股反動與衝擊的力量，使得各種不同範疇的多元智能均能獲得重視。這些理論的出現，更顯示「多元」價值觀正逐漸興起，使得傳統單一價值觀的主流地位開始受到動搖與挑戰。

　　這些「多元」價值觀的形成，主要也是因爲發現沒有任何單一標準，可作爲衡量所有事物優劣或正確與否的絕對基準；且所謂單一化的傳統主流論述（或價值觀），不過是權力與制度支撐下的結果；換言之，並非所有問題都只有單一的標準答案（或正確的解決方案），所謂的事物優劣或正確與否，更可能是「相對性」的。例如：學校發起學生免費夜間課業輔導活動，對學生而言可提升其學習成就，但對教師而言卻可能影響其家庭生活並減少備課時間。Rogers的「創新擴散理論」中，便認爲「相對優勢」這個創新性質會影響到擴散的歷程與速度，亦即當一項創新產品被認爲優於其他替代產品（包括經濟性、便利性或滿意度等方面），則該項創新將越快被採用（Rogers, 2003）。Christensen所提出的「破壞性創新」，更是藉由提供較簡單、更便利且較低價的產品，以吸引新顧客或要求較低的顧客（Christensen & Raynor, 2003）。而這種「破壞性創新」成功的原因，也正是因爲善用「相對性」（如更簡單、更便利、更低價），才能創造出競爭優勢。綜上可知，在當代各種思潮的演進下，單一化的絕對標準已變得不可信賴，「多元性」與「相對

性」已比過去受到更多重視與應用。

 重視個別差異、需求導向與自主性的創新取向

　　「後現代主義」反對現代性所強調的整體性論點，並重視局部理論（李奉儒，1996）；而Lyotard提倡方法論的多元主義與小敘述，更提醒我們掙脫既有研究典範的束縛，重新找尋局部、小型但更接近真實的理論架構（引自林奕成，2011）；後現代主義反對大敘述的原因在於其隱含著權力的宰制，並可能導致個別差異遭到漠視、壓抑與排擠（許立一，1999）。後現代主義的出現，有助於打破傳統社會獨尊「整體性」的主流思維，轉而認同每一個「個體」的重要性，並重視「個別差異」及對於弱勢群體的關懷。至於「學校本位管理」更旨在讓校長、教師、學生及家長對於學校經費預算、人事和課程方面的決策，具有更大的自主性和責任，為學生營造更有效益的學習環境（Ng & Chan, 2008）；同時也透過社區人士的共同參與，使得學校教育決策更符合當地社區需求（柯柏年，2003；Robertson, Wohlstetter, & Mohrman, 1995）。而陳國正（2002）也指出學校本位管理可讓學校擁有更多的自主權，激發學校特色；施宏彥（2006）的研究更發現部分受訪者表示學校本位財務管理有助於促進學校發展特色；當學校財務自主性增加，經費便可彈性運用，學校更可視情況發展其特色，以滿足各校不同條件與需求。由此可知，學校本位管理可使校長、教師、學生、家長與社區人士的不同需求，透過共同參與學校決策的過程中盡可能地被兼顧與滿足；而教育行政機關將經費預算、人事及課程等方面的決策權下放給學校，也使得學校更具自主性，並有助於各校依其不同條件與需求發展特

色。整體而言，隨著後現代主義及學校本位管理等思潮的推廣普及，使得奠基於個別差異、需求導向與自主性的創新取向，比過去受到更多的重視。

四 強調地區特性，發展因地制宜的在地化特色

學校本位管理強調學校決策過程中應具有高度的社區參與（Yau & Cheng, 2014），並重視當地社區的需求（柯柏年，2003；Robertson, Wohlstetter, & Mohrman, 1995），使得學校往往更能夠結合地方文化風貌、產業發展重點、歷史與人文遺產、自然景觀與生態、鄉村風情等特性，發展學校在地化特色。尤其「學校創新經營」的理論內涵中，也將「外部資源創新」視為重要層面之一，並認為透過學校與社區建立良好的公共關係，結合地方資源，發展溝通平臺，靈活運用教育行銷策略，提供人員參與的機會，可協助學校行政與教學事務的推動，建立優質的創新經營學校（黃建翔，2007）。由此可知，學校特色與創新發展，不再只是單純學校內部的事務，更重視學校與社區及外部資源之間的連結，據以因地制宜地發展學校在地化特色。

五 「創新」需透過適當特性與要素才能加速推廣

由「創新擴散理論」可知，創新的特性（包括相對優勢、相容性、複雜度、可試用性及能見度）會影響到其擴散速度，凡具有較佳的相對優勢、相容性、可試用性、能見度及較低複雜度的一項創新，將比其他事物更快被接受（Rogers, 2003）。然而，不只創新的特性會影響到其被社會大眾接受的速度，有關創新擴散歷程中的其他要素也很重要。Rogers（2003）指出創新擴散過

程的要素，包括創新、溝通管道、時間及社會體系四個要素。換言之，如果創新的特性不利於擴散、缺少大眾傳播與人際傳播管道、創新的溝通時間過短（或無法贏得創新者及早期採用者的喜愛與口碑）、受到社會規範限制或社會意見領袖反對採用等，都可能使得「創新」無法受到顧客歡迎，進而難以對外擴散。綜上可知，一個組織除了要思考如何提出「創新」作為外，更應確保創新的特性是適當的，並能充分善用各種創新擴散歷程的要素，才能加速該項創新作為的推廣與擴散，並受到顧客們的歡迎。

Chapter 3

臺灣中小學特色發展政策與趨勢

第一節　臺灣國中小特色學校發展之現況與檢討

第二節　臺灣高級中等學校優質化及其認證制度

臺灣於國中小階段推動「特色學校」政策多年，近年並透過「高中優質化輔助方案」及「高職優質化輔助方案」的推動，引導高級中等學校發展特色。以下分別就國中小及高中階段，探討臺灣學校特色發展相關政策之推動與趨勢，並進行相關之分析與檢討。

第一節　臺灣國中小特色學校發展之現況與檢討

一　特色學校之定義

不論是學校的創辦人、教職員、學生或家長，都難免希望自己所選擇（或服務）的是一所很有特色的學校。然而，怎麼樣才稱得上是一所「特色學校」，其定義則引發許多不同的討論與見解（詳如表3-1）。

表3-1　特色學校的不同定義

作者（年代）	對「特色學校」的定義
吳秀娟（1996）	一所特色學校通常應具備「人無我有、人有我優、人優我精」的獨特性。
張憲庭（2006）	特色學校的消極意義，是偏遠地區小型學校，為避免「廢校」、「併校」所採取的經營策略。其積極的意義，是各校充分運用資源，發展當地文化及多元發展，共同分享場域課程、創意教學與體驗學習，達成學校永續經營的目標。

作者（年代）	對「特色學校」的定義
曾坤輝 （2007）	「特色學校」有別於其他學校之處，就客觀條件而言，指學校所在的地區，其自然或社會環境、歷史、文化傳統的差異、學校資源的分配；就主觀層次而言，指校長對學校教學目標選擇及教育價值取向、個人閱歷、教育思想等。必須整合社區及教職員工等資源，在辦學型態有意識的選擇與創新，這些特色必須能符合實際環境，尋求長期穩定的發展，且有利教育品質提升的特殊辦學模式。
薛德永 （2008）	「特色學校」是指學校就辦學的教育願景，掌握學校人力和物力資源的優勢，結合校內教學課程和社區資源，充分發揮學校優質的正向教育。
林志成 （2009）	「特色學校」相關概念雖多，但均強調「追求卓越均等原則、活化校舍空間利用、學校創新創價經營、設計特色校本課程、鼓勵策略聯盟機制、建立學校特有品牌、樹立標竿學習楷模、見賢思賢提升品質」，為不同類型特色學校的核心概念。
吳清山、林天祐（2009）	特色學校是指依據本身特性所發展出來具有獨特優異教育表現的學校，這樣的學校不僅讓外界有耳目一新的感覺，也使學校與社區產生融入一體的效果。
林志成、林仁煥、田育昆（2011）	廣義的特色學校，是指能展現特色，且其特色為人所周知、認同與讚揚的各級、各類型的公私立學校。
林進山 （2011）	「特色學校」是指學校辦學能依據教育願景和教育目標，掌握學校人力和物力資源的優勢，結合校內教學課程和社區資源，充分發揮學校優質的正向教育，並透過延續、發展和創新的歷程，形塑學校教育風格與特色，展現學校辦學績效和品牌形塑，以彰顯學校獨特性的特色。

作者（年代）	對「特色學校」的定義
林麗娟（2011）	特色學校乃指依學校地區性特色環境、產業文化、自然生態、人文遺產等資源，提供優質化、多元化、豐富化的課程發展素材，能落實在教學活動中，進而發展出各校的特色者。
秦夢群、莊清寶（2012）	特色學校是指依據教育發展願景及學校本身條件，結合在地資源與特性，透過學校專業人員及地方夥伴的共同投入，以創新的視野及行動發展出具有獨特風貌的課程與教學型態或校園環境特色，以提升其競爭力及辦學優勢，並能夠對外行銷的學校。
陳映如（2015）	特色學校是指依據學校本身之獨特特性，秉持資源共享原則，運用創新多元的經營策略，形塑學校特色，將當地具有獨特風貌的自然與人文環境，融入學校本位特色課程中，提升學生學習成效，展現學校辦學績效，達成預定教育目標，並尋求長期穩定的發展，達成學校永續經營之目的。
江岳洲（2016）	特色學校是指結合學校、教師、社區等在地資源，發展出有別於他校的獨特內容，且能夠持續地讓學生能在有利的條件下學習及成長。
游榮魁（2016）	特色學校是指學校能掌握本身之獨特特性及人力、物力資源優勢，秉持資源共享、永續發展原則，運用創新多元的經營及行銷策略，推動校本課程，彰顯學校特色，以提升學生學習成效，展現學校辦學績效，達成預定教育目標。

　　經參考表3-1整理各種不同「特色學校」定義之見解，本書認為「特色學校」乃指能提出創新的構想與行動，並活用在地資源與特性，於行政管理、環境設施、課程教學、學生展能或公關資源等層面發展出獨特辦學特色，以期為學校帶來轉變、提高學校

知名度,並實現教育理念、創造品牌價值及提升競爭力之學校。

二 臺灣國中小特色學校之發展歷程與現況

　　在臺灣,特色學校的構想開始受到正視並納入教育政策,最早可見於教育部2002年1月公布的《創造力教育白皮書》(教育部,2002a)。該白皮書不僅在強化學校經營面向中提出「協助各校結合社區發展教育特色」、「推動創意學校」等推動策略;更在「創意學校總體營造」先期行動方案之核心宗旨中,提及協助學校尋求有特色的治校理念,打破以升學為導向之明星學校迷思,以轉型為多元主題特色學校;並提出「發展學校本位特色」、「遴選具創新才能校長,表揚創意學校經營人才」、「營造校園創意空間,鼓勵藝術駐校」、「組織創意行政團隊,推動與研議創新行政機制」、「選拔與報導各區以多元主題為特色之創意學校」等具體措施(教育部,2002b)。

　　前臺北縣政府(現為新北市政府)為改善偏遠國小人數逐年遞減之困境,也於2003年以18所偏遠國小試辦「特色學校」方案,並以偏遠學校轉型發展及校舍閒置空間活化為發展重心;其目的包括鼓勵偏遠國小依據其優越人文及自然條件充分運用資源並弘揚在地文化、將偏遠學校之本位課程與特色教學分享給他校學童、讓偏遠小學轉型為特色學校的經營模式並提高其教育附加價值(曾坤輝,2007;林志成,2009)。

　　教育部更於2007年推動補助國民中小學活化校舍空間與發展特色學校方案,將「特色學校」擴大為全國性的教育政策;其策略與作法主要包括廢校閒置校舍再利用、迷你小校轉型特色學校、市區學校剩餘空間再利用3項,獲獎每校補助30萬元至80

萬元（包括特優80萬元、優等50萬元、甲等30萬元，但乙等不予補助）（教育部，2006）。該方案於2008年改為計畫（亦即「教育部推動國民中小學活化校園空間與發展特色學校計畫」）（教育部，2007）。有關教育部「特色學校」相關計畫（或方案）之推動歷程主要可分為3個階段（詳如表3-2所示）：

表3-2　教育部「特色學校」相關計畫（或方案）之推動歷程

階段別	推動重點	政策內涵
第1階段 （2007-2009年）	活化校園空間與發展特色學校	利用空餘校舍空間，發揮創意巧思，打造各校特色品牌，並透過空間環境平臺，設計有學習意義之課程。
第2階段 （2010-2012年）	整合空間資源與發展特色學校	深化各學習領域之內涵和操作經驗，並結合空間整合，轉型規劃本位特色課程，展現學校新生命力。
第3階段 （2013-2017年）	營造空間美學與發展特色學校	應用美感空間融入特色課程，以提升學生美學素養。
第4階段 （2018年起）	發展特色學校（聚焦校本課程、著重學生主體、資源整合活化、回歸永續發展）	深耕校本課程及課程美學，落實十二年國教精神，聚焦於優化學生學習，並運用學校在地利基，整合校內外軟硬體資源，同時強化課程與空間美學之連結，以符應永續發展核心價值。

資料來源：整理自教育部（2014d）、教育部國民及學前教育署（2014c，2015b，2016e，2017f）。

　　「特色學校」相關計畫（或方案）之執行期程原採「年度」計算，但自2016年起改以「學年度」計算，並逐年檢討修正計畫（教育部國民及學前教育署，2015c）。本書以教育部國民及學前教育署2018學年度「公立國民中小學營造空間美學與發展特色學校實施計畫」為例，摘述其重點內容如下（教育部國民及學前教育署，2017f）：

(一) 計畫原則

　　本計畫主要包括深化校本課程、活化創新教學、優化學生學習、營造空間美學、擴大全面參與、建立優質品牌及永續發展經營七項原則。

(二) 參賽分組方式與資格

　　1. 攜手聯盟組：鼓勵標竿學校攜手未曾參賽之學校發展特色課程，分列資格如下：

　　(1) 攜手標竿學校：近三年曾獲得特色學校計畫1年標竿或特優2年以上，須扶助1至3所學校共同送件。

　　(2) 攜手聯盟學校：與上開攜手標竿學校聯盟之學校，為未曾參賽之學校。

　　2. 特色品牌組：採競爭型審查方式，評選出特優、優等、甲等等第學校（惟具攜手標竿學校資格者，不得參與本組別）。

　　3. 新興優質組：採鼓勵型方式辦理，學校所提計畫經教育部國民及學前教育署審查通過者即可獲得補助，送件資格為最近四年內未曾參與過本計畫或未曾入選之學校。

　　4. 各校僅能選擇上開任一組別參與，重複送件者將不予評分。

(三) 評審（選）指標

1. 方案背景、願景、理念與目的（10%）。
2. 系統化之素養導向課程架構（30%）。
3. 創新教學與學習表現（30%）。
4. 營造課程化美學環境（10%）。
5. 資源整合運用與經費規劃（10%）。
6. 永續發展與行銷效益（10%）。

(四) 獎勵方式

1. 每校依評審等第和經費需求，給予10萬元至40萬元補助經費。各組別入選學校之補助金額如下：

(1) **攜手聯盟組**

　　a. 攜手標竿學校：每校補助額度視所扶助之校數而定，扶助1校補助20萬元、2校補助22萬元、3校補助25萬元，頒發獎狀1張。

　　b. 攜手聯盟學校：每校補助10萬元、獎狀1張。

(2) **特色品牌組**

　　a. 特優：每校補助40萬元、獎狀1張。

　　b. 優等：每校補助20萬元、獎狀1張。

　　c. 甲等：每校補助10萬元、獎狀1張。

(3) **新興優質組**：新興優質學校每校補助10萬元、獎狀1張。

2. 經費補助依各校需求編列，其中資本門比率不得超過50%：(1)資本門—1萬元以上整修改善設施、設備採購等足以支持特色課程之項目；(2)經常門—進行教師專業發展、特色課程

設計出版、特色教學規劃實施等項目。

關於教育部（包括教育部國民及學前教育署）歷年對於國中小特色學校之補助校數及編列預算數，如表3-3所示。

由表3-3可知，自2007年起，教育部累計（至2018學年度）已投入526,240,000元預算推動國中小特色學校政策，並計有1,575校次獲獎。有關特色學校政策之執行成效，依林志成（2009）的研究結果（採同意程度之李克特5點量表）顯示，整體特色學校發展效益之平均數（M）高達4.29；至於各構面中以課程發展效益（M=4.35）及學生學習效益（M=4.35）最高，其次依序為校園活化效益（M=4.32）、教育人員效益（M=4.28）、學校經營效益（M=4.25）及社區家長效益（M=4.20）；可見絕大多數的特色學校教職員、家長、社區人士及志工均高度肯定特色學校政策所帶來之效益。至於秦夢群、莊清寶（2012）的研究也發現（採實施程度之李克特5點量表），臺灣國中小特色學校教職員所知覺之整體「學校創新經營」實施程度平均數（M）達4.06，其各層面實施程度依序為學生展能創新（M=4.21）、校園環境創新（M=4.11）、課程教學創新（M=4.02）、行政管理創新（M=3.99）及公關資源創新（M=3.99）；此外，整體「學校效能」實施程度平均數（M）也達4.09，其各層面實施程度依序為教師教學效能（M=4.16）、行政服務效能（M=4.08）、學生學習表現（M=4.05）、家長社區支持（M=4.05）；可見特色學校確能有效落實學校創新經營，並展現高度的學校效能。

表3-3　教育部歷年對國中小特色學校補助校數及預算

年度或學年度	補助校數						年度預算（千元）
	特殊獎項	特優	優等	甲等	佳作	總計	
2007	—	22	30	50	—	102	44,550
2008	—	22	30	53	—	105	47,050
2009	—	22	29	66	—	117	51,900
2010	10（經典）	27	28	51	—	116	53,350
2011		23	16	52	50	141	50,000
2012	—	15	15	45	51	126	40,100
2013	17（標竿）	12	26	36	—	91	24,950
2014	13（標竿）	20	27	30	46	136	24,850
2015	13（標竿）	23	27	32	62	157	24,850
2016	16（標竿）	21	27	30	57	151	54,880
2017	19（攜手標竿）22（攜手聯盟）34（新興優質）	20	22	41	—	158	54,880
2018	15（攜手標竿）17（攜手聯盟）43（新興優質）	21	27	52		175	54,880
合計						1,575（校次）	526,240

註：本表「補助校數」部分於2007年至2015年以「年度」計算，但自
　　2016學年度起配合新計畫改以「學年度」計算。「年度預算」部
　　分，配合預算作業，均以「年度」計算，其中包括發展特色學校、
　　特色遊學及閒置校舍活化等項（不含原住民族教育經費）。增修
　　自國民中小學特色學校推動成果報告，教育部，2014d，行政院第
　　3406次會議報告案。

三 臺灣國中小特色學校政策之優點與問題檢討

臺灣的國中小特色學校政策已持續推動長達12年，該項政策確實有許多優點，但同時也面臨不少問題（或困境）有待檢討調整，以下將分別針對該項政策之優點與問題進行探討。

(一) 臺灣國中小特色學校政策之優點

1.促進國中小特色發展，帶動多元創新的教育風貌

教育部自2007年推動特色學校方案開始，歷經活化校園空間、整合空間資源、營造空間美學及聚焦校本課程等不同階段的特色學校發展主軸，雖然整體而言較聚焦於校園環境空間的特色發展，但尚能結合學校本位特色課程與創新教學，融合在地資源（包括山川景觀、自然生態、在地產業、歷史及文化特色等），擴大多元參與對象（包括全體師生、學生家長、志工、社區團體），推動校際觀摩交流，據以引導各校發揮創意巧思，打造學校特色品牌，使得學校教育風貌不再僵化保守、一成不變，進而帶動國中小多元創新的校園風氣，為教育的蓬勃發展帶來活力與新生。

2.為偏遠小校帶來重生契機

由於少子女化趨勢的影響，學校招生競爭日益激烈，對於學生人數本來就少的偏遠小校無疑是雪上加霜。然而，「特色學校」政策，卻使得這些偏遠小校找到轉型創新

（新北市深坑國小──特色學校）

的契機，藉由善用這些偏遠小校的閒置校舍或空餘教室，發展具有亮點的創新措施，形塑優質特色品牌，並推廣特色遊學與行銷，有助於提高社區內的家長送子女前來就讀之意願，甚至進而吸引鄰近地區學生前來就讀，使得這些偏遠小校擺脫被裁併校的命運，並獲得重生契機。

3. 引導推動多元型態的策略聯盟以促進外部資源之連結

有鑑於國中小通常預算較少，校內資源有限，教職員也多半僅具教育或行政專長，形成學校發展特色的一大限制。為克服這個問題，教育部已於特色學校計畫之參賽分組方式中，融入多元型態的策略聯盟模式（包括區域聯盟模式、城鄉聯盟模式、同質聯盟模式、攜手聯盟模式、異業聯盟模式及綜合聯盟模式），以引導各校積極尋求外部資源連結與合作，以期激發各種不同思維角度的創意構想，突破學校既有資源不足的困境，以及技術門檻的限制，進而擴大各種創新的可能性。

4. 增進學校與社區居民的互動，並激發創意發展在地特色

許多偏遠地區學校雖然地處偏鄉、交通不便，但通常是當地社區居民的主要集會地點之一，也是家長或學生於放學後（或例假日）跑步、打球、散步或遊戲的重要活動空間，因此學校事務並不僅是教職員與學生的事，更與家長及社區居民密切相關。因此，教育部推動特色學校計畫，融入學校本位管理的觀念，鼓勵學校教職員、學生、家長及社區居民的共同參與，不僅增進學校與社區之間互動，並可善用家長與社區居民的不同職業特性與專長，結合在地產業、自然或人文特性，融入各種不同角度的多元觀點，激發學校的創意與特色，同時避免學校教育與社區（或社會）脫節，幫助學生認識鄉土文化及當地產業特色。

(二) 臺灣國中小特色學校政策之檢討

臺灣的國中小特色學校政策，計有下列現象值得檢討並研議調整之可能性：

1.預算及補助額度較低，學校經費僅足以發展較小規模的特色

由於教育部每年編列國中小特色學校預算額度，只有24,850,000元至54,880,000元，且2013年至2015年期間之預算更曾一度減列至24,850,000元（或24,950,000元），顯示整體特色學校預算額度尚低且不確定性甚高。同時，2007年各校可獲特色學校補助款為30萬元至80萬元（包括特優80萬元、優等50萬元、甲等30萬元），但2018學年度獲選學校可得到的特色學校補助款已減少為10萬元至40萬元（教育部，2006；教育部國民及學前教育署，2017f）。由於預算及補助額度較低，學校經費僅足以發展較小規模、局部試辦性質或較不花錢的學校特色，據以進行各項校務或校園空間的微調改善；使學校較難以推動大範圍、全面性或花費較高的創新措施（例如：國中小無足夠經費成立自造實驗室〔Fab Lab〕，培養學生3D列印或VR虛擬實境的興趣與實作經驗；或想發展餐飲特色的學校，卻無充足經費改善餐飲設施設備等）。整體而言，特色學校的補助款，對學校而言較屬於精神層面的榮譽，而難以發揮物質面的實質酬賞效果；在誘因不足的情況下，較難吸引更多學校投入。

2.每年參與校數及獲獎校數並未達一定規模

以2017學年度為例（學校需2017年1月前提出申請，2017年6月底前公告審查結果），國中小特色學校計畫的參與校數為277

校，獲獎校數爲158校（教育部，2017c）。若以教育部統計處（2017a）公布2016學年度（亦即2016年8月1日至2017年7月31日）全國國中小合計3,365校估算，可知每年國中小特色學校計畫的參與校數所占比率約8.2%，獲獎校數所占比率約4.7%。由於英國截至2010年10月止，已有超過95%的中等學校成爲「學科重點學校」（specialist school）（Politics.co.uk, 2015）。相較之下，可知臺灣的國中小特色學校推廣比率仍屬偏低，尚待逐年擴大推廣，並積極提供各種誘因，吸引其他未曾參與特色學校計畫（或方案）的學校加入，以期使更多學校願意積極發展自己的多元特色，進而全面提升學校的辦學品質。

3.部分參與學校及獲獎學校之重複性較高

儘管教育部於特色學校計畫中，已要求近三年曾獲1年標竿或特優2年以上者，僅能參加「攜手標竿學校」競賽；但其餘曾獲「優等」、「甲等」及「佳作」之特色學校，仍可每年不斷重複參與特色學校計畫申請經費補助，由於這類獲獎學校通常在申請條件（包括學校歷年累積的努力成果）與經驗方面均較具優勢，因此可能造成未曾參與特色學校計畫之學校擔心獲獎機會不高，進而降低參加意願，並形成排擠效應。爲鼓勵更多未曾參與的學校加入申請特色學校計畫補助的行列，教育部已自2017學年度起增設「新興優質組」，專門針對從未參與過或未曾入選之學校，擇優頒給該獎項，以期擴大參與學校數，進而引導各校均能結合其在地優勢條件發展特色，促進教育多元創新發展。

4. 臺灣的特色學校長年多以「校園空間環境」的改善為主

　　教育部自2007年推動特色學校方案迄今，雖歷經活化校園空間、整合空間資源、營造空間美學及聚焦校本課程等不同階段的特色學校發展主軸，但長期而言仍以「校園空間環境」的改善為主，再搭配相關課程設計與遊學活動。以2017學年度的特色學校計畫為例，「空間美學教育環境營造」指標仍占20%的比重，對於各校能否獲選為「特色學校」著實具有一定影響力（教育部國民及學前教育署，2016b）。對於校園設施設備較差且經費不足的學校，不免形成參與特色學校計畫的門檻限制。由於英國「學科重點學校」的作法，是讓所有公立中等學校從藝術、商業與企業、工程、人文、語言、數理與計算、音樂、科學、運動、技術等10個專門領域中，擇定一個以上的專門領域進行申請（The Office for Standards in Education, Children's Services and Skills [Ofsted], 2009）。在前述英國「學科重點學校」的申請過程中，並不要求應有「校園空間環境」的改善，同時也透過專門領域的分類，使得各校能在各自申請的專門領域內進行客觀評比。不難想見，若以各自具有語言、音樂及技術特色的3所學校之比較為例，究竟哪一所學校最具特色？由於三者的比較基準並不相同，因此比較結果不免涉及主觀認定。因此，未來臺灣的特色學校，是否有逐步跳脫「校園空間環境」的限制，並逐步嘗試進行重點領域分類的可行性，也是可持續創新與突破的一個思考方向。由於2018學年度的特色學校實施計畫中，其空間相關評審（選）指標之名稱已修正為「營造課程化美學環境」，並將該指標之計分權重降低至10%，顯示特色學校政策已開始逐漸擺脫校

園空間環境的條件限制，並朝更多元、更開放的特色發展方向邁進。

臺灣高級中等學校優質化及其認證制度

由於臺灣的特色學校政策尚未延伸至高級中等學校階段；目前教育部主要是結合「高中優質化輔助方案」及「高職優質化輔助方案」，來引導高級中等學校發展特色及提升辦學品質。同時，也透過高級中等學校優質認證機制，來進行學校辦學品質的把關。有鑒於「優質高級中等學校」能否獲得學生及家長的認同與肯定，攸關十二年國教就近入學與適性入學目標之成敗，因此高級中等學校優質化輔助相關方案及其優質認證措施，乃是十二年國教的重要政策配套措施之一。本章先分別探討高級中等學校優質化輔助相關方案及其優質認證之沿革與現況，再針對推動過程之相關問題進行檢討，以作為後續研提改善策略之參考。

一 臺灣高級中等學校優質化輔助相關方案之發展歷程

(一) 臺灣高級中等學校優質化輔助相關方案之沿革

臺灣自2007學年度起分別推動「高中優質化輔助方案」及「高職優質化輔助方案」，並逐年滾動修正相關方案內容，其主要目的包括提升高級中等學校辦學品質，引導學校發展特色，促發教師專業成長及學校團隊精進動能，協助學校發展課程，培養學生核心素養能力，並落實適性揚才之教育目的，增進學生學習

和生涯發展成效，發揮務實致用與產學鏈結精神，打造多元展才與適性學習環境，均衡地區教育資源，以吸引國中畢業生就近入學，穩健推動十二年國教（教育部國民及學前教育署，2014b，2017d，2017e）。

　　有關「高中優質化輔助方案」係於2007年5月2日訂定，歷經8次修正，最近一次修正為2017年8月21日（教育部國民及學前教育署，2017d）。至於「高職優質化輔助方案」則於2007年5月8日訂定，歷經7次修正後，最近一次修正為2017年10月27日（教育部國民及學前教育署，2017e）。

(二) 臺灣高級中等學校優質化輔助相關方案之推動現況

　　有關臺灣「高中優質化輔助方案」及「高職優質化輔助方案」之推動現況，可歸納如下：

1.辦理對象

(1) **高中部分**：凡全國各公私立高中得依遴選原則提報計畫，經教育部所組審查小組審查通過後，輔助經費辦理之（教育部國民及學前教育署，2017d）。前述高中，限為普通型、單科型及綜合型高級中等學校（以普通高中為主者），不含技術型高級中等學校。

(2) **高職部分**：為設有專業群科或專門學程為主之高級中等學校（教育部國民及學前教育署，2017e）。前述高職，包括技術型及綜合型高級中等學校（以技職為主者）。

2.辦理項目

(1) 高中部分

　　2007至2016學年度期間，分「第一期程——基礎發展

階段」（2007-2009學年度）、「第二期程——焦點創新階段」（2010-2012學年度）、「第三期程——特色領航階段」（2013-2016學年度）等三個期程辦理，並分別訂定不同重點發展項目（例如課程與教學、教師專業發展、學生學習、學校創新特色等）；每期程學校原則以三學年爲一期，並以每學年績效審核結果，作爲次一學年持續輔助或終止輔助之依據（教育部國民及學前教育署，2014a，2016a）。

自2017學年度起，「高中優質化輔助方案」分爲六大辦理項目，其重點如下（教育部國民及學前教育署，2017d）：

a. **精進學校教育品質**：旨在精進學校辦學績效和經營；包括提升學生多元學習成效，辦理學校校務評鑑項目和評鑑待改進及建議事項之具體改善措施。

b. **促進教師專業發展**：旨在促進學校教師課程與教學專業知能；包括組成教師專業學習社群、教師共備、觀課與議課，和教師培力增能研習之辦理。

c. **導引學生就近入學**：旨在導引國中學生適性和就近入學；包括鼓勵申辦學校辦理國中學生職涯探索，舉辦區域高中課程博覽會和成果展，推動適性和就近入學招生宣導，以及協助強化國中學生適性學習等計畫。

d. **加強學生多元展能及適性發展**：旨在加強高中學生多元展能和學生適性學習之發展；申辦學校計畫內涵應以學生學習與素養爲核心，規劃引導學生多元適性的學習策略，發展符應學生學習個別化與差異化的課程

與教學，建構適切多元的學習評量機制。

e. **落實十二年國民基本教育課程綱要之課程發展**：旨在落實十二年國民基本教育課程綱要之課程發展。申辦學校須依新課綱精神圖像，發展課程學習地圖，及審度學校發展條件與既有資源，挹注必要軟硬體設施，和培力增能教師與行政人員，發展與落實學校多元選修和校訂必修課程。

f. **發揮前導學校與策略聯盟之功能，增進校際專業互動**：旨在促進區域校際互助與聯盟協作。鼓勵申辦學校相互交流和參與跨校或區域增能研習，發揮前導學校協作功能，辦理區域課程發展分享會或相關研習，協助區域友校或同類型學校之課程發展。

(2) 高職部分

「高職優質化輔助方案」共有8個辦理項目，分為A和B兩大類：A大類（共3項）為因應十二年國教新課綱實施所規劃的項目；B大類（共5項）則為其他優質化輔助項目，詳如表3-4（教育部國民及學前教育署，2017e）。

表3-4　「高職優質化輔助方案」辦理項目一覽表

A大類（因應新課綱）	B大類（其他）
★**A1.落實學校課程發展**：旨在落實學校新課綱的規劃和實施；包括健全學校課程發展機制，完備學校課程計畫；促進部定必修、校訂必修、校訂選修科目之發展，規劃同科單班、同科跨班、同群跨科、同校跨群及跨校的多元選修課程，以及引導學校推動彈性學習時間規劃及實施機制等計畫，以配合新課綱的課程發展。	★**B1.導引適性就近入學**：旨在導引國中學生適性和就近入學；包括辦理國中學生認識專業群科和職涯探索，進行國中教師和學生家長的技職宣導，推動適性和就近入學宣導，鼓勵辦理專業群科特色招生，以及協助強化國中學生適性學習等計畫，以導引學生適性和就近入學。
★**A2.推動創新多元教學**：旨在推動創新和多元的教學模式和策略；包括推動數位化教學，實施差異化和有效教學，以及發展翻轉教學、合作學習、學習共同體、學思達的精進教學等計畫，以因應新課綱的教學實施。	▲**B2.強化學校辦學體質**：旨在強化學校辦學績效和經營體質；包括辦理學校校務評鑑項目和專業群科評鑑待改進及建議事項之具體改善措施。申辦學校於最近一期學校評鑑結果中，有校務評鑑項目或專業群科評鑑未達 80 分以上者，須根據評鑑結果及建議提出具體改進方案等計畫，以強化學校辦學成效和品質。

A大類（因應新課綱）	B大類（其他）
★**A3.深化教師教學專業**：旨在深化教師教學的專業素養；包括提升教師專門學科與教學專業素養，建立教師專業學習社群，以及推動教師共同備課、公開觀課和議課等計畫，以符應新課綱的教師增能。	●**B3.加強學生多元展能**：旨在加強學生多元發展和適性揚才；包括實施學生企業見習實習，增進學生創新研發能力，鼓勵學生參與技能競賽和專題製作，以及落實學生專業技能檢定等計畫，以加強學生多元發展和能力。
	●**B4.形塑人文藝術素養**：旨在形塑校園人文和藝術的氛圍；包括辦理多元創新文藝課程，建置生活美學校園環境，推動音樂陶冶活動，建立書香文化校園環境，以及優化學習和生活溫馨角落等計畫，形塑人文和藝術素養。
	●**B5.激發學校卓越創新**：旨在激發學校卓越與創新的發展；包括深化與技專和企業的鏈結，規劃契合產業需求課程，進行師徒式人才培育，推動產學研創與學生創業輔導，鼓勵教師赴企業深度研習，以及實施學生業界實務實習等計畫。

註：「★」為所有學校的必辦項目；「▲」為學校評鑑項目未達80分以上者的必辦項目；「●」為選辦項目。修改自「高職優質化輔助方案」，教育部國民及學前教育署，2017e，教育部國民及學前教育署2017年10月27日臺教授國部字第1060105036號函修正。

3.經費補助基準及項目

參考2016年5月27日修正之「教育部國民及學前教育署補助高中優質化輔助方案經費要點」及2017年2月22日修正之「教育部國民及學前教育署補助高職優質化輔助方案經費要點」，說明優質化輔助方案之主要經費補助基準及項目如下：

(1) **補助基準**：以上述補助高職優質化輔助方案經費要點為例，可分為下列兩部分：

　　a. **基本補助**（經費占20%）：依學校所在地理位置偏遠等級、各直轄市、縣（市）低收入戶比率、學校低收入戶學生人數占學校學生總人數比率等指標，進行分配。

　　b. **計畫補助**（經費占80%）：按學校依優質化輔助方案所提計畫書內容之完整性、可行性、效益性及政策性發展狀況，並參照學校之招生率與其增減率、就近入學率與其增減率、學生休學、適性輔導轉學比率與其增減率、畢業生升學率與其增減率、畢業生就業率與其增減率、學生學習表現、學校生師比例、合格教師比率、教師進修情形、教師流動率及教育投資率（私立學校增列）等指標，進行分配。

(2) **補助項目**

　　a. **經常門**：包括學生獎（助）學金、教師進修費用、大專校院教師到校授課鐘點費、設備維護費、物品費、材料費、租車費及1萬元以下之軟體設計費、軟體授權費、教育部補助及委辦計畫經費編列基準表所列項目等（不包括人事費、加班費）。

b.資本門：包括為縮減區域教學資源落差之視聽、資
訊、資料庫、教學相關設施及設備費（包括教學相關
之各項圖儀設備費）之補助。此外，所購置之機械與
設備（包括電腦軟體設備費）及什項設備，其耐用年
限應在2年以上且金額達1萬元以上。

4.輔助機制

經教育部審查通過之學校，在執行計畫時應配合相關輔助機
制如下（教育部國民及學前教育署，2017d，2017e）：

(1) **學校自主管理**：申請學校應於所提報之學校經營計畫書
內，以學校本位管理精神，訂定自主管理機制；並於計
畫執行期間，根據自主管理機制實施自我檢核。

(2) **校際經驗交流與培力工作坊**：各校校長、主任和教師應
積極參與教育部主辦的相關校際經驗交流與培力工作
坊，以精進組織動能和創新。

(3) **專業諮詢輔導**：受輔助之學校得參加區域聯合諮詢輔
導，或邀請諮詢輔導專家到校輔導，或接受教育部所安
排之訪視輔導。

5.參與校數統計

教育部於2007至2017學年度推動高中優質化輔助方案及高
職優質化輔助方案期間，累計已輔助過之高級中等學校共470
校，占全國高級中等學校總數（504校）之93.25%（教育部國民
及學前教育署，2017a）。其中歷年獲得優質化輔助經費之校數
統計如表3-5所示。

6.優質化輔助方案之正面效益

有關臺灣對於高級中等學校優質化及其認證之推動，確有其

表3-5　2007-2017學年度高中職優質化輔助校數一覽表

學年度	高中			高職		
	公立（校）	私立（校）	年度輔助校數	公立（校）	私立（校）	年度輔助校數
2007	61	5	66	47	5	52
2008	94	13	107	66	18	84
2009	113	33	146	85	33	118
2010	123	58	181	67	30	97
2011	121	65	186	67	31	98
2012	143	104	247	81	45	126
2013	114	102	216	85	36	121
2014	146	67	213	88	30	118
2015	143	68	211	89	28	117
2016	153	57	210	98	92	190
2017	175	53	228	105	88	193
累計補助校數	470					
占總校數%	93.25%（470 / 504）					

資料來源：優質化均質化：高中優質化執行現況及成果，教育部國民及
　　　　　學前教育署，2017a，載於十二年國民基本教育資訊網，取
　　　　　自http://12basic.edu.tw/Detail.php?LevelNo=88

正面效益，整體而言，學校現場多能肯定高中職優質化輔助方案
帶來的正向幫助（葉玉淘，2013）；並認為優質化輔助方案的執
行重點與經費能有效提升學校的特色、整體形象和教育資源（洪
郁婷，2014）。

　　就個別層面來說，相關研究更指出高級中等學校優質化有

助於學校軟硬體設備之更新（廖崇義，2009）；對於學生學習資源有實質幫助（洪郁婷，2014）；同時，更有助於學生多元學習表現及適性發展、對於教師專業能力產生激勵作用並提高教學效能、增加家長與社區對學校的認同與肯定、獲得更多外部資源等（葉玉淘，2013）。

二 臺灣高級中等學校優質認證之發展歷程

(一) 臺灣高級中等學校優質認證之沿革

有關教育部對於「優質高級中等學校」之相關界定方式，最早可見於2011年9月20日奉行政院核定之「十二年國民基本教育實施計畫」：1.優質高中：(1)只設普通科或學術學程：指最近一次校務評鑑總成績爲二等以上，且7大領域有5個領域在二等以上（需含課程教學、學務輔導等2個領域）者；(2)附設職業類科或專門學程：指最近一次校務評鑑總成績爲二等以上，且8大領域有5個領域在二等以上（需含課程教學、學務輔導、專業類科等3領域）者。2.優質高職：指最近一次校務評鑑總成績爲二等以上，且8大領域需5個領域在二等以上（需包含課程教學、學務輔導、專業類科等3領域）者（教育部，2011，頁212-213）。其中「二等」，即指評鑑得分爲80分以上，未達90分。

至於教育部辦理「優質高級中等學校」之認證作業，則是自2012年8月31日函頒2012學年度「優質高中職認證實施計畫」開始，該計畫第柒點所訂認證基準爲：全國公私立高中職於最近3年內無重大違規事項，並符合下列認證基準者，得向各主管機關申請優質高中職認證：(1)國立及教育部主管私立高中職必須最

近1次學校評鑑總成績達80分以上；(2)各直轄市及縣（市）政府應自訂優質高中職認證基準或最近一次學校評鑑總成績達80分以上者（教育部，2012a）。

教育部復於2013年10月14日訂定「高級中等學校優質認證實施要點」，其中有關認證基準部分與原實施計畫之主要差異，在於「學校評鑑成績之基準由總成績達80分以上，改為各評鑑項目均應達80分以上」，新增「專任教師比率」及「合格教師比率」之項目，並詳列「學校最近三年內無下列重大違反教育法令或重大缺失事項」之具體內容。

教育部隨後於2015年5月15日修正「高級中等學校優質認證實施要點」，其中主要是針對學校評鑑成績、專任教師比率、合格教師比率、學校最近三年內無下列重大違反教育法令或重大缺失事項等認證基準酌修文字，並增列高級中等學校優質認證申請表之附件。

(二) 臺灣高級中等學校優質認證之推動現況

經整理「高級中等學校優質認證實施要點」（2015年5月15日修正）、「高級中等學校評鑑辦法」、「高級中等學校第三期程學校評鑑實施計畫」之相關規定（教育部，2015a，2015b），以及相關文獻資料，可知高級中等學校優質認證之推動現況如下：

1. 認證基準

(1) 學校評鑑成績：最近一次校務評鑑各評鑑項目成績與總成績及專業群科評鑑總成績，均各達80分以上。但新設或改制學校未有學校評鑑成績者，不在此限。

(2) 專任教師比率（專任教師總人數／核定教師員額編制總
數×100%）：

　　a. 公立學校：達80%。

　　b. 私立學校：初次申請者，達70%，並於認證期限內達
　　　 75%；第2次以後申請者，達75%。

(3) 符合「高級中等學校組織設置及員額編制標準」所定合
格教師之比率（學校合格教師總人數／學校聘任之專任
及代理教師總人數×100%）：

　　a. 公立學校：符合該標準所定偏鄉學校，達80%；其餘
　　　 學校，達85%。

　　b. 私立學校：

　　　 (a)一般科目：偏鄉學校，達70%；其餘學校，達
　　　　　80%。

　　　 (b)師資培育供需現況不足專業群科（家政、餐旅及藝
　　　　　術群科）：達70%，並於認證期限屆滿前達80%；
　　　　　第2次以後申請者，達80%。

　　　 (c)其他專業群科：偏鄉學校，達70%；其餘學校，達
　　　　　80%。

(4) 未發生下列重大違反教育法令或缺失情事（自申請認證
日起算前3年，至認證核定前）：

　　a. 違反教育法令情節重大，經各該主管機關查證屬實。

　　b. 教職員工生嚴重影響學校名譽或影響社會大眾觀感事
　　　 件，且可歸責於學校，經各該主管機關查證屬實。

　　c. 校園安全及災害事件通報作業要點所定緊急事件或法
　　　 定通報事件之甲級事件，且可歸責於學校，經各該主

管機關查證屬實；或非可歸責於學校，經各該主管機
關通知限期改善，屆期未改善。

d.其他重大影響學生權益之情事。

2.認證流程

有關辦理高級中等學校優質認證流程圖，如圖3-1所示。

3.涉及優質認證之學校（校務）評鑑項目

為檢視高級中等學校辦學績效並提升其教育品質，教育部
除自2006學年度起推動「高級中學學校評鑑實施方案」外，亦自
2007學年度起推動「高職學校評鑑實施方案」等政策措施，前述
方案並已逐年滾動修正（何慧群、永井正武，2016）。嗣經教育
部於2014年1月10日訂定「高級中等學校評鑑辦法」，並於2018
年3月6日修正該辦法。依2018年3月21日修正之「後第三期程高
級中等學校評鑑實施計畫」可知，目前涉及優質認證之學校（校
務）評鑑項目如表3-6所示（教育部，2018a，2018b）。

4.認證有效期間

(1) 認證有效期間，原則以自認證核定日起至下列日期之一
止：

a.學校下次評鑑成績經公告符合認證基準規定時：

(a)於規定期限前重新申請認證者：各該主管機關通知
認證審查或審議核定日之前一日。

(b)未於規定期限前重新申請認證者：申請截止日。

b.學校下次評鑑成績經公告不符合認證基準規定時：評
鑑成績公告日前一日。

(2) 但學校自申請認證日起算前3年，至認證核定前，有違反
教育法令或缺失，而未達認證基準所定「重大違反教育

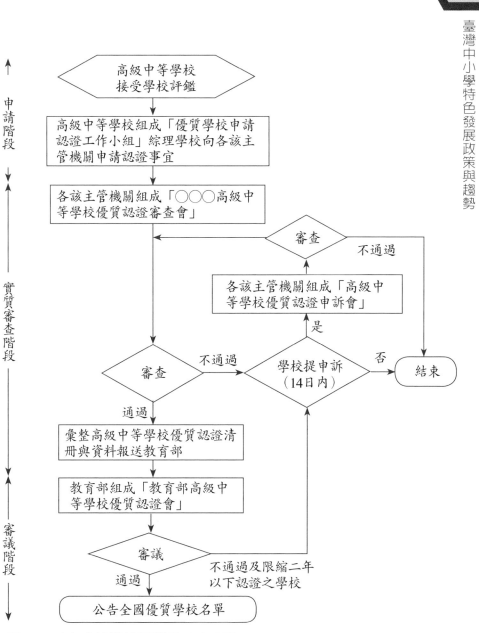

圖3-1　高級中等學校優質認證流程圖

資料來源：高級中等學校優質認證實施要點（2015年5月15日修正）。

表3-6　高級中等學校校務評鑑項目與指標一覽表

項目	指標數	指標內容
課程教學	4	包含課程發展、教師專業、有效教學、學生學習等4項指標。
學務輔導	4	包含友善校園、學生輔導、公民素養、弱勢扶助等4項指標。
環境設備	4	包含校園營造、教學設備、圖資利用、資源整合等4項指標。
校務發展	4	包含校長領導、行政效能、績效表現、永續發展等4項指標。

資料來源：整理自教育部（2018a，2018b）。

法令或缺失情事」者，各該主管機關得縮減認證有效期間為2年以下。

5.優質認證推動情形

　　教育部前於2013年3月27日公布通過認證之全國優質高中及優質高職合計447校，占當年全國高級中等學校總數（496校）之90.12%，且各免試就學區之優質高中及優質高職合計均達八成以上（教育部，2013a）。但由於外界質疑部分學校發生大學個人申請入學師生竄改成績等問題，竟仍列為優質高中或優質高職，於是經教育部依學校最近3年內無重大違反教育法令或重大缺失事項之標準重新檢視後，宣布撤銷10所優質高中及優質高職之認證（陳智華，2013）。教育部隨即於2013年6月18日公布2012學年度通過優質高中及優質高職認證之學校合計為437校，占當年全國高級中等學校總數（496校）之88.1%；至於各項評鑑項目均達80分以上且已通過認證之學校則占81.2%（教育部，

2013b）。

　　另依教育部公布資料顯示，截至2016年12月31日止，全國經認證爲優質高級中等學校者合計407校，其中優質高中計290校，優質高職計117校，占當年度全國高級中等學校總數（504校）之80.8%（教育部，2017b）。整體而言，目前優質高級中等學校比率（80.8%）仍有偏高之情形。

 高級中等學校優質化輔助及其優質認證之相關問題檢討

　　高級中等學校優質化輔助及其優質認證等政策措施，雖然立意良善，但推動過程仍衍生不少問題與爭議，更與學校教職員、學生及家長之期許與認知產生落差，其相關問題整理說明如下：

(一) 早期所採用的學校評鑑項目過於繁複，缺少關鍵績效指標

　　優質高中及優質高職究竟哪裡「優質」？多數社會大衆其實並不容易了解，亦難有深刻感受（或認同感）；若再與傳統高升學率的「明星高中」相比較，又發現多數優質高中或優質高職在升學率或各類競賽活動的表現方面實在相差太遠，於是造成政府與民衆認知之間的落差。由於高級中等學校優質認證之主要條件，即爲最近一次學校（校務）評鑑之各評鑑項目成績與總成績均達80分以上；而由2015年訂定之高級中等學校第三期程學校評鑑實施計畫可知，早期的評鑑項目計有校長領導、行政管理、課程教學、師資質量、學務輔導、環境設備、社群互動、實習輔導、績效表現等9個評鑑項目（其中合計有53至55個指標）（教

育部，2015a，2015b）。能在眾多評鑑項目全數達到標準的優質高中及優質高職，理論上都應該是面面俱到且全方位發展的優質高級中等學校；然而，民眾卻似乎多半並不這麼認為。一方面，因為各評鑑項目成績與總成績均達80分以上，其實只是指評鑑達「二等」以上（尤其已有超過80%的學校達此標準），但真正表現好的應該是評鑑達「一等」（90分以上）的學校；另一方面，當這些優質高中及優質高職在同時呈現所有繁複評鑑項目之執行成果時，早已使得各校本來很吸引學生或引以為傲的辦學特色被淹沒於大量報表與數據中。雖然2018年修正之「後第三期程高級中等學校評鑑實施計畫」，已試著將評鑑項目精簡為課程教學、學務輔導、環境設備及校務發展等4個評鑑項目（其中合計有16個評鑑指標），但如何在評鑑各校績效或呈現評鑑結果時，能去彰顯優質學校之所以能稱為「優質」的核心特色或優勢，仍是目前評鑑機制無法克服的問題。簡言之，優質高中及優質高職認證目前仍缺少代表性特色或關鍵績效指標，以致無法有效改變民眾觀感並爭取民眾的認同。

(二) 辦理項目過於龐雜，造成沉重負擔而與執行面產生落差

由高職優質化輔助方案所列出的落實學校課程發展、推動創新多元教學、深化教師教學專業、導引適性就近入學、強化學校辦學體質、加強學生多元展能、形塑人文藝術素養及激發學校卓越創新等8個辦理項目，可看出優質化輔助方案之辦理項目及範圍相當廣泛（教育部國民及學前教育署，2017e）。而廖崇義（2009）於探討高中優質化輔助方案所遭遇的問題時，已發現該

方案有計畫內容過於龐大，指標項目太多，執行不易，以及業務量繁重、人力不足，承辦人亦無法給予減課和增加津貼等問題。同時，葉玉淘（2013）更指出高中職優質化輔助方案增加教師兼職行政人員工作負擔，且因現實制度面影響，高中教師主動參與優質化計畫意願不高。洪郁婷（2014）的研究也發現，屏東地區大多數的高中教師較不熱衷高中優質化輔助方案的相關研習活動。由上述相關研究或資料可發現，高中及高職優質化輔助方案確有辦理項目過於龐雜之虞，造成學校教職員之沉重負擔，以致規劃面雖可提出不少內容豐富的計畫，但在執行面卻因為項目過多而不易執行，並致產生落差。

(三) 經費使用限制較多，增加計畫執行難度

高中及高職優質化輔助方案雖可補助經費協助學校改善辦學品質，但在經費執行過程中，仍有不少問題有待克服。例如葉玉淘（2013）即指出前述方案之政府補助經費有限，預算名目契合度低，執行困難影響工作士氣。而廖崇義（2009）亦整理出前述方案遭遇經費使用方式受限（例如獎學金至多只能編列經常門之20%太少）、經費核撥過慢以致影響計畫執行進度（或導致學校須先墊支）、經費自籌困難、執行過程中發現經費編列項目與執行需求不合時難以調整等。上開經費執行問題，造成部分學校計畫執行困難；甚至也有部分學校於執行過程中自願放棄並中止輔助（教育部國民及學前教育署，2017a）。

(四) 認證通過之比率偏高，被質疑為未必真正優質

有鑒於截至2016年12月31日止，全國經認證通過之優質高

級中等學校比率達80.8%（教育部，2017b）；如此高的優質認證比率，顯示通過高級中等學校優質認證甚爲容易，導致外界質疑政府只是試圖美化數據，而非眞正有心提升學校辦學品質，因此更只會將通過優質認證視爲達到基本門檻條件，卻無助於拉抬通過優質認證之績優學校的光環，反而淪爲打擊或淘汰未取得優質認證學校之工具性指標；換言之，該項認證將形同「基礎認證」而未必眞正優質。面對偏高的優質認證比率，教師團體及家長團體紛紛提出質疑，並認爲高級中等學校的優質認證指標，與一般民衆的認知有差距（陳至中，2013）。

一套政府認證制度或工具，除了須具備公信力以外，還必須具有價值；正所謂物以稀爲貴，在同一套認證基準下，幾乎通通有獎的認證結果，只會削弱認證的價值。由此角度觀之，可發現目前這套優質認證基準之設計缺少分類的功能，無法有效引導學校發展出各自的重點領域與特色，若能夠發展並保有各校在不同重點領域或特色發展上的限量性與獨特性，相信民衆對於各類不同優質學校將會留下更深刻的印象，並有助於增進其認同感。

(五) 認證基準多未從學生及家長的需求角度研訂

有關經教育部認證通過之「優質高級中等學校」，難以獲得多數社會大衆（尤其是學生及家長）認同的主要原因之一，正在於其優質認證基準只是工作導向的，而不是顧客需求導向的；小即政府只是把所有要求學校該做的工作，全部拿出來評鑑，再依評鑑結果作爲優質認證之主要工具，卻較不關心學生及家長的想法與需求！不僅有家長團體代表認爲「優質與否是家長、學生說的算，不是教育部說的算」，更有教師團體代表認爲優質認證的

關鍵在於「能否取信於民，當家長、學生相信學校是優質學校，才會願意就讀，才有可能達到十二年國教就近入學的理想」（陳至中，2013）。當優質認證工具與學生及家長的需求脫節時，經認證通過「優質高級中等學校」也就很難獲得學生及家長的肯定與認同；因此優質高級中等學校之認證基準應重新檢視調整，並參考學生及家長的需求進行適度修正，以期爭取學生及家長的認同與肯定。

(六) 發生重大違失學校並未及時撤銷認證而損害公信力

由於教育部於2012年8月31日訂定2012學年度「優質高中職認證實施計畫」時，已將「最近3年內無重大違規事項」列為認證基準之一。然而2013年遭外界質疑臺北市私立喬治高職發生無預警裁併班級及校園霸凌事件、臺南市私立港明高中發生教職員涉嫌教唆學生集體竄改大學推甄成績單等事件，卻仍列為優質高中或優質高職，損及優質認證的公信力（林曉雲、邱紹雯，2013）。其後經教育部開會決定，只要學校近3年來發生下列4項缺失之一且責任屬學校，即屬重大違規，包括：重大影響學生權益、嚴重違反法規遭主管機關糾正、發生影響學校名譽的負面新聞與校安通報甲級事件；並據以撤銷符合上述重大違規事項之10所學校的優質高中或優質高職認證（陳智華，2013）。上述過程顯示，優質認證除了需要操作性的明確規範外，更必須展現應有的執行力且把握時效，才能有效維護公信力，並獲得民眾的支持與信賴。

Chapter 4
英、美、日之學校特色發展
政策與趨勢

　　面對國際化時代的來臨，國際交流日益頻繁，世界各國莫不透過教育制度的改革與創新，致力於發展具代表性的學校特色，以期改善學校辦學績效並培養更具競爭力的人才。由於英國所推動的許多學校特色發展措施（如學科重點學校、燈塔學校），爲臺灣特色學校政策的主要學習對象；又美國早年所推動的新型態學校（如磁性學校、特許學校），亦爲臺灣推動教育改革及實驗教育（如公辦民營學校）的重要學習榜樣；至於日本則爲亞洲較先進的已開發國家，並與臺灣人文環境較爲相近，且其重點領域指定學校（如超級科學高校）之作法，亦有助於引導學校發展重點學科特色，值得借鏡學習。因此，本章分別針對英國、美國及日本之學校特色發展與創新趨勢進行探討。

第一節　英國學校特色發展之相關政策措施

　　自1990年代以來，英國就開始透過發展「學科重點學校」（specialist school）及「燈塔學校」（beacon school）等政策，積極鼓勵中小學在不同領域發展各自特色，以帶動學校的創新與多元發展。雖然上述兩項政策均已在完成階段性任務後結束，但已成爲英國後續推動中小學改制爲「公辦民營學校」（academy）的重要基礎。尤其近來英國更陸續發展出「自主學校」（free school）及「工作坊學校」（studio school）等新型態的公辦民營學校，使得英國教育彌漫著一股透過賦予學校在課程、預算及人事等方面更大的自主性，以提升學校辦學績效的風潮（Department for Education, 2013）。以下將分別說明這些學

校的發展歷程與重點如下：

學科重點學校

　　有關「學科重點學校」一詞，又譯作「特色學校」或「專門學校」（吳清山、林天祐，2009；楊瑩等人，2014；駐英國代表處教育組，2014a）。英國自1994年開始推動學科重點學校計畫（specialist schools programme），以期幫助學校發展特定優勢並擇定專門領域提升水準，同時也與私部門的資助人建立夥伴關係（Ofsted, 2009）。

　　申請學科重點學校計畫補助款之條件如下：(1)提出4年校務發展計畫，包括關於願景的目標及績效指標、增進對專門領域課程的喜好度、改善學習成效，並擴大照護服務；(2)已向私部門企業雇主募款達5萬英鎊；(3)說明「至少合理」且更妥善地維持學生在該專門領域科目的高水準成就表現（Politics.co.uk, 2015）。所有英國公立中等學校均可從藝術、商業與企業、工程、人文、語言、數理與計算、音樂、科學、運動、技術等10個專門領域中，擇定一個以上的專門領域申請成為學科重點學校（Ofsted, 2009）。每件學科重點學校的申請案可獲得中央政府補助10萬英鎊，以期改善該專門領域科目之相關設施設備，且在計畫期間內連續4年給予每生129英鎊補助經費（Politics.co.uk, 2015）。

　　有關推動學科重點學校之目標，可整理如下（Ofsted, 2009; Politics.co.uk, 2015）：

　　1.擴大最適合學生需求及興趣之機會與範圍：透過專門領域科目，擴大學習應用的機會並充實活動。

2.提升該專門領域科目的教學水準：提高及發展專門領域科目之教學品質與學習策略，以提升整體學校水準。

3.提升學生各種能力的成就水準：提高所有學生在專門領域科目及所有課程的學習成就及達成度。

4.發展具代表性的學校特色，據以改善認同感，並反映學校目標：發展校內具象徵性的特色（其中包括該專門領域的價值觀與認同感），並反映學校的任務與目標；包括增進學生對於該專門領域科目喜好度與興趣。

5.為學區內的其他學校與社區帶來助益

(1) 與夥伴學校合作提供或增進該專門領域科目之高品質學習機會與結果——透過共享專門領域設施與資源，提升進階教學品質，並發展及宣傳良好執行成果。

(2) 不論以單一學校運作或與其他學校共同合作，均透過學校與廣大地方社群（包括地方企業、雇主及14至19歲的夥伴等）合作，一起發展提供或增進該專門領域科目之高品質學習機會與結果的能力。

6.強化學校、私部門與公益資助人之間的關係：強化學校與資助人、企業、雇主、高等教育研究機構及該專門領域相關組織之間的連結。並透過與當地學校、大學及企業雇主建立合作與夥伴關係，促使「專長文憑學習進路」（Diploma Lines of Learning）的規定，能與專門領域等級1、2及3之間的關係更為緊密。

Jenkins與Levacic（2014）的研究指出，學科重點學校的學生在中等教育普通證書考試（General Certificate of Secondary Education, GCSE）／普通國家職業資格考試（General National

Vocational Qualification, GNVQ）的平均考試總分，比非學科重點學校的學生高出1.4分。此外，成為學科重點學校達5-7年者，其男學生的GCSE/GNVQ平均考試總分增加達3分以上（女生增加1.8分）；至於學科重點學校達1-4年者，其男學生的GCSE/GNVQ平均考試總分只增加1分（女生增加0.6分）。由此可知，成為學科重點學校，有助於提升學生GCSE/GNVQ的平均總分，且時間越長，效果越佳；而且，對男學生的效果高於女學生。

　　至2010年10月止，英國已有超過95%的中等學校成為學科重點學校，因此英國政府認為專門領域已穩定深植於學校中，有關學校領導者如何使用相關經費部分，應得到更大的自由。英國於2011年終止學科重點學校計畫之經費補助，並將原有經費（在2010-11年合計約4億5千萬英鎊）改為透過「專用學校補助款」（dedicated schools grant, DSG）提供給學校（Politics.co.uk, 2015）。

二　燈塔學校

　　英國自1998年起推動燈塔學校計畫（Beacon Schools programme），又稱為燈塔學校行動（Beacon Schools initiative），其目標乃是希望引導燈塔學校在關鍵領域扮演界定、表揚、宣傳及帶動優良表現的重要角色（Rudd, Holland, Sanders, Massey, & White, 2004）。同時，該計畫也希望改善學生表現，並縮短表現優良與表現較差的學校之間的落差（BBC NEWS, 2001）。所謂燈塔學校（beacon school），是指依英國教育標準局（Ofsted）視導報告所認定的高績效幼兒園、中小學或特教學校，並由前英國教育技能部（Department for Education

and Skills, DfES）以通常3年為一期的方式補助經費；燈塔學校
需與其他學校發展夥伴關係，並建立共同合作推動的活動計畫，
據以界定、分享及宣傳有效能的措施；其終極目標在於促進所有
教師的專業發展，並提升學生學習成就的整體水準（Bullock &
Muschamp, 2004）。

以2002學年度為例，有關燈塔學校的遴選基準如下：(1)該
校在皇家主任督學年度報告中的表現，被認定為高績效學校；
(2)學校過去和現在的績效表現：該校必須是免費學校午餐（Free
School Meals, FSM）相關團隊的前15%；(3)地方教育主管機關
（local education authority, LEA）的提名：地方教育主管機關需
依高標準的紀錄證明文件來提名學校，且這些學校需能與其他學
校共同合作並發展互利的夥伴關係（Rudd et al., 2004）。燈塔學
校通常在某些教育措施（如特定課程發展、學生管理、學校經
營、特教需求等）有傑出表現並有具體事證，可提供優質教育環
境與活動，並提升學生學習成效（王巧媛、余學敏、謝勝隆、徐
作蓉，2005）。至於英國政府對燈塔學校的補助款，若以2002
學年度為例，則分別介於1,800至60,000英鎊之間，平均每校可
獲得約35,375英鎊之補助款（Rudd et al., 2004）。由此可知，燈
塔學校不僅對學校而言是一項很高的榮譽，同時也有實質的補助
款協助燈塔學校提升教育品質，以為夥伴學校改善教育問題。

自從燈塔學校行動開始推行以來，燈塔學校在如何界定優
良表現、選擇宣傳形式及夥伴機構等方面，被賦予很大的自由；
雖然這種自由可能意味著前述行動缺少結構性，但學校及校長
們卻非常喜好這種自主性與選擇性（Rudd et al., 2004）。然而，
儘管燈塔學校行動有很大的自由度，燈塔學校的主要任務可歸

納為舉辦校際教師研討會、提供夥伴學校教師在職研習及到校觀摩機會、提供輔導諮詢服務、提供教學導師輔導他校初任教師、準備課程或教學資源光碟供參、使用網路傳播燈塔學校成功經驗等（王巧媛等人，2005）。此外，燈塔學校最常見的活動，則包括閱讀、資通訊科技（ICT）、領導、算術、學校管理、種子教師培訓、測驗或監控、特教需求支持、學前教育、課程設計等（Rudd et al., 2004）。

　　燈塔學校為全國績效表現最佳的學校，並可作為低效能學校的學習典範；且每個燈塔學校皆須與至少1個弱勢地區的學校建立夥伴關係（Romano, 2006）。燈塔學校除了被公開表揚外，也必須將學校特色分享給夥伴學校，並為夥伴學校提供諮詢與建議（王巧媛等人，2005）。有關燈塔學校認證之有效期限為3年，若要繼續維持燈塔學校的領導地位，則須提出3年來為其他學校提供服務、諮詢的證據，並維持學校本身傑出表現的事實（吳清山、林天祐，2003a）。

　　燈塔學校於1998年選出75校，之後逐年增加，並於2002年達到1,150校的高峰，且該參與校數規模更持續維持至2003年；然而，對於燈塔學校的補助，後來已依各校契約規定分別於2004年或2005年終止（Rudd et al., 2004）。有關中等學校部分則改以推動「頂尖夥伴計畫」（Leading Edge Partnership Programme, LEPP）來替代（Bullock & Muschamp, 2004）。燈塔學校計畫的主要效益，包括促進教職員專業成長、增進教職員信心、改善學校現況、帶來創新與實驗的可能性、建立與改善學校的溝通文化等（Rudd et al., 2004）。

　　然而，燈塔學校計畫也並非完美無缺。推動燈塔學校的

過程，不免產生了一些爭議與挑戰，例如燈塔學校的「標籤」
（label）可能帶來負面影響，包括造成其他學校嫉妒、不利相互
尊重或遭批評為「菁英主義」的思維等（ Rudd et al., 2004）。
有關燈塔學校的存在，本來是為了扶持其他表現較差的夥伴學校
向上發展，卻因為標籤化的結果，反而製造了燈塔學校與其他學
校之間溝通的心理障礙與鴻溝。尤其Smith （2015）於燈塔學校
計畫結束9年以後，以曾獲選燈塔學校的322個中等學校進行研究
後發現，這些燈塔學校的績效表現與其他學校之間的落差已經縮
減，且燈塔學校已不見得比其他學校更具優勢。可見燈塔學校的
政策，確實有值得檢討調整之處。

三 公辦民營學校

英國於2010年制定「公辦民營學校法」（Academies
Act），讓所有學校皆可改制為公辦民營學校，包括小學與特殊
教育學校。公辦民營學校是由中央政府直接補助的獨立學校，這
類學校賦予校長及教師更多自由與彈性，可促進學校體系的創新
與多元性，並據以提高教育水準；成為公辦民營學校，將使得
學校對於課程、預算及人事具有更大的自主權（Department for
Education, 2013, 2015）。公辦民營學校與一般公立學校一樣，
都必須遵守招生及特殊教育之相關法規，但公辦民營學校的優勢
在於：(1)具有不受地方教育局管控的獨立性；(2)可自行決定採
行哪些課程，不需完全遵循國定課程；(3)可自行設定教職員的
薪資待遇；(4)可自行調整上學日數及學期長度（Department for
Education, 2015）。每個公辦民營學校均需成為「公辦民營學校
信託」（academy trust）的一部分，並由公益組織或有限公司提

供擔保（Department for Education, 2013）。

公辦民營學校可分為許多不同型態，部分公辦民營學校是由創辦人（sponsor）新設的，其餘公辦民營學校則為原有之公立學校改制而成。許多公辦民營學校會以連鎖學校協定（chain arrangement，可視同策略聯盟）的方式運作，而其餘學校則是獨立自主運作（Department for Education, 2013）。

公辦民營學校可直接獲得教育撥款局（Education Funding Agency, EFA）的中央補助款，其所獲得每生補助款之額度與地方教育局所轄公立學校的額度大致相同，但公辦民營學校在預算使用具有更大自主權。而公辦民營學校之管理權原則與公立學校相同，但管理者有較大的自主性，並需有至少2位家長董事。有些公辦民營學校（通常是必須有所改變的績效較差學校）會有一位創辦人，該創辦人可來自各種不同背景，包括成功的學校、企業、大學、公益組織、宗教團體，並須負責改善學校績效（Department for Education, 2015）。

有關英國教育部對於公辦民營學校之政策發展方向如下（Department for Education, 2015）：(1)持續鼓勵中小學發展為公辦民營學校；(2)鼓勵績效卓越的公辦民營學校與績效較差的公辦民營學校共同合作，以提高水準；(3)將績效較差的學校媒合給各領域具優良事蹟的創辦人經營，以提高水準。

公辦民營學校的數量正在快速增加中，至2014年8月止，英國公辦民營學校共有4,009校，其中已有12%的小學及53%的中學轉型為公辦民營性質（駐英國代表處教育組，2014b）。但至2017年1月，英國已成立的各級公辦民營學校累計高達6,399校（學生總數為3,392,638人）；其中關於小學階段的公辦民

營學校計3,748校（學生數1,141,630人），至於中等教育階段的公辦民營學校則有2,325校（學生數2,220,088人），其餘則為「特殊教育」及「另類照顧」類型之公辦民營學校；此外，值得留意的是，中小學階段由既有公立學校改制為公辦民營學校者（converter）計有4,001校（包括小學2,530校、中等教育階段1,471校），占中小學階段公辦民營學校的65.9%，顯見由既有公立學校改制，乃是英國發展公辦民營學校的主要模式（Department for Education, 2017b）。

英國教育部指出，已有許多研究證據顯示，公辦民營學校享有的辦學自由，例如對於制定上學日數及年數的自由、對於課程及工作團隊的自由等，已明顯帶來學生表現的改善；在2011年及2012年，由創辦人新設的公辦民營學校在「中等教育普通證書考試」（General Certificate of Secondary Education, GCSE）的成績進步情形，普遍比其他中央補助學校更為快速（Department for Education, 2013）。此外，依英國教育部公布的2014-2015學年度公辦民營學校年度報告結果顯示，在小學及中學階段，由既有公立學校改制為公辦民營學校（converter）之學生學業成就表現，均高於其他地方政府補助學校（LA maintained schools）之平均水準；且88%的該類公辦民營學校被評定為良好（good）或傑出（outstanding）（Department for Education, 2016）。可見整體而言，此類公辦民營學校的辦學績效表現，確實普遍高於其他地方政府補助學校。

然而，英國國會下議院教育選擇委員會委託學術機構進行公辦民營學校之研究報告結果指出，公辦民營學校的主要問題在於公辦民營學校信託（創辦人）與合約之間的利益衝突，其中多

數利益衝突發生於下列四個層面：(1)內部交易／關係人交易：那些公辦民營學校信託委員會中的委員，直接或間接從這些學校中獲利；(2)由創辦人提供需付費的服務：創辦人一方面營運學校，另一方面要求學校購買其所屬公司的教育服務，造成創辦人壟斷得利；(3)與金錢不直接相關的無形衝突：如信託委員會委員對學校課程的不當控制或干預教學專業；(4)源自系統上的衝突：例如部分機構一方面受教育部委託辦理公辦民營學校業務，一方面也同時經營公辦民營學校鏈並開設新學校（駐英國代表處教育組，2014b）。

整體而言，英國公辦民營學校的數量仍在持續增加中，並且有助於增進學校在課程、預算及人事等方面的自主權，進而改善辦學績效或提供更高品質的教育服務。然而有關公私合作過程中所衍生的利益衝突問題，則有待進一步檢討制度設計，並有所防範與調整。

（四）自主學校

英國於2011年9月設立第一所自主學校（free scool，又譯作「自由學校」）。自主學校是公辦民營學校的一種型態，同時也是非營利、獨立、由中央政府補助的學校，其設立是為了符合地方希望擁有更多元學校的需求（Department for Education, 2013）。自主學校必須證明家長與學生需要這樣的學校，才能被核准設立；而有67%的自主學校設立於英國最貧困的地區（New Schools Network, 2016）。自主學校已變成英國教育部藉由創造更多選擇與多元性，來改革學校體系的一個不可或缺的主軸。自主學校的入學規定是公正透明的，並開放學區內所有不同能

力的學生就讀，且不得以學業成績（或考試）挑選入學的學生（Department for Education, 2013）。由於自主學校的營運經費完全由中央政府直接補助，因此可擺脫地方政府的監管，並在課程、人事及學校經營方面享有高度自主權（駐英國代表處教育組，2014c）。換言之，自主學校在下列事項具有較高自由度：(1)不必然依國定課程上課，學校有使用不同課程上課的自由；(2)擁有進用教職員的彈性（如依教師績效支薪、引進外部專家而非具傳統教師證者）；(3)可延長上學日數或年數；(4)可自主決定如何花費所有的預算；(5)擁有獨立的行政權，可脫離地方政府的管控（New Schools Network, 2016）。

自主學校並不以學校規模、位置或學習階段別來界定，而是依各種不同創辦人的獨特願景所形塑的成果來界定；這些創辦人包括公益組織、大學、企業、教育團體、教師或家長，並期能為教育版圖帶來改變。自主學校之設立，通常是當地學校數不足以致學童無法就近入學，或家長不滿意當地學校品質時，才會應運而生（Department for Education, 2013）。

自主學校的類別，可分為下列4種（Department for Education, 2014）：

1.主流自主學校：主流自主學校（mainstream free schools）為中央政府補助的小學、中學、中間學校（middle school）或一貫制學校，其獨立於地方教育局的控管之外，且屬於公辦民營學校的一種型態。主流自主學校像同區域內的其他政府補助學校一樣，以因地制宜的線性補助公式獲取補助款。

2.招收16至19歲學生的自主學校：招收16至19歲學生的自主學校（16 to 19 free schools），是指對於16至19歲學生提供

教育服務的獨立教育機構，其由教育撥款局依照16至19歲學生之國家補助公式基礎給予補助。

3. 另類照護自主學校：另類照護自主學校（alternative provision free schools）是當義務教育階段的學齡兒童，因行為或醫療需求等理由，無法在主流學校中接受適當教育時，所另外提供照護服務的一種學校；這些學校也可符合16至19歲學生的需求。義務教育階段的學齡兒童可由地方教育局、學校或公辦民營學校（委員會）轉介至另類照護自主學校。

4. 特殊教育自主學校：特殊教育自主學校（special free schools）是針對特殊教育需求學生提供教育照護服務的組織，這些學校被分派處理各種不同障礙類別的特教需求。

依據英國教育部的統計，截至2017年9月止，英國已開辦的自主學校（含大學技術學院及工作坊學校）總計473校；然而，經扣除大學技術學院及工作坊學校後之英國自主學校則有386校，其中包括主流自主學校計299校、招收16到19歲學生的自主學校計20校、另類照護自主學校計38校、特殊教育自主學校計29校（Department for Education, 2017a）。

依據2014學年度結束前，英國教育標準局（Ofsted）對於158所自主學校（不含招收16至19歲學生的自主學校）進行視導的結果顯示，計有27%（42校）獲評定為「傑出」、52%（82校）獲評定為「良好」，並有18%（28校）獲評定為「待改善」、4%（6校）獲評定為「不適當」；相較於地方政府補助學校只有17%獲評定為「傑出」，可見自主學校的辦學績效普遍能獲得更高評價與肯定（Department for Education, 2016）。

⬡五 工作坊學校

工作坊學校（又譯作「工作室學校」）是一種招收13歲（或14歲）至19歲學生的新型態學校（Studio Schools Trust, 2015）。這類學校透過專案本位課程（project-based curriculum）提供學業及職業的認證，其學習與工作現場相整合，並與地區性或全國性的雇主建立夥伴關係（Department for Education, 2013）。工作坊學校的大部分課程都是依實務工作計畫重新規劃，並且將提供系統化的技能評估（諸如團隊合作、問題解決）及專業學科知識（包括英文、數學及科學），以期縮短年輕學子的學用落差（Studio Schools Trust, 2015）。每個工作坊學校開辦後皆成為「工作坊學校信託」（Studio Schools Trust）的一部分，以支持其發展；自2012年起設立的所有工作坊學校，依法都屬於公辦民營學校的型態之一，必須有公正透明的入學規定，並由於辦學的自由與彈性而帶來許多益處，特別是投入課程與就業的整合（Department for Education, 2013）。

工作坊學校都是小規模的學校，每校平均招生名額上限約300位學生，以期培養關係緊密的學習社群（Studio Schools Trust, 2015）。這類學校也將給予所有學生個人化的課程，並讓每位學生都擁有一位專屬的師傅，以便依據學生個別需求調整課程（Department for Education, 2013）。工作坊學校強調小班制教育及個人化的因材施教，並且真正與當地產業和企業結合，其成立型態幾乎都是依照該郡或鄉鎮的特色產業，去設計該工作坊學校的技職教育重點與型態（駐英國代表處教育組，2013）。

許多工作坊學校會選定一個專門領域，包括美容美髮、建

築、餐飲、多媒體、科學、技術、工程、數學、商業、金融與運動等。所有這些領域都共同關注於實務操作與專業。這些學校透過發展帶得走的就業技能，來為就業市場培育年輕人；同時使學生獲得很強的英文、數學及科學基礎（Department for Education, 2013, 2015）。工作坊學校的課程是結合中等教育普通證書考試（GCSE），以英文、數學和科學為主要課程，外加職業考試科目及工作實習，因此工作坊學校的教學重點不是放在追求高分或是學術上的理論難度，而是著重這門學科如何應用於該工作場域（駐英國代表處教育組，2013）。

截至2017年1月止，英國已開辦36所工作坊學校，學生總計4,504人，其中男性計2,573人（占57.1%）、女性計1,931人（占42.9%）（Department for Education, 2017b）。雖然整體而言，就讀工作坊學校的學生呈現男性略多於女性的情況，但因女性比率（占42.9%）已超過三分之一，可見偏愛工作坊學校的女性學生仍不在少數。此外，已有250位以上的全國性或地區性雇主（包括微軟公司等）參與工作坊學校，幫助形塑課程並提供工作經驗及指導機會；學生每週會用一部分時間作為地方企業的員工，其中超過16歲的學生通常可獲得該工作應有的實際薪資（Department for Education, 2013）。

工作坊學校的類型非常多樣化，例如英國的「未來科技工作坊學校」（Future Tech Studio），專攻資通訊科技（ICT）相關課程：「懷特島工作坊學校」（Isle of Wight Studio School），則專攻船隻製造維修與海洋工程等海洋相關研究（駐英國代表處教育組，2013）。此外，「門迪普工作坊學校」（Mendip Studio School）專攻電子工程與生物科技；「班伯里太空工作坊學校」

（Space Studio Banbury）專攻太空科技、科學及數學，並有機會與英國太空總署及歐洲太空總署等機關的員工一起工作；「斯托克工作坊學院－製造與設計」（Stoke Studio College-MADE）專攻製造及設計工程的專業技術與知能；「柯克利斯創造力與媒體工作坊學校」（The Creative and Media Studio School, Kirklees）則專注於激發學生創造力及鑽研數位影音媒體技術（如攝影服務、媒體及檔案設計服務）（Studio Schools Trust, 2016b）。總言之，工作坊學校可提供學生進入許多不同類型企業的門路，包括工程、科學、太空科技、海事船舶、健康與社會照顧、運動、創意與數位媒體、表演藝術、企業、金融、物流、建築環境等（Studio Schools Trust, 2015）。

依據2014學年度結束前，英國教育標準局對於18所工作坊學校進行視導的結果顯示，計有55.6%（10校）獲評定為「良好」（good）或「較佳」（better）（Department for Education, 2016）。此外，依工作坊學校信託2016年對於工作坊學校的學生、家長及雇主分別進行調查研究之主要結果顯示（Studio Schools Trust, 2016a）：(1)學生方面：90%同意此類學校帶給自己不一樣的機會，且多數學生同意就讀此類學校能幫助自己聚焦未來發展（81%），並讓自己變得更有自信（80%）、喜歡上課（77%）、覺得更開心（75%）、學業更進步（74%）；(2)家長方面：91%同意這種小規模學校對其子女學習經驗有正向影響，同時，多數家長同意其子女就讀此類學校後變得更成熟（86%）、更快樂（83%）、學業成績更進步（83%），並幫助其子女增進自信（79%）及改善學習態度（78%），且83%同意學校已為其子女畢業後的未來生活做好準備；(3)雇主方面：多

數雇主同意此類學校能提供職場所需的技能與經驗（94%）、此類學校學生為工作做好準備的程度優於其他學校的學生（91%），並且與工作坊學校合作有助於雇主找出潛在未來員工（91%）。由上述調查結果可知，無論是學生、家長或雇主，均對工作坊學校給予高度肯定與正向評價，可見這類新型態的學校教育模式，確實值得持續推廣。

第二節　美國學校特色發展之相關政策措施

美國自1960年代就開始陸續針對中小學階段積極推動各種學校改革措施，例如最早開始推動的「磁性學校」（magnet school），就是透過開設特有的專門課程及跨區招生，以改善美國面臨的種族隔離問題。接著，美國更自1982年起推動「藍帶學校」（Blue Ribbon school）的選拔活動，據以認可及表揚辦學績效卓越的學校。此外，美國亦自1992年起推動「特許學校」（charter school），以透過公辦民營模式提供學校更高的辦學自主權，進而發展出學校特色及提升辦學績效（秦夢群，2014）。上開學校改革措施推動迄今已有數十年的歷史，卻始終能受到各界重視並呈現校數持續增加之趨勢，足見這些措施具有正面效益，並值得我們探究其政策之內涵。

一　磁性學校

磁性學校（magnet school，又譯作磁力學校、磁石學校或磁鐵學校）最早出現於1960年代，當時是美國許多學區用來減少

弱勢族群隔離及增進家長、學生對於學校選擇權之手段，同時也是因應傳統公立教育之變革需求升高所致（秦夢群，2015）。當時相關之另類學校（alternative school）、開放教室（open classroom）及街頭學園（street academy）等教育實驗，更爲磁性學校提供不少參考發展模式（U.S. Department of Education, Office of Innovation and Improvement, 2008）。

相較於「另類學校」及「開放教室」已在臺灣引起許多熱烈討論（王炎川，2008；吳毓瑩，1995；柯禧慧，2000；陳伯璋、盧美貴，2014；游淑燕，2012；舒季嫻，2012）；有關「街頭學園」的概念，在臺灣卻甚少被提及。因此，特別補充說明如下：有關「街頭學園」一詞，是指1963年大紐約都會聯盟（Urban League of Greater New York）創立「街頭學園計畫」（Street Academy Program）時所發展出來的一種教育模式，該計畫在紐約市哈林區（Harlem）形成一個非正式學校網絡，並由教師及來自沒落店鋪的「街頭工作者」（streetworker）來執行計畫；而這些有趣的街頭工作者，是該計畫的核心人物，可幫助來自高度貧困區的弱勢學生提高學習動機與成就，並爲他們帶來機會（Guerriero, 1968）。該計畫提供相關教學、個別化輔導、各種非正式矯正活動及暑期充實活動，亦協助臨時收容安置、就學安置、就業安置等事宜；並可使學生願意待在學校、中輟生願意回到學校或幫助學生進入職場（Teaching & Learning Research Corp., 1970）。

磁性學校在法律上的定義爲透過提供特色課程，據以吸引不同種族背景的大量學生前來就讀之公立中小學（或公立初等、中等教育中心）（U.S. Department of Education, 2017a）。

但一般而言，磁性學校則指一種可在單一學區或夥伴學區內自由選擇就讀的公立中小學。磁性學校通常會聚焦於一個重點主題（theme）與一貫性課程（aligned curricula），並提供各種不同範圍的特色教育方案：有些磁性學校強調學科表現，例如科學、技術、工程與數學（Science, Technology, Engineering, Mathematics，簡稱STEM）、世界各國語言（沉浸式及非沉浸式）、視覺與表演藝術、人文學科等；其餘磁性學校則採用特色教學方式，例如國際文憑（International Baccalaureate）相關學程或大學先修學程（early college programs）之教學模式、強化國際研究、技職教育或「微型社會」（MicroSociety）等（Magnet Schools of America, 2013b; U.S. Department of Education, 2017a）。前述「大學先修學程」，是指將高中與大學的部分課程，整合為一個嚴密、具支持性的學程；其中將濃縮完成高中文憑與大學前2年課程的時間（Mesa Community College, 2017）。此外，大學先修學程可以是個取得大學學分的學程，也可以是個非學分式的模組課程（Spelman College, 2017）。值得留意的是，截至2016年11月止，經國際文憑組織認可設置「國際文憑組織高中文憑學程」（International Baccalaureate Diploma Programme, IBDP）之美國高級中等學校（其中包括部分磁性學校），累計已達890校（Barnes, 2017）。可見這種與國際接軌之學程與教育內容，已在美國逐漸推廣，並成為磁性學校發展特色的重要模式之一。

此外，實施「微型社會」的學校，是指以科技（Technology）、經濟（Economy）、學術（Academy，類似「語文」）、公民與政府（Citizenship and Government）、人文

與藝術（Humanities and the Arts）、心靈（HEART，類似「品德」）等6個主線（strand）或重要部分建構相關課程之學校，其旨在讓學生透過與生活相關的學習（包括解決真實世界的問題），在過程中獲得成功經驗，進而激發學生內在的學習熱情與動機；並認為學童在遊戲、工作、動手做及反思時，往往能學得更好；同時，也因為學校是孩子們的世界，所以認為應該讓這些孩子獲得充分授權（Cherniss, 2005; MicroSociety Academy Charter School Foundation Parents, 2014）。採用微型社會模式的學校，其主要特徵如下：(1)調整時間的運用，修正課程表並納入「微型時間」（micro time）之共同時段，以進行跨領域及動手做的學習；(2)重新設計學習空間，將教室及走廊改為商店、社區集會所或行政中心等；(3)透過擴大課程深度與廣度，並與真實世界連結，使教室教學變得更有關聯性且具跨學科性；(4)創造實際應用的學習機會，使學童能將學校連結至生活、甚至未來，練習批判性思考技巧，透過創意解決問題及進行合作學習等；(5)改變權力結構，教師轉變為教學管理者、深度思考的引導者，而學生則成為製作者、創造者、貢獻者及決策者；(6)建立及管理跨世代、跨行業的導師，使每位參與者都能相互獲得大人與孩童之間的知識交流，並透過見習式的活動讓學童激發熱情及吸收新知；(7)推動個人化的學習，透過微型社會活動來傳授學童學科知識與技能，讓他們找出熱情，並落實於日常生活中（MicroSociety, 2017）。另，在微型社會的學校中，可依其發展重點提供各種不同類型工作（如銀行職員、麵包師傅等），並讓學生挑選（或分配到）一份工作，且亦可領有薪水（不一定是真實貨幣）；甚至學生也可開辦自己的企業，並生產物品、買賣物

品或提供服務；所有學生每週至少去市場一次，並使用貨幣向同學購買物品或服務（Cherniss, 2005）。

　　磁性學校通常更重視「手到一心到」，並使用問答式或績效／專案本位的學習方式；然而，它們採用該州、該學區或所有學科領域的共同核心標準，並搭配整體學校主題進行教學（Magnet Schools of America, 2013b）。磁性學校具有三個可識別的特徵，包括具特色的課程及教學方式、來自不同鄰近就學區的多元學生個體、以反映多元性為目的（Chen, 2015）。而磁性學校也特別重視營造班級共識、學校社群及培養學校精神，且提供家長的課程資訊是公開透明的（Magnet Schools of America, 2013b）。另外，美國教育部也歸納出成功的磁性高級中等學校有五個常見的共同要素與策略，包括追求卓越的創新、促進均等、打造社區夥伴關係（包含社區、家庭、大學與企業夥伴）、設計嚴謹的學業輔導計畫及建立優質教學文化（U.S. Department of Education, Office of Innovation and Improvement, 2008）。磁性學校隨著其學校辦學主題之不同，可吸引各種不同興趣的學生前來就讀；因此，這些學校通常會有來自不同社經文化背景的學生前來就讀，並可展現多元性（Magnet Schools of America, 2013b）。同時，美國磁性學校協會（Magnet Schools of America）公布的2013年度報告更顯示，共有70%的磁性學校以多元目標作為核心任務（Magnet Schools of America, 2013a）。

　　有關磁性學校的入學方式，通常是由下列四種方式擇一辦理：(1)隨機抽籤；(2)先搶先贏的申請方式；(3)保留一定比率的招生名額給當地社區居民子女；(4)設定入學標準，例如標準化測驗分數（Chen, 2015）。大部分磁性學校並無入學標準，其理

念在於深信所有學生皆有其興趣與天分，且在磁性學校中可獲得更多栽培；因此，較常採用隨機的電腦抽籤系統作爲入學依據（Magnet Schools of America, 2013b）。而美國磁性學校協會公布的2013年度報告也指出，已有90%的磁性學校採用隨機抽籤的入學方式（Magnet Schools of America, 2013a）。此外，也有「資賦優異型」（Talented & Gifted）的磁性學校，並可利用學生評量成績及教師或家長推薦信來作爲入學篩選依據（Magnet Schools of America, 2013b）。

美國教育部自1985年起推動「磁性學校輔助計畫」（Magnet Schools Assistance program, MSAP），據以鼓勵磁性學校之設立與增長（U.S. Department of Education, Office of Innovation and Improvement, 2008）。該計畫透過提供符合資格的地方教育局補助款，以設立或推動磁性學校，並期在經法院宣判或聯邦認可之廢除種族隔離計畫下推動這類學校；前述補助款旨在協助公立學校改善種族隔離問題，並支持招收大量弱勢族群學生之中小學，減少或防止弱勢族群學生受到孤立之情形；該計畫經費之申請對象以地方教育局爲主，且執行廢除隔離計畫的地方政府夥伴學校也可提出申請；但私立學校則不得參與該計畫；以2009至2016年爲例，前述計畫每年編列預算大約美金91,022,144元至104,829,000元左右（U.S. Department of Education, 2017a）。

在前述計畫之2013年預算美金91,647,000元中，美國教育部共核發美金89,800,000元給位於12州的27個學區，這些學區將可獲得至多3年的補助款，每個學區在第1年可獲得的補助款額度介於美金737,626元至4,000,000元之間，該補助款將有助於透過

創新教育計畫的實施，促進學區內多元群體學生的融合，並提供家長更多學校的選擇性（U.S. Department of Education, 2013）。磁性學校輔助計畫也協助磁性學校進行學業成就的系統化改革，並提供學生機會，以符合具挑戰性的學科內容及學生學業成就標準；該計畫也支持創新教育方法與實踐之發展與設計，以促進多元化並增加公立教育體系的選擇性（U.S. Department of Education, 2017a）。

美國的磁性學校，在2000學年度時只有1,469校（學生數1,213,976人）；但至2014學年度已大幅增加至3,285校（學生數2,609,104人），其中包括小學2,216校（67.5%）、中學911校（27.7%）、中小學一貫制142校（4.3%）、其他（不分年級者）16校（0.5%）（U.S. Department of Education, National Center for Education Statistics, 2017）。

磁性學校可產生的特殊效益包括：改善學業成就、多元學生入學、減少懲戒問題、增進學生文化能力、提升學生出勤率、較高的畢業率、提高教師滿意度及減少教師流動、研發創新課程、籌組特色教學團隊、增進家長參與及滿意度（Magnet Schools of America, 2013b）。磁性學校通常比其他學校的表現更為傑出，83%的磁性學校在閱讀成績優於其他學校、84%的磁性學校在數學成績優於其他學校、96%的磁性學校可減少學業成就落差；此外，70%的磁性學校在家長參與度方面，明顯高於其他鄰近學校（Magnet Schools of America, 2013a）。在多數研究案例中，磁性學校的學生往往比傳統公立學校的學生更能夠展現正向學習態度與行為，包括比較不會曠課或逃學、在學校有較佳的社群感、在學業成就方面有更多的同儕支持、較高的教育志向及更正

向的種族關係（Blazer, 2012）。又磁性學校最引以爲傲之處，在於有更多父母及社區參與、透過主題本位教育（theme-based education）提供個別化教學服務、創造具社區共識的專業化計畫，以帶來更安全的學習環境；同時，教師們都已取得各該教學領域的證照，並透過專業主題式訓練及專業發展而達到「高度專業化」程度（Magnet Schools of America, 2013b）。由於磁性學校具有獨特品質，因此美國磁性學校的數量已逐年穩定增加中（Chen, 2015）。

綜上可知，磁性學校的推廣，有助於引導學校發展辦學特色，提高校內不同學生背景的多元性，並對於提升學生學業成就、學習態度與行爲表現等方面帶來正向助益，因此美國的磁性學校數量仍在持續擴增中，並各有不同發展重點與特色。

藍帶學校

美國自1982年起推動「全國藍帶學校計畫」（National Blue Ribbon Schools Program），針對全國公私立高級中等學校、國中及國小，認可其整體學業成績卓越表現或縮短弱勢學生學業成就落差之進步情形；全國藍帶學校獎是對於學生、教育人員、家庭與社區在創造一個安全與受歡迎學校的一種肯定；全國藍帶學校的旗幟，更已成爲教學典範的象徵（U.S. Department of Education, 2017b）。全國藍帶學校是以卓越（excellence）及均等（equity）作爲核心理念（吳清山、林天祐，2003b），並可分爲下列兩類：

(一) 績效卓越典範學校

績效卓越典範學校（exemplary high performing schools）指經各州評量或全國常模測驗之檢測，所評選出之各州績效卓越學校；其弱勢族群學生之績效及高中生畢業率也是最高水準（U.S. Department of Education, 2014a）。其中有關公私立學校申請績效卓越典範學校認可所需達到之績效標準分別如下（U.S. Department of Education, 2017b）：

1. 公立學校部分：「卓越」係由各州教育首長（Chief State School Officer, CSSO）分別認定，但至少是指：

(1) 該校必須為全州所有學校的前15%，其排序方式為下列兩種方式之一：

　a. 所有受測學生參加最近一次全州閱讀（或英語文）及數學測驗的成績。

　b. 採用組合指標，其中包括上述閱讀（或英語文）及數學測驗成績，並且也可能包括其他學科領域的測驗成績或其他學生表現情形（如畢業率或其他全州績效系統的指標）。

(2) 對於每個學校的弱勢族群而言，該校必須為全州所有學校的前40%，其排序方式為下列兩種方式之一：

　a. 該弱勢族群的所有受測學生參加最近一次全州閱讀（或英語文）及數學測驗的成績。

　b. 採用組合指標，其中包括上述閱讀（或英語文）及數學測驗成績，並且也可能包括其他學科領域的測驗成績或其他學生表現情形（如畢業率或其他全州績效系

統的指標）。

(3) 對高級中等學校而言，該校最近一次的畢業率，必須為全州前15%。

2. 非公立學校部分

(1) 該校學生最近一年的全國閱讀（或英語文）及數學測驗成績（屬全國常模測驗）為全國前15%，或為全州測驗的前15%。若非公立學校同時參加全州測驗與全國常模測驗者，該校必須兩者均為前15%。

(2) 不同學生群體的個別成績結果（包括來自不利家庭背景的學生），必須與所有學生的測驗結果相似。

(3) 最近一年的非公立高中學生畢業率必須達95%以上。

(二) 縮短學業成就落差典範學校

縮短學業成就落差典範學校（exemplary achievement gap closing school）指各州在近5年內縮短弱勢族群學生與整體學生之間學業成就落差方面之績效最佳學校；其弱勢族群學生之績效及各該族群之高中生畢業率則處於高水準（U.S. Department of Education, 2014a）。有關公立學校的「縮短學業成就落差」，是由各州教育首長分別認定，但至少是指（U.S. Department of Education, 2017b）：

1. 對於每個學校的弱勢族群而言，該校必須為全州所有學校的前15%，其中是依學校在縮短校內弱勢族群與全州所有學生群體之間成績落差的最近5年進步情形進行比較，其排序方式為下列兩種方式之一：

(1) 全州閱讀（或英語文）及數學測驗的成績。

(2) 採用組合指標，其中包括上述閱讀（或英語文）及數學測驗成績，並且也可能包括其他學科領域的測驗成績或其他學生表現情形（如畢業率或其他全州績效系統的指標）。

2. 對於每個學校的弱勢族群而言，該校必須是全州所有學校的前40%，其排序方式為下列兩種方式之一：

(1) 所有弱勢族群學生最近一次參加全州閱讀（或英語文）及數學測驗的成績。

(2) 採用組合指標，其中包括上述閱讀（或英語文）及數學測驗成績，並且也可能包括其他學科領域的測驗成績或其他學生表現情形（如畢業率或其他全州績效系統的指標）。

3. 對高級中等學校而言，該校必須為全州所有高中的前40%，其中高中是依最近一次各弱勢族群的畢業率進行排序。

4. 該校所有學生在過去5年以來的成績改變情形，必須不低於全州所有學生成績在下列兩項之一的改變情形：

(1) 全州閱讀（或英語文）及數學測驗的成績。

(2) 採用組合指標，其中包括上述閱讀（或英語文）及數學測驗成績，並且也可能包括其他學科領域的測驗成績或其他學生表現情形（如畢業率或其他全州績效系統的指標）。

全國藍帶學校遴選的過程，是由美國各州教育廳訂定其遴選計畫及辦理遴選，經遴選後將推薦學校名單送至美國教育部，

並由該部成立全國審查小組負責審查，其中多數學校均需接受實地訪視（吳清山、林天祐，2003b）。獲選為全國藍帶學校之學校，可得到地方教育基金和企業贊助，教師與學生還能得到特別獎勵，校長則有機會於美國藍帶學校國際論壇上與具先進教學經驗的各國同儕交流經驗（陳華，2015）。

美國教育部於2017年核定全國藍帶學校計342校，這些學校整體學業成績表現卓越，或在改善學生成績表現方面進步最多；其中計有292所公立學校及50所私立學校，每校可獲得一面獎牌與一個旗幟，象徵全國藍帶學校的榮譽；1982至2017年期間，獲得全國藍帶學校獎的學校累計已超過8,500校（U.S. Department of Education, 2017b）。

即使是「特許學校」或「磁性學校」，在符合上述績效標準的前提下，也可獲選為「藍帶學校」。例如美國榮獲2015年全國藍帶學校獎的高級中等學校中，巴頓魯治磁性高中（Baton Rouge Magnet High School）及珊瑚礁高中（Coral Reef Senior High School）等學校即為「磁性學校」；另國際研究特許高中（International Studies Charter High School）及雷格西特許高中（Legacy Charter High School）等學校則同時為「特許學校」（U.S. Department of Education, 2017b）。

三 特許學校

美國自1992年開始出現「特許學校」（charter school，又譯為「委辦學校」或「公辦民營學校」），讓父母得以為其子女找到一個全新的教育選擇機會；特許學校提供教育人員營造創新教育環境的自主性，以取代持續增加的學業與財務績效責

任（Rebarber & Zgainer, 2014）。美國教育部於1994年依中小學教育法（Elementary and Secondary Education Act, ESEA）相關規定訂定「特許學校計畫」（Charter Schools Program, CSP）。後來因應1998年制定特許學校擴張法（Charter School Expansion Act）及2001年制定有教無類法（No Child Left Behind Act），該計畫也分別在1998年及2002年進行兩次修正。目前2014年的「特許學校計畫」之法源仍回歸中小學教育法（U.S. Department of Education, 2014b）。

　　有關特許學校的定義方面，因為美國的特許學校是依各州特許學校相關法規所核准設立之學校，並依各州政策措施之差異而有不同定義。但若要獲得美國教育部「特許學校計畫」之經費補助，則必須符合中小學教育法對於特許學校之定義大致如下（U.S. Department of Education, 2014b）：

　　1. 學校已依各州相關法規獲頒特許狀（許可證），可排除適用部分州法規或地方法規。

　　2. 是由一位創辦人（developer）新設的公立學校，或由既有公立學校改制的學校。該校受到政府公共監督與指導。

　　3. 該校創辦人為追求特定教育目標而設計其管理模式，並已獲得特許業務主管機關之核准。

　　4. 提出一份小學、中學或同時包括中小學的計畫。

　　5. 其計畫、入學政策、人事及其他相關管理措施，必須不分宗教派別，並且不隸屬於宗教學校或宗教機構。

　　6. 不收取學費。

　　7. 遵守反年齡歧視法（Age Discrimination Act）、公民權利法（Civil Rights Act）、復健法（Rehabilitation Act）、身心障礙

法（Disabilities Act）、身心障礙教育法（Disabilities Education Act）之相關規定。

8. 家長可選擇送子女前往該校就讀；如果申請入學的學生數超出該校招生名額，則以隨機抽籤方式決定哪些學生可入學。

9. 需同意遵守聯邦政府及州政府的審計規定（如同其他州內的中小學一樣），除非這些審計規定已基於特定計畫目的而經核准排除適用。

10. 符合所有適用聯邦政府、州政府及地方政府之健康與安全規定。

11. 依據州法規進行管理，並與該州的特許業務主管機關簽署書面績效契約，其中包括描述如何衡量特許學校學生的表現，例如比照其他學校參加全州測驗、依特許業務主管機關之其他認可測驗或特許學校自辦測驗來加以衡量。

簡言之，特許學校可在法律授權下，由經審核通過之私人或團體（如家長、教育專業團體、非營利機構）加以興辦，並由政府負擔其教育經費；其可不受一般教育行政法規之限制，並可依照學生需求制定不同課程與經營模式，例如授課時數、課程設計、教師工作與薪資規定等，與一般中小學在制度上有相當程度的差別（秦夢群，2014）。

特許學校計畫之目的在於增加美國人民對於特許學校模式的理解，並透過對於特許學校之規劃、方案設計及初步執行期間給予經費補助，以擴增高品質特許學校的數量，並將評估特許學校對於學生及其學業成就等方面之成效。該計畫可持續補助特許學校相關經費至多3年，其中對於特許學校之規劃及方案設計之經費補助不得超過18個月，對於特許學校初步執行期間之經費補助

則不得超過2年（U.S. Department of Education, 2014b）。

　　常見的特許學校類型，可分為「民族主義中心」
（ethnocentric）的特許學校、採用「華德福」（Waldorf）或
「蒙特梭利」（Montessori）教育模式的特許學校、強調某些學
科領域（如表演藝術；或科學、技術、工程及數學等STEM領
域）的特許學校、「不找藉口」（No Excuses）的特許學校等不
同類型；其中「不找藉口」的特許學校，更包括「知識就是力量
計畫」（Knowledge is Power Program, KIPP）、「為大學做好準
備」（YES Prep）、「不平凡學校」（Uncommon Schools）、
「成就優先」（Achievement First）及「勵志」（Aspire）等不
同經營體系（但理念相近）的特許學校（Cheng, Hitt, Kisida, &
Mills, 2015）。

　　有關「不找藉口」的特許學校之常見特色，包括重視學生
的紀律與行為表現、延長上學時間、密集關注閱讀及數學的學
習技巧、教師進用的篩選制度（確保教師品質）、錄製課堂影
片供教師反饋（據以改進教學）等（Angrist, Pathak, & Walters,
2013）。此外，「不找藉口」的特許學校通常會特別聚焦於改善
低收入及弱勢族群背景的學生學業成就，並致力於縮短他們與一
般學生之間的成就落差（Cheng et al., 2015）。在各種「不找藉
口」的特許學校中，KIPP特許學校是較具發展規模的經營體系
之一。有關KIPP計畫，是一個勇於為低收入家庭增進教育機會
並帶來轉變的特許學校網絡；這類KIPP特許學校的特性，包括
高教育期望（主張不論學生背景如何，皆可達到高學業成就）、
選擇並承諾為進入大學而努力、更多學業及課外活動的學習時
間、校長具領導權（被賦予學校預算及人事權）、重視結果導

向（定期評量學生學習與分享改善成果）（Tuttle, Teh, Nichols-Barrer, Gill, & Gleason, 2010）。

　　美國的特許學校，在1992年時只是個小規模的實驗（Rebarber & Zgainer, 2014）。然而，至2000學年度時已增加為1,993校（學生數448,343人）；發展至2014學年度時，更大幅增加至6,747校（學生數2,721,786人），其中包括小學3,851校（57.1%）、中學1,563校（23.2%）、中小學一貫制1,330校（19.7%）、其他（不分年級者）3校（接近0%）（U.S. Department of Education, National Center for Education Statistics, 2017）。此外，依據美國的全國公立特許學校聯盟統計資料，截至2015學年度為止，美國的特許學校已繼續擴增至大約6,825校（學生數約290萬人）；其中獨立特許學校計4,010校（占59%）、由特許管理組織（charter management organizations, CMOs）經營的特許學校計1,820校（占26%）、由教育管理組織（education management organizations, EMOs）經營的特許學校計995校（占15%）（National Alliance for Public Charter Schools, 2016）。另，該聯盟亦推估2016學年度美國的特許學校總數大約可再擴增至6,939校（學生數約3,061,900人）；同時，依該聯盟調查顯示，共有78%的家長喜歡他們居住的社區開辦特許學校，只有16%的家長不喜歡，並有6%的家長無意見（National Alliance for Public Charter Schools, 2017）。

　　依據華盛頓特區教育改革中心（The Center for Education Reform Washington, D.C.）公布之2014年美國特許學校調查報告可知，美國特許學校之發展趨勢如下：(1)美國的特許學校數量每年穩定地成長；(2)提供教師具創新性的績效本位津貼及技術

本位津貼的特許學校正在增加中；(3)特許學校著重於強力且具挑戰性的學科計畫，其中最受歡迎的教育方法是大學預修課程（college preparatory）（占30%）；(4)特許學校所獲得的每生收入顯著低於傳統公立學校（平均36%的特許學校未獲得硬體設施之補助款）；(5)越來越多的特許學校額外提供學生更多上課時間；(6)特許學校提供學生更小巧且更為個人化的學習環境（Rebarber & Zgainer, 2014）。此外，早年特許學校的學生人數規模都很小（約100人以內），但近年來其學生人數規模則有變得越來越大的趨勢（U.S. Department of Education, Office of the Under Secretary, 2004）。

有關特許學校的推動成果，除由上述學校數量的持續增加可見一斑外，許多研究結論也抱持肯定的態度。例如Greene、Forster與Winters（2003）的研究發現，特許學校學生之數學及閱讀測驗成績，均普遍優於鄰近傳統公立高中。Tuttle等人（2010）以22所KIPP特許國中進行研究後也發現，學生就讀該類學校以後，可對其數學及閱讀測驗成績產生顯著正向影響，有助於縮短不同種族與不同家庭收入之學生的成就落差。至於Angrist等人（2013）的研究則指出，平均而言，美國麻州（Massachusetts）都會區特許學校的學生學業成就水平已高於其所屬都會區公立學區的平均值；但非都會區特許學校的學生學業成就則沒有改變或有所降低。此外，Sass、Zimmer、Gill與Booker（2016）的研究結果則指出，相較於其他傳統高中的學生，就讀特許高中的學生在近5年內取得高中學歷的機率可增加達6%，且進大學的機率亦增加9%，同時其畢業生於23歲至25歲的最大年收入可增加約美金2,318元。Gleason（2016）更歸納出

幾個讓特許學校成功的主要情況如下：(1)最成功的特許學校皆位於都會區；(2)以照顧低成就及低收入學生為主的特許學校，更容易產生正向影響；(3)最成功的特許學校，皆全面推行賞善罰惡的行為政策；(4)凡是將提升學生學業成就列為優先目標、上課天數（或年數）越長、經常提供教師回饋與指導的特許學校，均分別對於學生測驗分數產生更正向的影響。

綜上可知，許多研究均認為特許學校（特別是位於都會區者）有助於提升學生（尤其是低成就及低收入學生）的數學及閱讀測驗成績，亦可提高學生考上大學的機率，並可幫助弱勢族群或低收入家庭學生改善困境，同時縮短他們與其他傳統公立學校學生之間的成就落差。尤其是當特許學校全面推行績效掛帥的政策、將提升學生學業成就列為優先目標、上課天數（或年數）越長、經常提供教師回饋與指導時，往往能對學生測驗分數產生更正向的影響。由於特許學校普遍能有一定程度的辦學績效，因此特許學校的數量仍逐年穩定擴增中。

第三節 日本學校特色發展之相關政策措施

臺灣所稱的「高級中等學校」，在日本稱為「高等學校」（こうとうがっこう），簡稱為「高校」（こうこう），這類學校為後期中等教育階段之學校，其修業年限通常為3年（莊清寶，2015）。日本近年來分別針對高等中等學校階段推動各類重點學校措施，包括「超級科學高校」、「超級英語高校」及「超級國際高校」等措施，以下將分別進行介紹：

一 超級科學高校

(一)「超級科學高校」之政策推動情形

日本文部科學省自2002年（平成14年度）開始推動指定「超級科學高校」（Super Science High School, SSH；日文為スーパーサイエンスハイスクール）之政策，並以科學技術、理科・數學教育作為發展重點，透過與大學及研究機關等進行課程合作開發，據以培養科學技術領域的人才，以期透過SSH指定校作為發展據點，進而促進區域科技發展成果的普及（獨立行政法人科學技術振興機構，2014）。2005年（平成17年度）時，開始將SSH指定校的指定期間由「3年為一期」延長為「5年為一期」，期能培養國際通用的科學技術人才，並進行科學技術的研究開發（莊清寶，2015）。國立研究開發法人科學技術振興機構（註：該機構由前「獨立行政法人科學技術振興機構」於2015年4月改制而成）將提供SSH指定校有關物品購入、研修、講師費等項目之經費支援，並規劃推動相關成果發表會，同時進行與SSH具有密切合作的成果報告（國立研究開發法人科學技術振興機構，2016b；獨立行政法人科學技術振興機構，2014）。有關「超級科學高校」政策之相關機關（構）及學校關係，如圖4-1所示。

2016年（平成28年）日本全國高校數量總計為4,925校，學生數共3,309,342人（文部科學省，2016a）。截至2016年（平成28年）為止，尚在推動期程中之SSH指定校者計有200校（約占4.1%），其中各SSH指定校之起迄年度不一，但原則以5年為一

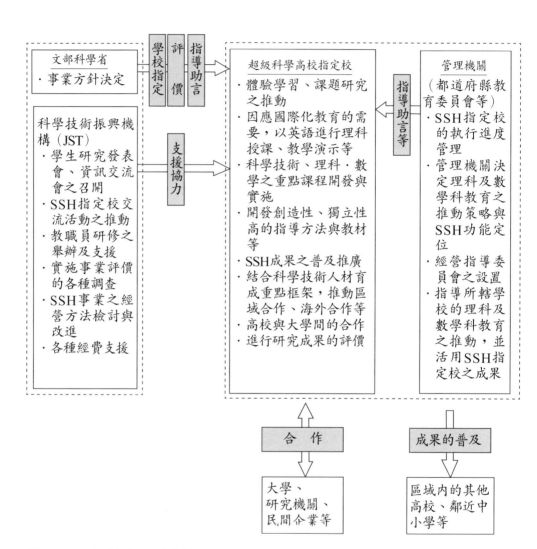

圖4-1　日本「超級科學高校」政策之相關機關（構）及學校關係圖

資料來源：譯自スーパーサイエンスハイスクール（**SSH**）とは，國立研究開發法人
　　　　　科學技術振興機構，2016c，取自https://ssh.jst.go.jp/ssh/public/about.html

期（國立研究開發法人科學技術振興機構，2016a）。至於2017年之指定校則有77校（指定期間為2017至2021年），其中包括開發型13校、實踐型64校，各校每年可獲補助款約900萬日圓至1,600萬日圓左右（文部科學省，2017）。SSH指定校原則是由各校自行訂定計畫，並獨自發展其課程內容及授課方式，且透過與大學或研究機關等進行合作教學，積極進行具社區特色的課題研究，讓學生有機會與平常高校生活所無法遇見的人士相遇、交流、進行研究成果之體驗與發表等（獨立行政法人科學技術振興機構，2014）。SSH指定校之具體作法，可分類舉例說明如下：

1.課程開發方面：以石川縣立七尾高等學校為例，該校設有「尖端科學Ⅰ、Ⅱ、Ⅲ」、「超級科學論壇」等科目，並採單位制（即學分制），透過「事前學習→現場實作・授課→探究活動→發表・評價」之一貫化流程，透過口頭發表報告能力，提升學生綜合表現能力（莊清寶，2015；獨立行政法人科學技術振興機構，2014）。

2.參與科學競賽方面：以橫濱市立橫濱科學前線高等學校為例，該校重視活用尖端科技的知識，並提高用英語進行科學論述的能力，引導學生積極參與各種科學奧林匹亞競賽與國際競賽；該校學生曾獲日本全國化學大獎銀牌、日本生物奧林匹亞競賽金牌、日本地球科學奧林匹亞競賽優秀獎、國際地球科學奧林匹亞競賽金牌等優異成績（國立研究開發法人科學技術振興機構，2016d）。

3.課題研究方面：以埼玉縣立川越高等學校為例，該校的課題研究是由選修「超級科學基礎Ⅰ」及「超級科學基礎Ⅱ」的學生所進行；上開課程依據「知的融合」主題，結合其他路線的

跨領域課程，包括「A地球環境和能源」、「B生命和物質」、「C物質和技術‧信息」、「D數學」，並安排有關尖端科技的教師授課及研究人員講座活動，據以進行課題研究；另透過物理、化學、生物、地理等4個社團活動進行課題研究，並有系統地請畢業生協助指導研究（莊清寶，2015；獨立行政法人科學技術振興機構，2014）。

4.教師研修機制方面：以大阪府立天王寺高等學校為例，該校與NPO法人研究實驗設施‧環境安全教育研究會（REHSE）的大學教師合作，推動「區域小學教師研修實驗」，以小學教師每班8人為一組（共約30人參加），辦理實驗講座及個別指導，並引導教師感受實驗的樂趣，並學習利用國際化學奧林匹亞競賽的實驗課題來發展上課教材等，頗受好評（國立研究開發法人科學技術振興機構，2016d）。

5.海外合作‧國際交流方面：以新潟縣立新潟南高等學校為例，該校在2011年與中國、韓國、俄國之高中生，共同召開「北東亞環境討論會」；並在2013年召開「環境‧能源討論會」。由東北亞4個國家的高中生齊聚一堂，共同就環境及能源問題，以英語進行專題討論或海報發表，透過英語演示及討論，提升學生的國際視野及能力（莊清寶，2015；獨立行政法人科學技術振興機構，2014）。

6.區域貢獻與校際交流方面：以福岡縣立小倉高等學校為例，該校與九州工業大學等學校合作，舉辦「課題研究發表會」及「中小學學生科學實驗」等活動，2015年計有500名高中生及1,500名一般民眾參加；另該校也舉辦由9校、110名學生參加的「科學研討培訓營」，以及7校、200名學生參加的「聯合天

體觀測培訓營」等活動，促進區域內的校際交流（國立研究開發法人科學技術振興機構，2016d）。

　　7.核心據點方面：以愛知縣立岡崎高等學校爲例，該校爲核心SSH指定校，將愛知縣分成3個地區，並由縣內7個SSH指定校，作爲各自地區的理科及數學教育據點學校，積極推廣縣內SSH活動。另每年召開以學生發表研究爲中心的「科學三昧in愛知」發表會，增進學生研究發表能力與經驗（莊清寶，2015；獨立行政法人科學技術振興機構，2014）。

(二) 超級科學高校案例：東京都立日比谷高等學校

　　有關「超級科學高校」（SSH），是由學校先向文部科學省申請，獲得認可後，才會被指定爲超級科學高校。東京都立日比谷高等學校於2007年獲文部科學省指定爲超級科學高校，並於2012年再次獲文部科學省指定爲超級科學高校（爲期5年）；該校每年可獲得文部科學省補助經費約900萬日圓（莊清寶，2015）。有關該校推動超級科學高校之情形如下（東京都立日比谷高等學校，2017a；莊清寶，2015）：

　　1.舉辦「科學技術週」活動：日本每年4月18日爲「發明之日」，該校將包括4月18日在內的爲期一週時間（例如2012年爲4月16日至22日），設定爲「科學技術週」。包括於2012年4月21日至「日本科學未來館」舉行該校之SSH活動暨海報展示；並於4月21日於該校第1物理室及第2物理室舉辦讓中學生參加的SSH體驗授課活動。

　　2.發展「自主探究活動（或講座）」：該活動是一種以

學生為主體的活動，透過學生自己感興趣、關心的課題，自主地進行探求活動，以加深對周邊事物及現象的理解，啟發學生學習科學的想法，並從中獲得樂趣。教師會從旁提供相關指導與支援。另為期讓學生學會正確的研究方法，該校亦安排SSH自主探究講座，邀請東京大學的教授到該校教導學生研究方法。此外，也著重培養學生的研究成果發表及演示能力，最後需將「自主探究活動」成果透過海報展示等研究發表會活動，來對外發表成果。

3.推動高校與大學的合作（連攜）活動：有關該校與大學合作推動SSH的方式，主要是結合理科課程（如物理、化學、生物），帶高校生至大學與研究人員進行第一線對話，並在大學研究室裡進行簡單的實驗，以提高學生學習興趣與意願。例如該校與「東京農工大學」的合作活動，就是由「東京農工大學」舉辦「專屬高校生的體驗教室」夏季集中講座，並結合該校化學科的課程活動設計，鼓勵學生體驗各種不同主題的學習內容，並讓學生拓展自己的視野。另該校的生物科課程，亦安排至東京醫科齒科大學的研究室進行參訪；此外，該校也邀請東京都醫學綜合研究所的博士，以英語授課方式至該校舉辦分子生物學講座。但是，該校學生並不能直接到大學上課及預修學分。

4.鼓勵學生參加暑期科學營（或實驗講座）：該校安排學生於暑假期間參加科學營的活動，讓高校生透過科學技術體驗的合宿活動，直接體驗尖端科技並相互學習。該校挑選及安排具有先進研究設施及實驗裝置的研究現場，讓學生有機會接觸第一線活躍的研究人員，據以提高學生對科學技術的興趣與熱情。該校於2012年已整理出有關自然科學、科學技術的公立研究機關及民間企業所舉辦的合宿營隊活動計63場次，供學生參考。該校

亦舉辦SSH生物暑期實驗講座，學習解剖海綿動物及棘皮動物，並用顯微鏡觀察其差異，另亦學習製作牙齒的模型，以培養學生對於生物科的學習興趣。

5.安排野外實習及地質巡檢活動：該校安排學生至葉山柴崎海岸及其周邊水域，進行SSH野外實習──「生物臨海實習」活動，透過實物體驗的方式，讓學生學習生物的多樣性、生命的連續性、環境與生物之關聯。另該校亦安排學生至埼玉縣秩父、長瀞附近進行地質巡檢，考察當地的結晶片岩及巨大壺穴；並至上長清的埼玉縣立自然博物館參訪。此外，該校亦安排伊豆大島巡檢活動，讓學生實地觀察三原山噴火口展望臺、溶岩鐘乳口、地層切斷面等獨特地質景觀，並參訪火山博物館。

6.海外科學技術研修及體驗學習：該校每年均安排學生至美國夏威夷群島進行海外科學技術研修，並參觀毛納基山天文臺、火山及植物生態等活動，同時在赴海外研修前也會事先舉辦研修說明會。

7.與國外高校進行科學技術交流：該校舉辦與「韓國京畿科學高校的交流會」，首先透過Skype軟體舉行視訊會議，讓兩校學生進行國際科學技術的交流，並結合海外研修成果進行發表，以增進雙方的交流與理解。後續再正式邀請韓國京畿科學高校至該校參訪，據以增進彼此的科學技術交流及友好互動關係。

8.舉辦校內SSH成果報告會，並參加東京都SSH指定校聯合發表會：該校除每年2月份舉辦全校SSH成果報告會，進行物理、化學、生物、地球科學、資訊等領域的成果發表、赴夏威夷群島海外研修報告及SSH畢業生報告等活動，並開放外界參觀以外，也定期於學校網站對外公告SSH活動訊息（含成果及照

片）。同時，每年12月左右，參與SSH計畫的各個高校，也會定期舉辦SSH成果發表會；例如2013年東京都12所SSH指定校聯合舉辦成果發表會時，該校即進行學生自主探求活動報告、夏威夷群島海外研修報告，以及化學領域口頭發表成果報告等。不過，該校並不需主動輔導其他學校發展為SSH指定校，文部科學省對該校亦無此項要求。

9.邀請SSH營運指導委員，提供科學技術相關建言：該校一年召開3次SSH營運指導委員會議，邀請學識及經驗豐富的學者專家擔任SSH營運指導員，提供科學技術方面的相關建言。

二 超級英語高校

(一)「超級英語高校」推動概況

1. 為期發展出推動學校英語教育的創新案例，日本文部科學省自2002年（平成14年度）起指定以英語教育為重點的高等學校，作為「超級英語高校」（Super English Language High School, SELHi：日文為スーパーイングリッシュランゲージハイスクール）；其相當重視英語教育的課程開發、高校與大學或中學校（即國中）的合作對策及其效果等實踐性的研究（文部科學省，2011）。有關超級英語高校計畫之推動期間為2002至2009年（平成14年度至21年度），共計8年（目前該計畫已結束），累計有169所高校獲選為SELHi指定校。其主要研究課題大致可分為「書寫能力的開發及其指導方法的改善」、「口說能力的開發及其指導方法的改善」、「評價方法的開發（含定期測驗的改善）」、「小學校‧中學校‧高等學校‧大學及外部機關

（外籍英語教師）

之間的合作」等類型（文部科學省，2011）。

　　2. 有關超級英語高校（SELHi指定校）之主要成果如下（文部科學省，2011）：

　（1）學生方面的成果

　　　a. 提升英語溝通能力：

　　　　‧提升聽說讀寫4種技能（亦即提升整體溝通能力）。

　　　　‧提升語彙力等。

　　　b. 提升學習意願及態度：

　　　　‧增加在學期間的英語使用時間。

　　　　‧參加課後英語相關活動（如英語演講比賽）。

　　　　‧獲得校內外各種評價效果之反饋，並提升學習意願。

(2) 學校英語教師方面的成果

    a. 建構學校及學科的共同指導體制：

        · 明確設定目標，並據以作成教學大綱。

        · 促進教材開發與共享。

    b. 提升指導力與改善評價方法：

        · 營運指導委員會（有識者）對於指導方法之改善意見。

        · 英語教師的同儕教學觀摩。

        · 積極參加他校舉辦的授業研究會等。

        · 改善校內評價方法。

        · 基於外部試驗等結果，所帶來的指導方法改善。

    c. 落實英語教學（含研究）之實踐。

    d. 充實教學以外的英語使用環境：

        · 英語校內廣播及海外修學旅行、與外國留學生交流等。

        · 實施校內英語演講比賽等活動。

    e. 課程與教法：

        · 學校英語教學內容與時事議題等結合。

        · 其他相關教學科目（例如生物、地理等），以英語授課。

    f. 全體學校工作之推動：實施全體教職員均需參加的校內研修、指導改善其他教學科目的授課方式等。

(二)「東京都立國際高等學校」在超級英語高校基礎下之推動成果

東京都立國際高等學校（Tokyo Metropolitan Kokusai High School）在2004至2006年期間，獲日本文部科學省指定為「超級英語高校」（SELHi），該校近年來許多推動成果，都是在透過申請指定為SELHi的過程中，逐步發展而來的（莊清寶，2015）。該校為東京都內唯一設置「國際學科」之高校，並發展出外國語、國際理解、課題研究等特色教學科目及課程；同時，該校也是積極招收來自世界各國學生的國際型高校，且其學生入學成績之偏差值亦有不錯表現（註：該校2014年學生入學成績門檻之偏差值為67）。有關東京都立國際高等學校在超級英語高校基礎下之具體推動成果，可綜整如下：

1. **招收許多外國留學生**：該校2014年計有外國留學生82位、海外歸國之日籍學生147位、一般學生507位，全校合計736位學生（其中包括女生587位、男生149位）（東京都立國際高等學校，2014；莊清寶，2015）。

2. **設置「國際學科」**：該校除開設一般高校也有的國語、數學、地理、歷史、理科（物理、化學、生物、地球科學）、保健體育、藝術、家庭等科目的課程外，更因為該校設置「國際學科」的關係，故開設下列專門科目供學生學習（東京都立國際高等學校，2014；莊清寶，2015）：

(1) **英語**：包括綜合英語、英語理解、英語表現、異文化理解、英語會話、時事英語、留學基礎英語、英語長文演習、英文文法演習、英文作文等科目。

(2) 第二外國語：包括德語、法語、西班牙語、中國語、朝鮮語（韓語）等科目。

(3) 國際文憑（International Baccalaureate, IB）入門：包括以英文授課的「比較文化」（Comparative Culture）、「跨文化理解」（Crosscultural Understanding）、「世界史」（World History）、「數學」（Math）、「物理／化學／生物」（Physics/Chemistry/Biology）、「批判性思考」（Critical Mindset）等科目。

(4) 國際理解

  a. 文化理解：包括外國文學、比較文化、日本文化、日本傳統武術、傳統藝能等科目。

  b. 社會理解：包括國際關係、社會生活、地域研究、福祉等科目。

  c. 環境‧表現：包括環境科學、溝通、映像、演劇等科目。

3. 獲認可設置「國際文憑組織高中文憑學程」（International Baccalaureate Diploma Programme, IBDP）

(1) IBDP簡介：國際文憑（IB）的教育，旨在培養熱衷求知、學識豐富、關懷他人的青年，期能透過對跨文化的理解與尊重，引導青年學子創造一個更美好、更和平的世界。IBDP的學生在高中一年級的時候，會參加以英語授課的必修科目（但不包括日語、日本史及體育），至於高中二、三年級則開始修習高中文憑學程（DP）相關科目（莊清寶，2015；Tokyo Metropolitan Kokusai High School, 2016）。DP包括3個必修的核心科目及6個群組

科目如下（莊清寶，2015；Tokyo Metropolitan Kokusai High School, 2016）：

a. 核心科目部分：

- 延伸論文（Extended Essay, EE）：學生進行一個專題研究，並以英文撰寫一份4,000字的論文（或以日文撰寫8,000字的論文）。

- 知識理論（Theory of knowledge, TOK）：TOK要求學生深入探究有關知識的概念與價值。

- 創意、行動、服務（Creativity, Action, Service, CAS）：CAS透過在廣大社群中的體驗與社會活動，來形塑學生的價值觀與信念。

b. 群組科目部分（如表4-1）。

(2) IBDP推動過程及說明：該校於2013年3月獲得東京都教育委員會選定作爲申請「國際文憑組織高中文憑學程」（IBDP）之目標學校，該課程可讓學生取得海外大學的入學資格；該校已於2014年6月成爲IBDP的候補學校，並於2015年5月成爲獲認可設置IBDP之學校（International Baccalaureate Organization, 2017b；Tokyo Metropolitan Kokusai High School, 2014；莊清寶，2015）。截至2016年11月止，日本總計已有28校成爲獲認可設置IBDP之學校（Barnes, 2017）。舉例來說，參加IBDP的學生，高中一年級時會參加以英語進行數學、社會、理科等科目的教學，並自高中二年級起正式接受DP教學課程，接著於高中三年級時（於11月）參加DP教學的統一試驗，據以取得海外大學的入學資格（Tokyo

表4-1　東京都立國際高等學校之IBDP群組科目

群組別	設置科目（預定）
群組1	語言與文學 （Studies in Language and Literature）	英文A：語言與文學 （English A: Language and Literature） 日文A：日本文學 （Japanese A: Japanese Literature）
群組2	語言習得 （Language Acquisition）	英文B（English B）、 日文B（Japanese B）、 日文B基礎班（Japanese B ab initio）
群組3	個人與社會 （Individuals and Societies）	歷史（History）、 地理（Geography）、 經濟（Economics）
群組4	科學 （Science）	物理（Physics）、 化學（Chemistry）、 生物（Biology）
群組5	數學 （Mathematics）	數學（Mathematics）
群組6	選修科目 （Option）	選修科目：來自群組3（不含歷史）或4的科目 （Option: Subjects from Group 3 excluding History and/or 4）

資料來源：譯自*Your Wings to the World: Academic Programme for International Baccalaureate Diploma Programme*, by Tokyo Metropolitan Kokusai High School, 2016, Tokyo, Japan: Author.

Metropolitan Kokusai High School, 2014；莊清寶，2015）。

4. 該校課程與教學特色（東京都立國際高等學校，2014；莊清寶，2015；Tokyo Metropolitan Kokusai High School, 2014）

(1) 該校除招收許多外國留學生外，也聘請許多來自世界各國的外籍教師來教授各國語言（包括德語、法語、西班牙語、中國語、朝鮮語等）。

(2) 直接使用國外出版社的語言教材，雖然教材難度較高，卻可讓學生更直接地接觸各該國家的語言教材。

(3) 該校也透過電腦測驗（包括聽說讀寫）來加強訓練學生的語言能力。

(4) 該校推動的國際教育，除了語言外，更包括文化素養（例如開設比較文化、地域研究、外國文學等課程）。

(5) 該校教師會參加「全國英語教育研究大會」，以提升英語教學專業能力。

(6) 該校所有一年級學生均需參加「英語暑期育樂營」，並有許多校外教學課程（不一定都在教室）。

(7) 該校也舉辦各種外國語言（不只英文）的演講比賽，據以促進對外國文化的理解。

(8) 積極參加國際交流活動：例如2006年代表日本參加青年領袖高峰會，2007年參加模擬聯合國、2008年與美國NASA太空員交流。並積極推動國際修學旅行，例如至韓國仁川外國語高校，與該校學生一起上課、交流，並讓學生參觀自己想去的課程，並獲得成長。

(9) 分組選修課程及個別指導：該校雖然每班以40名學生為上限，但由於該校提供的分組選修課程很多，以致班上往往很難有40名學生，在小班級的環境下，教師更容易在教學時進行個別指導。

超級國際高校

(一)「超級國際高校」推動概況

日本文部科學省自2014年（平成26年度）起推動指定「超級國際高校」（Super Global High School, SGH；日文爲スーパーグローバルハイスクール）之政策；該項政策旨在從高校階段開始培育國際領導者，並培養高校學生對於關心社會課題、溝通能力及問題解決能力等國際素養，以期未來能成爲活躍於國際社會之領導者（文部科學省，2014）。超級國際高校將不再只是推動英語教育而已，更重視培養學生的國際素養，並使其活躍於國際舞臺，同時也很重視與海外大學、國際組織（如OECD等）或國際企業等合作（莊清寶，2015）。有關「超級國際高校」政策之相關機關（構）及學校關係，如圖4-2所示。

超級國際高校之申請對象，爲日本公私立（含國立）高等學校及中高一貫教育學校；且獲指定爲超級國際高校之有效期間爲5年（文部科學省，2014）。日本於2014年、2015年及2016年分別投入8.06億日圓、11億日圓及11億日圓之預算，推動超級國際高校計畫（文部科學省，2014，2016c）。2014至2016年獲文部科學省指定之SGH指定校合計123校（包括國立12校、其他公立73校、私立38校），約占日本全國高校的2.5%；其中2014年指定SGH計56校、2015年指定SGH計56校、2016年指定SGH計11校（2016年共有114校提出申請構想書）（文部科學省，2014，2015，2016b）。由前述數據可知，SGH的申請難度頗高，通常只有國際化程度很高或以外語作爲發展重點的學校，才有機會申請成功。

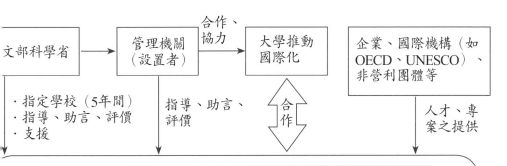

超級國際高校（Super Global High School, SGH）

【主要任務】

· 培養全球領導者的課題研究及相關教育課程之研發、實踐。
· 英語等科目實施集體協作、討論、論文寫作、演講、探究型學習等活動。
· 與企業、海外高中及大學（包括配合UNESCO推動永續發展教育的學校）
  等合作進行課題研究（如國際高度關注的社會課題、當地企業與大學等合
  作探討各國本土化課題），並進行意見交換及國內外田野調查。
· 舉辦以英語等外語發表的課題研究成果發表會。

【與大學合作】

· 由海外歸國或外籍教師及支援英語等外語課程的外籍留學生，指導學生以
  英語等外語進行課題研究。
· 海外田野調查等事項之規劃及其訣竅之傳授。
· 學生學習內容之適當評價。
· 提供可採認學分的高校與大學合作專案。

4-2　日本「超級國際高校」政策之相關機關（構）及學校關係圖

料來源：譯自平成28年度スーパーグローバルハイスクール概要，文部科學省，
　　　　2016c，取自http://www.mext.go.jp/a_menu/kokusai/sgh/__icsFiles/afieldfi
　　　　le/2016/03/31/1368807_01.pdf

有關超級國際高校之主要推動項目如下：(1)培育全球領導者之課題研究及其相關教育課程之研究開發與實踐；(2)分組合作、討論、論文寫作、演講及簡報發表等學習型態之實施（含英語運用）；(3)與國際企業及海外高中或大學合作進行相關課題研究（如國際高度關切之社會課題、當地企業與大學之合作關係等課題），並進行交換意見與實習；(4)舉辦課題研究之成果發表會等（文部科學省，2015）。

有關超級國際高校政策促進大學與高校合作之方式包括：(1)指導相關課題研究，並支援海外歸國暨外國教師派遣及外國留學生相關事宜；(2)辦理拓展國際合作、海外研修企畫及海外培訓工作等事宜；(3)有關學生學習內容適切性之評價及入學制度改善事宜；(4)有關大學與高校合作專案之學分提供與採認事宜（文部科學省，2015）。

(二) 超級國際高校案例：東京工業大學附屬科學技術高等學校

東京工業大學附屬科學技術高等學校（Tokyo Tech High School of Science and Technology）為2015年（平成27年度）獲文部科學省審查通過之SGH指定校，其研究開發構想主題為「具備科學技術素養的全球技術領導者養成教育」，參加對象為全校一至三年級學生共569人（東京工業大學附屬科學技術高等學校，2015）。有關該校推動SGH之具體規劃如下：

1. 目標：培養活躍於國際社會的多樣化人才，培養校內學生的科學技術素養，並大幅強化該校與大學之間的合作教育（即高大連攜教育），實踐「全球技術領導者」（global technical

leaders）專案，期使該校學生未來希望出國留學的人數由10%提升至50%，並致力推廣相關成果（東京工業大學附屬科學技術高等學校，2015）。

2. **研究開發規劃**（東京工業大學附屬科學技術高等學校，2015；Tokyo Tech High School of Science and Technology, 2016）

(1) 在高校階段培養學生「領導者應具備的技巧」（如多樣性包容力、達成目標的能力、凝聚共識的能力）、「地緣政治學的風險迴避能力」、「語言學習能力」（英語溝通能力）等三大能力。

(2) 進行「全球社會與技術」（高一）、「全球社會與技術－進階應用」（高二）兩門新科目的開發與實踐。

(3) 與菲律賓、澳大利亞、沙烏地阿拉伯、美國、中國及蒙古等資源產出國，以及韓國、東亞等地的資源消費國進行國際交流，以探討各種不同的能源與環境問題。

(4) 結合上述能源與環境問題的概念，進行管理及成本效益分析，據以進行「SGH課題研究」（高三）之開發與實踐。

3. **具體作為**（Tokyo Tech High School of Science and Technology, 2016）

(1) 舉辦應用化學、資訊系統、機械系統工程、電力與電子、建築設計等特定領域之專題演講，例如「磁浮理論」專題演講。

(2) 舉辦「全球領導力」（global leadership）之英文專題系列演講。

(3) 爲拓展全球人力資源，該校提供3個主題式的密集課程：「認識中東與中亞」、「伊斯蘭文化研究」及「全球意識」。

(4) 進行資訊系統、機械系統工程、電力與電子、建築設計等領域之各項「課題研究」，例如「有關火車使用磁浮系統之研究」（Research on the Train Using Electromagnetic Levitation System）。

(5) 安排實地考察：參訪三菱未來工業博物館（Mitsubishi Minatomirai Industrial Museum），並分組進行各自計畫的課程。

(6) 舉辦國際交流：例如舉辦「菲律賓國際交流研究之旅」，前往菲律賓德拉薩大學（De La Salle University），從全球觀點探討能源與環境議題並進行田野調查；另亦舉辦「伯斯·澳洲國際交流研究之旅」，前往澳洲伯斯（Perth）市，與塞西爾安德魯斯高中（Cecil Andrews Senior High School）進行能源與環境議題之國際交流與田野研究等。

4. 成果推廣方式（東京工業大學附屬科學技術高等學校，2015）

(1) 校內實施公開授課，讓家長可觀課。

(2) 試辦將本開發科目，提供中學生體驗入學。

(3) 舉辦SGH研究開發期中報告及成果報告會等公開發表活動。

(4) 新教材與新指導法的開發，透過數位資料記錄的方式予以累積與編輯，進行一系列的檔案製作，整理爲

「TokyoTech SGH檔案」，並善用ICT（資通訊科技），
普及相關成果。

英、美、日之學校特色創新整體發展趨勢

　　由英國、美國及日本對於學校特色創新推動之相關措施，可
歸納出這些國家的主要發展趨勢如下：

一　強調公私協力的教育創新，並賦予學校更多辦學彈性與自主權

　　英、美等國家因為1973年石油危機、接踵而至的政府財
政短缺、公共問題複雜性與專業性漸增等影響，促使公私協力
（public-private partnership）的觀念自1970年代末期以來逐漸
萌芽（林惠華，2002）。所謂「公私協力」是指公部門與民間
組織（或團體、機構）之間建立共同合作關係，藉由民間的力
量來達成公務的執行，一方面可節省成本的支出；一方面可增
進公共服務的效率（蔡文堂，2007）。有關美國自1992年出現
的「特許學校」，在美國教育部於1994年依中小學教育法訂定
「特許學校計畫」以後已陸續推廣（Rebarber & Zgainer, 2014;
U.S. Department of Education, 2014b）。而特許學校就是在法
律授權下，由經審核通過之私人或團體加以興辦，並由政府負
擔其教育經費；其可不受一般教育行政法規之限制，並可依學
生需求制定不同課程與經營模式（秦夢群，2014）。美國的特
許學校數量每年穩定地成長，至2016學年度約可達到6,939校

（National Alliance for Public Charter Schools, 2017）。至於英國，也在2010年制定「公辦民營學校法」以後，開始大量設立「公辦民營學校」，這類學校具有不受地方教育局管控的獨立性、可自行決定採行哪些課程（不需完全遵循國定課程）、可自行設定教職員的薪資待遇、可自行調整上學日數及學期長度等優勢（Department for Education, 2013, 2015）。至2017年1月止，英國各級公辦民營學校的總數已增加至6,399校（Department for Education, 2017b）。至於英國自2011年起陸續設立的「自主學校」（含「工作坊學校」），也都屬於公辦民營學校的一種型態。截至2017年9月止，總計有473所自主學校（含36個工作坊學校）（Department for Education, 2017a）。綜上可知，不論是美國的「特許學校」或英國的「公辦民營學校」、「自主學校」及「工作坊學校」，都是透過公私協力的方式發展出新興學校型態，使得學校得以突破許多傳統教育法規的限制，並爲學校爭取到更多辦學彈性與自主權，進而達到增進公共服務的效率與節省成本支出之目標。

二 重視各校重點領域與特色課程，並透過重點學校進行示範推廣

美國於1960年代末期開始推動「磁性學校」，便是希望透過提供特色課程，據以吸引不同種族背景的學生前來就讀（Chen, 2015; U.S. Department of Education, 2017a）。磁性學校通常聚焦於一個主題與一貫化課程，並提供各種不同範圍的特色教育計畫；有些磁性學校強調學科表現（例如：科學、技術、工程與數學、各國語言學習、視覺與表演藝術、人文學科

等），其餘磁性學校則採用特色教學方式（例如：基於國際學位相關學程或大學先修學程之教學方法、強化國際研究或技職教育等）（Magnet Schools of America, 2013b; U.S. Department of Education, 2017a）。而英國於1994至2010年推動的「學科重點學校計畫」，也旨在協助學校發展特定優勢並擇定專門領域提升水準；所有英國公立中等學校均可從藝術、商業與企業、工程、人文、語言、數理與計算、音樂、科學、運動、技術等10個專門領域中，擇定一個以上的專門領域申請成為「學科重點學校」（Ofsted, 2009; Politics.co.uk, 2015）。至於日本推動的「超級科學高校」、「超級英語高校」及「超級國際高校」等政策，也旨在引導各校依據其條件或優勢，分別發展「科學技術、理科與數學教育」、「英語」或「國際教育」作為重點項目，並藉由向文部科學省申請認可為指定校的過程，成為各該項目的重點學校；而成為「超級科學高校」、「超級英語高校」或「超級國際高校」者，也必須參加成果發表會，以促進其成果推廣與普及（文部科學省，2015；莊清寶，2015）。由上述美國的「磁性學校」、英國的「學科重點學校」、日本的「超級科學高校」、「超級英語高校」與「超級國際高校」之發展趨勢與經驗，可知這些國家都很重視鼓勵各校發展不同的重點領域與特色課程，以引導各校依據自己的條件與適合的招生市場定位，找出自己的辦學優勢與特點；同時，也藉由重點學校的形成與其發展成果，作為對外示範與擴大推廣之基礎。

在高級中等學校階段推動務實致用的技職教育，以與就業接軌

　　英國推動的「工作坊學校」，招收14歲至19歲學生，這類學校會選定一個專門領域（如美容美髮、建築、餐飲、多媒體、科學、技術、工程、數學、商業、金融或運動等），並關注實務操作、專業與帶得走的就業技能，同時使學生獲得很強的英文、數學及科學基礎（Department for Education, 2013, 2015）；工作坊學校強調小班制教育及個人化的因材施教，每位學生都有一位專屬的師傅，並且真正與當地產業和企業結合，其成立型態幾乎都是依照該郡或鄉鎮的特色產業，去設計該工作坊學校的技職教育重點與型態（駐英國代表處教育組，2013）；工作坊學校也邀請雇主參與課程規劃並提供工作經驗及指導，以確保學生可獲得一般雇主所需的技能；且學生每週也會一部分時間成為地方企業的員工，其中超過16歲的學生通常可獲得該工作應有的實際薪資（Department for Education, 2013）。至於美國的「磁性學校」，也會提供不同主題及其一貫性課程的特色教育計畫，其中更有部分學校採用技職教育或「微型社會」方面的特色教學方法，以吸引夥伴學區內的其他學生前來就讀（Magnet Schools of America, 2013b; U.S. Department of Education, 2017a）；例如：實施「微型社會」的學校，可能將教室改為商店等實習場所，並依其發展重點提供各種不同類型工作（如銀行職員、麵包師傅等），讓學生挑選（或分配到）一份工作，透過課程與真實世界（亦即生活）的連結、實際動手做、跨世代與跨行業的交流、個人化的學習等方式，讓學生找到學習的熱情，並將所學知識應用

於日常生活中（Cherniss, 2005; MicroSociety, 2017）。由上述英國「工作坊學校」及美國「磁性學校」之推動內容可知，高級中等學校可透過推動務實致用的技職教育，並與就業接軌，以發展辦學特色，並吸引學生前來就讀。當多數學校都追求學生在傳統學術科目的成績表現時，強調技職教育的「工作坊學校」與「磁性學校」，正可以吸引到不擅長傳統學術科目、但具技藝（能）專長或性向的學生，據以開拓新的市場與顧客需求，甚至形成「破壞性創新」的效果，使得這類學校在新市場受到歡迎並具有重要的一席之地。

四　追求卓越與均等，兼顧提升教育績效與縮短教育落差

美國的「藍帶學校」，就是以卓越及均等為核心理念（吳清山、林天祐，2003b）；分別針對整體學業成績具有卓越表現的「績效卓越典範學校」，以及縮短弱勢學生學業成就落差之進步情形較佳的「縮短學業成就落差典範學校」，頒給全國藍帶學校獎的殊榮（包括一面獎牌與一個旗幟）；1982至2017年期間，獲得全國藍帶學校獎的學校更累計已超過8,500校（U.S. Department of Education, 2017b）。而美國教育部更發現「追求卓越的創新」及「促進均等」，均為成功的磁性高級中等學校常見的共同要素與策略之一（U.S. Department of Education, Office of Innovation and Improvement, 2008）；且多數「磁性學校」在閱讀成績、數學成績與縮短學業成就落差等方面均普遍優於其他學校，並可透過提供特色課程，吸引不同弱勢族群背景的學生前來就讀（U.S. Department of Education, 2017a）。此外，英國推

動的「公辦民營學校」，也非常重視學校辦學績效與學生成績的改善。例如英國教育部表示已有許多研究證據顯示，公辦民營學校享有的辦學自由，已明顯帶來學生表現的改善；在2011年及2012年，由創辦人新設的公辦民營學校之GCSE成績進步情形，普遍比其他中央補助的學校更為快速（Department for Education, 2013）。而且，英國教育部對於公辦民營學校之政策發展方向，更包括將績效較差的學校媒合給優良創辦人經營，以及鼓勵績效卓越的公辦民營學校與績效較差的公辦民營學校共同合作，據以提高水準（Department for Education, 2015）。綜上可知，有關英、美許多特殊（或新興）學校型態與評選機制的誕生，普遍都是以追求「卓越」或「均等」為核心，期能使學校辦學績效變得更好，或更符合教育機會均等與社會正義之理念及目標。

㈤ 深耕國際教育，重視學生國際素養與接軌國際

日本近年來非常重視國際化教育相關課題，不僅文部科學省於2002至2009年期間推動「超級英語高校」（SELHi）政策，總計指定169校成為SELHi，以鼓勵高級中等學校重視英語教育之課程開發與相關研究，並提升國際通用語言——英語之學習效果（文部科學省，2011）。文部科學省更自2014年起推動「超級國際高校」（SGH）政策，該政策不再只是推動英語教育而已，更希望能從高級中等學校階段開始培育國際領導者，並培養學生關心社會課題、溝通能力及問題解決能力等國際素養，以期未來能成為活躍於國際社會之領導者（文部科學省，2014；莊清寶，2015）。2014至2016年合計有123校獲文部科學省指定為SGH，其主要推動項目包括培育全球領導者之課題研究與

教育課程研發、運用英語進行論文寫作或簡報發表、與國際企業及海外高中或大學合作進行相關課題研究（或實習）等（文部科學省，2015，2016b）。此外，截至2016年11月止，日本總計已有28校獲國際文憑組織認可設置「國際文憑組織高中文憑學程」，據以使學生獲得與國際接軌的學習內容，同時取得海外大學的入學資格（Barnes, 2017）。另美國亦有部分「磁性學校」，係以強化國際研究或採用基於國際文憑相關學程之特色教學方式為主（Magnet Schools of America, 2013b; U.S. Department of Education, 2017a）。又截至2016年11月止，美國已有890校經認可設置「國際文憑組織高中文憑學程」（Barnes, 2017）；可見美國本身對於學習與國際接軌之教育內容亦非常重視。綜上可知，日本與美國等國家均積極推廣國際教育，同時重視培養學生國際素養，並使其學習內容能與國際接軌。

（六）強調外部資源連結與互動

英國中小學申請「學科重點學校」計畫補助款之條件之一，即包括已向私部門企業雇主募款達5萬英鎊；且推動學科重點學校之目標，亦包括為學區內的其他學校與社區帶來助益（例如與夥伴學校合作、與地方企業或雇主等地方社群合作等）、強化學校與私部門或公益資助人之間的連結及關係等（Ofsted, 2009; Politics.co.uk, 2015）。且英國的「公辦民營學校」、「自主學校」、「工作坊學校」及美國的「特許學校」，更是希望藉由公私協力的合作模式，引進民間資源以節省辦學成本支出，並增進公共服務的效率。而美國的「磁性學校」引以為傲之處，更在於有更多父母及社區參與、創造具社區共識的專業化計畫等

（Magnet Schools of America, 2013b）；同時，「打造社區夥伴關係」（包含社區、家庭、大學與企業夥伴），亦被美國教育部視為成功的磁性高級中等學校常見的共同要素與策略之一（U.S. Department of Education, Office of Innovation and Improvement, 2008）。此外，日本「超級科學高校」的推動策略之一，即包括推動高級中等學校與大學的合作活動。其中如東京都立日比谷高等學校的生物科課程安排學生至東京醫科齒科大學的研究室進參訪（東京都立日比谷高等學校，2017a）。而日本「超級英語高校」的主要研究課題之一，亦包括「小學校・中學校・高等學校・大學及外部機關之間的合作」之類型（文部科學省，2011）。至於日本「超級國際高校」促進高級中等學校與大學合作之方式，更包括有關高校與大學合作專案之學分提供與採認事宜、指導相關課題研究並支援海外歸國暨外國教師等派遣及外國留學生相關事宜等（文部科學省，2015）。由此可知，英國、美國及日本推動的各種學校特色創新措施，大多強調學校與外部資源的連結及互動，以期為學校引進更多的教育資源，進而促進學校辦學品質之提升。

Chapter 5

中小學特色發展之創新策略與措施

　　中小學為期在少子女化及激烈的招生競爭中找到出路，應持續進行創新研發，並且不斷推陳出新，以發展出具有創意的特色。然而，為避免「創新」與「特色」對學校而言太過抽象，若能適度提供具體措施案例，應有助於學校理解並激發更多創新作為。因此，本章將先探討中小學可運用哪些創新策略，來發展出與眾不同的特色；接著，再提出具體創新措施案例，供學校作為激發創意及發展特色之參考。

第一節　中小學特色發展之創新策略

　　有鑒於臺灣的國中畢業生考取高級中等學校之升學率，自2000學年度起均已超過95%（教育部，2011）；復為因應十二年國教時代之來臨，若仍像過去一樣只以「高升學率」作為認定好學校之標準，則終究只有少數學校能符合這樣的條件，在造就少數菁英學生高分神話的同時，其實這樣的制度設計，也不免會將其餘多數學生推向「魯蛇」（loser，亦即失敗者）的境地。然而，當政府決定扛下十二年國教之重任時，不僅需顧慮到所有不同專長與能力的學生之適性發展，同時更應以成就每一個孩子為目標，才能貼近國民教育之精神與真義。因此，就政策規劃方向而言，政府確實應讓更多學生有機會就讀量多質佳、各具特色，並具優質形象的好學校，而非只侷限於關注少數菁英學生如何爭相就讀數量有限的明星高中之問題。

　　儘管教育部指出截至2016年12月31日止，全國經認證為「優質高級中等學校」之比率已達80.8%（教育部，2017b）；許多

家長團體及教師團體代表卻普遍認為教育部認證通過的優質高級中等學校，與一般民眾（尤其是學生及家長）的認知落差很大（林曉雲、邱紹雯，2013；陳至中，2013；陳智華，2013）。而學生及家長無法認同優質高級中等學校的一個重要原因，就是說不出來這些學校究竟好在哪裡。因此，學校若未致力於發展特色並持續追求創新，找出令外界印象深刻並可吸引學生就讀的賣點，則即使政府再三掛保證，學生及家長依舊難以信賴學校的辦學品質。

為確保學校能不斷推出與眾不同的新特色，學校應透過各種可行的創新策略，持續進行創新研發，使學校特色得以永續發展並精益求精。有關中小學特色發展之創新策略如下：

一　發展及運用創意管理工具

本書建議採用各種創意管理工具，以期系統化地整理各種創新構想。例如：

(一) 善用「心智圖法」，將創新思維過程圖像化

心智圖法（mind mapping），又譯作「思維導圖」或「心智構圖」，是T. Buzan（博贊）於1970年代所發明的腦力開發技巧，主要是以圖解心像聯想技術開啟人類左右腦潛能，也就是將放射性思考具體化的方法（吳武雄，2007）。至於心智圖（mind map）則是一種網狀圖，可用來收存及組織資訊，並依重要性排序；其藉由運用某些關鍵（或有助於聯想）的詞彙及圖像，以喚起特定記憶，並激勵成員提出新的創意點子與概念（Buzan, 2007）。簡言之，心智圖是一種放射性思考的圖形化

表現，而放射性思考正是人類大腦思考並產生創意的過程（T. Buzan & B. Buzan, 2000）。若要嚴格區分，心智圖法是指運用關鍵詞、樹狀結構與網狀脈絡、顏色與圖像四大要素來組織概念、呈現知識的過程；至心智圖則指最後完成的那張視覺化放射狀組織圖（孫易新，2014）。學校可善用心智圖法，將創新思維過程圖像化，以期有系統地整理各種學校特色發展的創新構想，促進創新理念的付諸實踐。

心智圖法可將主題具象化，以一個主題為中心概念，再從中心分枝，連接其相關的概念，如此不斷的擴散（吳武雄，2007）。其中每個線條上只寫一個關鍵詞，透過線條顏色表達感覺，並加上彩色插圖來突顯重點，以啟發創意思考及強化對內容的記憶（孫易新，2014）。換言之，心智圖可藉由顏色、更多圖片及維度（使文字或圖像3D化）變得更豐富、更有創意；並增加特殊編碼或各種分類特徵，使其風格更加獨特（T. Buzan & B. Buzan, 2000）。整體來說，心智圖法具有專注焦點、創意捕捉、思維聯想、樹狀結構（層次井然）、雷達掃瞄（全面監控）、圖像記憶等功能（艾思邁資訊科技有限公司，2016）。心智圖可透過下列方式激發創造性思考，包括：發掘既定主題的各種創造可能性、釐清有關主題的過去假設、產生可引發特定行動的創意、創造新概念架構、捕捉及發展一閃而過的靈感、創意規劃等（T. Buzan & B. Buzan, 2000）。

目前可用於心智圖法的軟體眾多，例如XMind、FreeMind、Mindjet MindManager、iMindMap等軟體。其中XMind分為免費的Free（開放源碼）版，以及其餘需付費的Plus（加強版）、Pro（專業版）、Pro Subscription（訂用版）等版本，由於XMind Free版已具有操作簡便、界面美觀、速度快、基本功能健全

.

等優點，且已有許多網站提供XMind操作教學的文件檔（例如「XMind 操作功能說明中心」，網址爲http://actsmind.com/XMindHelpCenter/），並已逐步推廣於校園教學；因此，心智圖法及XMind等軟體，應有助於學校師生進行創新研發，並作爲學校不斷開拓新特色的重要工具。

(二) 運用「學校特色創新研發檢核表」，發掘創新提案

1950年代初期，美國學者A. Osborn（奧斯本）設計一種檢核表，列出各種激發新創意的方法，該表稱爲「奧斯本檢核表」（方淑惠譯，2012）。有關奧斯本檢核表的檢核方向主要分爲下列9項：(1)是否有其他用途？(2)能否應用其他構想？(3)能否修改原物特性？(4)可否增加些什麼？(5)可否減少些什麼？(6)可否以其他東西代替？(7)可否替換？(8)可否以相反的作用／方向作分析？(9)可否重新組合？（引自陳龍安，2005）。前述檢核表，後來歷經許多不同版本的修正，例如M. Pricken曾針對奧斯本檢核表進行更細緻而廣泛的擴充（詳細資料請參閱：方淑惠譯，2012，頁237）。至於R. F. Eberle亦據以發展出「奔馳法」（SCAMPER）的檢核表，包括Substitute（替代）、Combine（合併）、Adapt（調適）、Modify/Magnify（修改）、Put to other uses（其他用途）、Eliminate（消除）、Re-arrange（重排）/ Reverse（顛倒）（詳細資料請參閱：陳龍安，2005，頁239）。

許多學校雖有心想發展辦學特色，卻常常不知從何著手；爲期引導學校激發更多有創意的特色措施，本書參考上述檢核表的作法，發展出可供教育界參考使用的「學校特色發展之創新研發檢核表」如表5-1所示。

表5-1　學校特色發展之創新研發檢核表

檢核項目	檢核重點
在地特色	有特定地方產業聚落？有自然生態景觀？有歷史人文遺產？有特色美食？多數學生及家長社經背景與需求為何？
核心價值	更卓越？更符合公平正義？更便利？更安全？美觀？符合國際潮流？符合實際需要？尊重多元價值？
法規彈性	可排除法規限制（如課程綱要）？可在法規授權範圍內彈性調整？可修法？
服務對象（或適用範圍）	服務對象（或適用範圍）可擴大？可縮小？可調整對象？如何對受害者提供補償措施或因應方案？與受益者之間如何落實利益迴避原則？
辦理方式	由學校自辦？可委外辦理？可透過公私協力（或公辦民營）方式辦理？
人力資源	可由現有人力負擔？可增聘契僱（或派遣）人力？可招募志工？可引進替代役？可聘工讀生？如何培訓成員創新能力或專業技能？如何讓成員接納及傳播創新的價值與理念？
服務流程	需臨櫃申辦？可線上申辦？可郵寄申辦？可簡化流程？可精簡申請表件內容？作業流程可標準化？
服務地點	限於辦公室提供服務？可與超商結合？可與金融機構（郵局等）結合？可善用閒置校舍或空餘教室？可在家自學？可提供雲端服務？
服務時間	服務時間可延長（夜間或例假日）？可彈性調整（午休時間輪班／彈性上下班／彈性上學與放學）？如何縮短服務時程（減少等待時間）？
獎助學金／工讀費	可增加？可減少？可提早發放？可延後發放？可排富？可吸引特定對象（或族群）？

檢核項目	檢核重點
獎懲工具	可記功嘉獎（或記過申誡）？可頒發獎狀？可舉辦頒獎典禮表揚？可進行品質認證（或評鑑）？可頒發獎金、津貼或減免支出（或罰款、減薪）？可登錄服務學習（或研習）時數？可列入陞遷（或報考主任、校長）積分計算？
環境設施	多功能化？更便利？更舒適？更美觀？更引人注目？更安全？更新穎？更符合地方特色？更實用？可發展創新基地（或實驗室）？
課程設計	可角色翻轉？如何激發學生學習興趣？更實用（或生活化）？能結合地方特色？更豐富（或多元）？更精簡？可結合戶外教學？可結合資通訊科技？
教學與師資	如何帶動教師專業成長？可引進業師（業界專家協同授課）？可由志工協同教學？可運用教育替代役？可安排雙教師授課（如本國籍英語教師及外國籍英語教學助理協同教學）？可鼓勵優秀學生認輔弱勢學生？
學生活動	可結合現有節慶或創造新節慶舉辦活動？可發展特色社團？可辦理各類創新基地參訪活動？可辦理校際或國際交流活動？
經費來源	由學校年度預算支應？可爭取政府補助？可向民間企業或家長募款？可促進民間參與（如BOT等）？可使用者付費？可撙節開支？
策略聯盟	可與其他學校結盟？可與社教機構結盟？可與民間組織或企業結盟（或產學合作）？可與政府機關結盟？場地資源可共享？人力可交互支援？可聯合舉辦活動？可共同完成某項專案？
溝通與行銷	如何透過網路新媒體宣傳（如LINE、Facebook、YouTube）？如何吸引媒體記者主動採訪？如何製作懶人包或說帖？如何提高知名度（包括製造話題）？如何感動他人？如何受到認同與肯定？如何建立優質品牌形象？

資料來源：作者整理。

(三) 使用創新元素檢核表確認學校特色措施是否符合創新意義

　　由於並非所有的改變，都能稱得上「創新」。為確認學校所提出的各種特色措施，能符合「創新」的意義與價值！本書前已於第一章第一節提出創新元素與其相關意涵，亦即一個新事物或行動應具備「新奇性」、「獨特性」及「變化性」3個核心元素，才能稱為「創新」；並且應再具備至少1個以上的增強元素（如趣味性、理想性、實用性、經濟性、感動性、話題性、領先性、喜好性），才能使該項創新變得有價值、引起關注、受歡迎、獲得社會大眾認同與肯定、對外擴散或發揚光大。本書依據上述創新元素的概念發展出「創新元素檢核表」（如表5-2），以期作為確認學校特色措施是否符合創新的意義與價值之主要工具。

表5-2　創新元素檢核表

元素別　項目	核心元素			增強元素							
	新奇性	獨特性	變化性	趣味性	理想性	實用性	經濟性	感動性	話題性	領先性	喜好性
項目1											
項目2											
項目3											
項目4											
項目5											

註：本表所列「理想性」，指理想性／美感性；「經濟性」，指經濟性／簡便性；「話題性」，指話題性／隱喻性；「領先性」，指領先性／對比性。

二 建構創新學習社群，即時分享創意新知

　　爲培養學校團隊成員對於創新的敏感度及激發創意靈感，學校可考慮透過網路新媒體（如Facebook或LINE等），建立「創新學習社群」，並廣泛邀請教職員、學生及家長參加，透過團隊合作的力量，持續蒐集與即時分享各種創意新知（包括國外或其他特色學校的創新作法等），使得社群成員們能夠提高對於創新事物的接受度，進而成爲推動學校特色發展的種子與動力。同時，也可定期舉辦工作坊活動，讓社群成員們適時發表創意新知的資訊蒐集成果（例如英國自主學校的案例介紹），彼此進行討論，凝聚團隊意識，並帶動社群專業成長。另可邀請各領域的創新大師（例如廣告設計的創意專家、虛擬實境研發工程師、文化創意工作者、標竿特色學校的校長、擅長翻轉教室的教師等）蒞校演講，或擔任座談會的外部學者專家，以期爲社群帶來不同角度的創意啓發，並持續不斷精進成長。而創新學習社群成員在參加上開工作坊或聆聽創新大師演講後的心得與創意啓發成果，也可持續透過網路新媒體進行即時性的傳播與分享，進而不斷帶動團隊成員的學習與成長。

三 建置主題式的「創新網路論壇」，持續蒐集需求與創新構想

　　網路論壇的優勢在於較容易進行主題式的討論，並進行有系統、架構化的整理，使議題討論可以更聚焦。因此，學校可透過建置主題式的「創新網路論壇」，持續蒐集學校教職員、學生、家長、社區居民等各種不同需求與創新構想（idea）。例如：學

校可在「創新網路論壇」中，再分別開設「行政管理創新」、「環境設施創新」、「課程教學創新」、「學生展能創新」、「公關資源創新」等不同主題的討論區或版面，開放讓教職員、學生、家長、社區居民等不同群體表達需求或提出創新構想，由校長適時參與討論或回應意見，並可邀請具相關專長的學校教職員或家長志工擔任版主協助管理，訂定適當版規（包括開放自由討論、不涉人身攻擊及鼓勵建設性發言機制等）；同時針對其中較精彩的討論內容整理爲「精華區」，幫助學校有系統地蒐集各種特色發展方向的創新構想，期能由下而上傾聽各種需求，透過集思廣益、共同思考的過程，以創新方法解決實際問題。

（四）定期舉辦學校特色「腦力激盪」小組會議

腦力激盪（brainstorming）是由A. Osborn（奧斯本）所發明，Osborn於1939年擔任廣告公司經理時，爲了舉行集體獻策的會議，而採用這種有組織地提建議的方法，當時該會議被稱爲「閃電構思會議」（陳龍安，2005）。所謂「腦力激盪」，是指一群人或個人運用腦力，作創造性思考，在短期內對問題解決提出大量構想的技巧（吳明雄，1992）。由於每個人的專業背景、角色立場與個人經驗多半有所不同，若學校特色的研擬過程只由教職員進行象牙塔式的封閉討論，往往很難獲得具創新性、有價值的建設性意見；因此，學校應考慮定期舉辦學校特色「腦力激盪」小組會議，並納入不同專業領域及角色的成員，以期整合不同專業知識、角色立場及多元經驗，進而激發出具創新意義與價值的學校特色構想。有關腦力激盪小組成員以男女混合、異質性分組較適合，人數不宜過多，且主持人須能帶動小組熱烈討

論的氣氛（江淑亞，2005）。至於腦力激盪的實施過程，則必須遵守拒絕批評、歡迎自由聯想、意見越多越好、可組合改進別人意見等四個原則（陳龍安，2005）。藉由上述「腦力激盪」小組會議的推動過程，可啓發學校教職員的創意思維，使成員相互學習與成長，透過集思廣益讓特色構想更爲周延可行，並促進各種問題之有效解決，同時也可透過參與過程，增進學校教職員、學生、家長及社區居民間之意見與情感交流。

五 建立創新研發基地（或實驗室）

爲彰顯學校對於創新的重視，並提供教職員及學生學習如何進行創新實作的專屬空間，學校可善用近年來因少子女化可釋出的閒置校舍或空餘教室，或重新調配教室空間，據以建立創新研發基地（或實驗室）。該基地（或實驗室）可布置涉及「創新」的相關圖書、器材（如3D列印設備）、具上網功能的電腦（其中建立相關創新網站或平臺的連結）、組合式會議桌（用於小組討論或個別實作）等圖儀設備；再結合校內社團活動或相關課程設計，由具創新專長或經驗的老師（或業界實務工作者），帶動其他校內教職員或學生，定期依照各自興趣或專長進行創新研發與實作，以期透過創新環境的營造，增進教職員與學生對於創新的興趣與經驗，同時透過團隊合作與交流討論的過程，共同排除創新過程所遭遇的各種困難，促使各種創新構想能付諸實現。

六 舉辦以「學校特色」爲主軸的全校性創新提案競賽

爲使學校特色發展更多元，鼓勵全校師生參與並激發創意，可舉辦以「學校特色」爲主軸的全校性創新提案競賽，其中

可分為「創意點子組」、「創新作品組」等組別，並得視需要再分為個人組、團體組。有關「創意點子組」，旨在鼓勵校內師生對於「學校特色」的具體措施提出可行的創新構想與提案；至於「創新作品組」，則旨在引導校內師生針對校園公共藝術、空間美化或活化，或課程與教學活動設計等，結合在地產業或自然、人文特色，發展出實際創新作品或行動，以促進學校特色的多元發展。其評分基準主要可包括創新性、價值性、可行性、受歡迎度（或議題討論熱度）等，並邀請具公信力的外部學者專家擔任評審委員。有關創意點子組部分，也可評估結合前述創新學習社群、主題式創新網路論壇等機制之可行性，據以了解各該創意點子是否可獲得正面迴響（如較高的臉書按讚數、論壇推文數等），同時也提高前述社群與論壇的使用者參與度。至於「創新作品組」部分，也可鼓勵師生善用校內的創新研發基地（或實驗室），藉由具輔助功能的環境設備，協助師生做出更具特色的作品，同時也增進該基地（或實驗室）的使用率。此外，有關全校性創新提案競賽的獎品（或獎金），若學校預算有所不足，則可考量透過企業贊助或家長會捐贈收入等方式來加以提供。

㈦ 結合學校創新節慶活動，舉辦創新成果聯展

學校可擇定具特殊意義的日子，舉辦該校具在地特色的創新節慶系列活動，其中除可展示先前全校性創新提案競賽之優秀得獎提案或作品外，更可邀請其他學校（或社教機構）的創新作品前來參展，據以舉辦創新成果聯展，廣邀校內師生、學生家長、社區居民、其他學校師生、觀光客或對創新感興趣的民眾前來參

觀，以期藉此形塑校園創新風氣與文化，並進而對外行銷或推廣。

㈧ 舉辦有關創新的參訪或跨域交流活動

由於學校教職員多半為教育專業背景出身，學生的生活經驗也非常有限，因此，為啟發教職員與學生的創新構想，發展多元化、突破統教育思維的學校特色，學校可考量定期安排教職員及學生至具創新成果的國內外機構（例如推廣創新的民間協會或研發新興技術的企業）與學校參訪或進行跨域交流，以期學習其他機構、學校的創新思維與作法。所謂「讀萬卷書，不如行萬里路」，許多機構、學校的特色與優點，並非言語所能輕易描繪的，必須親自到現場了解與參訪，才能真正感受其創新背後的意涵，進而借鏡這些成功創新案例的經驗與作法，開拓學校師生的宏觀視野。

第二節 中小學特色發展之具體措施案例

為期啟發中小學發展各種特色之創新構想，並協助學校找到各自的重點發展特色，從而找出吸引學生就讀的誘因與賣點，提升各校的招生競爭力並引導學生就近入學，本書透過參考學校特色與創新之相關理論，探討英、美、日等國家對於發展學校特色之相關政策發展趨勢，並廣泛蒐集許多學校特色之創新案例後，分別透過「行政管理」、「環境設施」、「課程教學」、「學生展能」、「公關資源」五個層面，提出中小學特色發展之具體措

施案例如圖5-1所示，並說明如下：

行政管理層面

(一) 通過國際級品質認證

　　由於目前國內中小學辦學品質通過相關國際認證之校數為數不多，為彰顯學校辦學品質優良，有別於其他一般學校的水準，學校可嘗試申請各種國際認證，以展現學校辦學成效達國際級水準之特色，並增進學生及家長對學校的信心，提升學校招生競爭力。目前國內中小學曾申請過之國際級品質認證，可舉例說明如下：

1.服務品質通過ISO9001國際品質管理系統標準

　　ISO是國際標準化組織（International Organization for Standardization）的簡稱，而ISO9001則是一套知名的國際品質管理系統的檢驗標準與工具。臺灣已有高雄市私立復華高級中學、臺南市私立港明高級中學等學校通過上開ISO9001認證（高雄市私立復華高級中學，2010；黃芳祿，2011）。學校可透過通過ISO9001國際品質管理系統標準，來彰顯其服務品質已達國際標準之認證，增進學生及家長對於該校服務品質之信心。

2.通過健康促進學校國際認證

　　臺灣已依世界衛生組織（World Health Organization, WHO）公布之「健康促進學校發展綱領——行動架構」研訂健康促進學校認證標準，並已分別於2012年、2014年及2016年辦理三次健康促進學校國際認證；其旨在落實學校衛生政策，結合師生共識與社區參與，提供健康服務，以建構健康生活的校園環境，增進兒童及青少年整體健康（衛生福利部國民健康署，2017a）。以

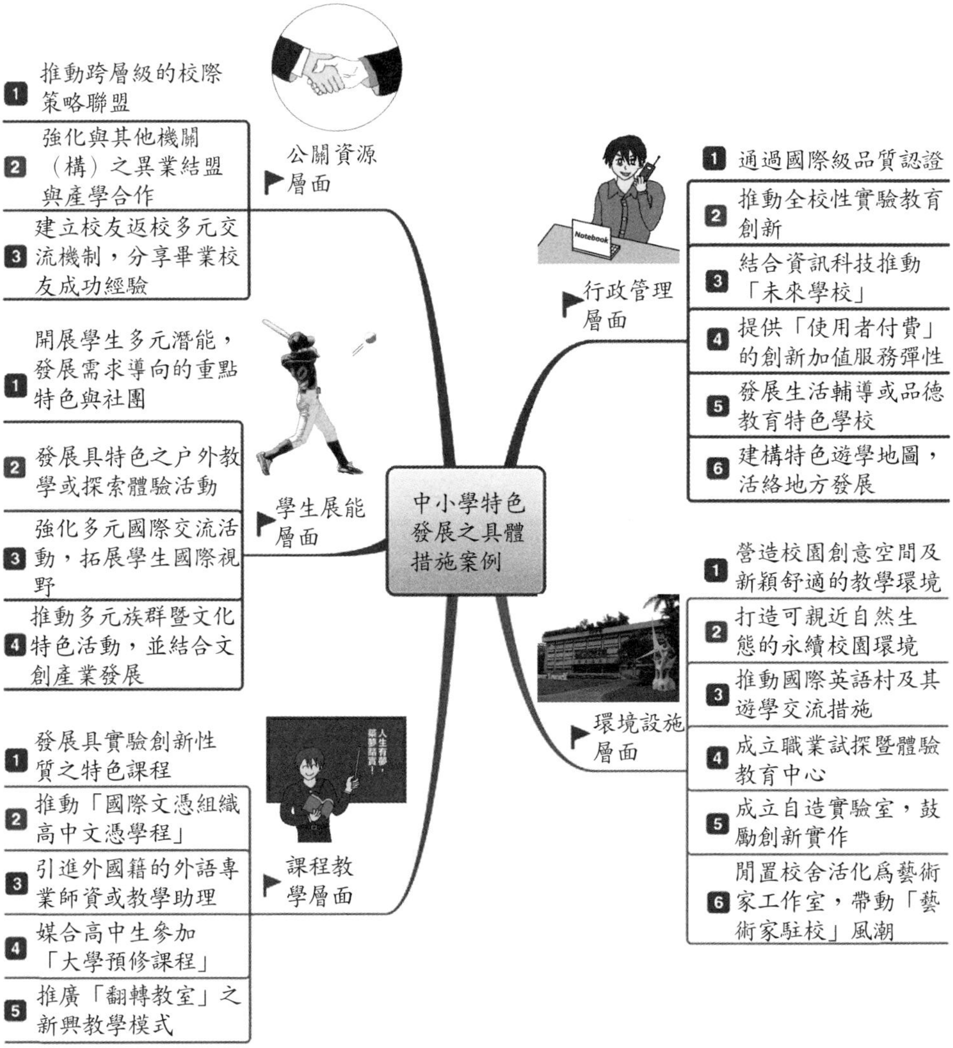

推動跨層級的校際
1 策略聯盟

強化與其他機關
2 （構）之異業結盟
與產學合作

建立校友返校多元交
3 流機制，分享畢業校
友成功經驗

公關資源
▶層面

行政管理
▶層面

1 通過國際級品質認證

推動全校性實驗教育
2 創新

結合資訊科技推動
3 「未來學校」

提供「使用者付費」
4 的創新加值服務彈性

發展生活輔導或品德
5 教育特色學校

建構特色遊學地圖，
6 活絡地方發展

開展學生多元潛能，
1 發展需求導向的重點
特色與社團

發展具特色之戶外教
2 學或探索體驗活動

強化多元國際交流活
3 動，拓展學生國際視
野

推動多元族群暨文化
4 特色活動，並結合文
創產業發展

學生展能
▶層面

中小學特色
發展之具體
措施案例

營造校園創意空間及
1 新穎舒適的教學環境

打造可親近自然生
2 態的永續校園環境

推動國際英語村及其
3 遊學交流措施

成立職業試探暨體驗
4 教育中心

成立自造實驗室，鼓
5 勵創新實作

閒置校舍活化為藝術
6 家工作室，帶動「藝
術家駐校」風潮

環境設施
▶層面

發展具實驗創新性
1 質之特色課程

推動「國際文憑組織
2 高中文憑學程」

引進外國籍的外語專
3 業師資或教學助理

媒合高中生參加
4 「大學預修課程」

推廣「翻轉教室」之
5 新興教學模式

課程教
▶學層面

圖5-1　中小學特色發展之具體措施案例

2016年爲例，臺灣累計參與健康促進學校認證之學校數已達650校，其中2016年得獎學校計有金質獎4校、銀質獎20校及銅質獎24校（衛生福利部國民健康署，2017b）。有關近年重要健康促進議題包括：健康體位、菸檳防制、正確用藥、口腔衛生、視力保健、全民健保及性教育（含愛滋病防治）等（衛生福利部國民健康署，2017a）。若學校通過健康促進學校認證，可增進外界對該校推動學校衛生政策及提供健康服務成效之肯定，此有助於提升學校的健康形象，並使學生更能夠健康成長。

3.通過國際安全學校認證

國際安全學校認證是由世界衛生組織社區安全推廣協進中心（WHO Collaborating Centre on Community Safety Promotion，簡稱WHO CCCSP）所推動的認證活動，其旨在整合各界共識與相關資源，以減少校園意外或故意性之傷害，營造安全的環境，並促進和諧關係；截至2015年11月止，臺灣已有83個學校經公開認證爲「國際安全學校」（臺灣社區安全推廣中心，2017；衛生福利部國民健康署，2011）。若學校能通過國際安全學校認證，則對於面臨選校抉擇的準學生及其家長而言，往往也較能對其校園安全感到安心，有助於提升學校的正面形象與招生競爭力。

4.通過「自我領導力教育——燈塔學校」國際認證

美國知名的FranklinCovey（富蘭克林·柯維）教育機構針對幼兒園至高級中等學校階段（亦即K-12）提出一套解決教育問題的方法——「自我領導力教育」（The Leader in Me），其中倡導全校性轉型過程，並教導學生二十一世紀的領導與生活技能，透過每位孩子都可以是領導者的理念，創造學生增能的文化（FranklinCovey, 2017a）。截至2017年9月止，全世界共

有50個國家、3,243所學校推動「自我領導力教育」，其中更有343校獲得該教育機構認證為自我領導力教育的「燈塔學校」（Lighthouse School）（FranklinCovey, 2017b）。臺灣目前已有臺北市私立立人國際國民中小學及新北市保長國民小學等校通過該項燈塔學校國際認證（程晏鈴，2017；臺北市私立立人國際國民中小學，2015）。

(二) 推動全校性實驗教育創新

1. 由於《學校型態實驗教育實施條例》已於2014年11月19日制定公布，並於2018年1月31日修正公布，依該條例第3條第1項規定，高級中等以下學校可依據特定教育理念，以學校為範圍，從事教育理念之實踐，並就學校制度、行政運作、組織型態、設備設施、校長資格與產生方式、教職員工之資格與進用方式、課程教學、學生入學、學習成就評量、學生事務及輔導、社區及家長參與等事項，進行整合性實驗之教育。此外，《公立國民小學及國民中學委託私人辦理條例》亦於2014年11月26日制定公布，並於2018年1月31日修正為《公立高級中等以下學校委託私人辦理條例》，該條例第3條第1項第1款規定，委託私人辦理是指核准設立學校之主管機關，依學校辦學特性，針對學校土地、校舍、教學設備之使用、學區劃分、依法向學生收取之費用、課程、校長、教學人員與職員之人事管理、行政組織、員額編制、編班原則、教學評量、學校經費運用及學校評鑑等事項，與受託人簽訂行政契約，將學校之全部委託其辦理，或將學校之分校、分部、分班或可以明確劃分與區隔之一部分校地、校舍，於新設一所學校後委託其辦理。前述兩項條例中，前者提供公、

私立學校辦理全校性實驗教育的法源，後者則提供公立學校委託私人辦理（亦即公辦民營學校）的法源，兩者均為中小學推動實驗教育創新，提供更明確、更具彈性的法制基礎。

2. 截至2017年9月止，臺灣辦理學校型態實驗教育之公私立高級中等以下學校計55校（其中包括公立51校、私立4校），名單如表5-3所示（教育部國民及學前教育署，2017c）。此外，公立高級中等以下學校委託私人辦理（亦即公辦民營）者計7校，名單如表5-4所示；值得留意的是，依《公立高級中等以下學校委託私人辦理實驗教育條例》第3條第1項第3款規定，由受託人受各該主管機關委託辦理之學校，仍屬公立學校。至於目前臺灣高級中等以下學校推動中的各項實驗教育創新作為，主要包括推動華德福教育（Waldorf Education）、國際學校（或雙語教育）、生態人文教育（含登山、溯溪、泛舟等戶外教學）、藝術教育、混齡教育、原住民族教育、自造科技、KIPP（Knowledge Is Power Program，知識就是力量計畫）、行政創新（如調整為每學年三學期或四學期）等（大紀元，2016；張瀞文，2015；淡江網路新聞報，2016；國立教育廣播電臺，2017）。但由於上述兩條例已賦予學校更多實驗教育創新的彈性，而且諸如英國的工作坊學校、自主學校、公辦民營學校，以及美國的磁性學校（如「微型社會」、大學先修學程）、特許學校等國外案例，均已提出許多更具彈性與多元樣貌的辦學型態可供參考，又隨著科技的進步與時代的變遷，相信臺灣未來可發展出各種可能（或甚至超乎想像）的實驗創新策略與方向。

表5-3 106學年度學校型態實驗教育學校名單

編號	性質	縣市別	校名	編號	性質	縣市別	校名
1	公立	臺北市	和平國小	19	公立	新竹縣	北平國小
2	公立	臺北市	博嘉國小	20	公立	新竹縣	大坪國小
3	公立	臺中市	博屋瑪國小	21	公立	新竹市	新竹市華德福實驗學校（中小學）
4	公立	臺中市	東汴國小	22	公立	苗栗縣	南河國小
5	公立	臺中市	中坑國小	23	公立	彰化縣	民權國小
6	公立	臺中市	善水國中小	24	公立	彰化縣	文德國小
7	公立	臺南市	虎山實驗小學	25	公立	雲林縣	山峰華德福教育實驗國小
8	公立	臺南市	口埤實驗小學	26	公立	雲林縣	潮厝華德福教育實驗國小
9	公立	臺南市	光復生態實驗小學	27	公立	雲林縣	古坑華德福實驗高中（含附設國中部）
10	公立	臺南市	南梓國小	28	公立	雲林縣	華南國小
11	公立	臺南市	志開國小	29	公立	雲林縣	樟湖國中小
12	公立	臺南市	西門國小	30	公立	嘉義縣	豐山實驗教育學校
13	公立	臺南市	文和國小	31	公立	嘉義縣	太平國小
14	公立	高雄市	寶山國小	32	公立	嘉義縣	太興國小
15	公立	高雄市	民族大愛國小	33	公立	嘉義縣	仁和國小
16	公立	高雄市	樟山國小	34	公立	嘉義縣	大埔國中小
17	公立	高雄市	多納國小	35	公立	嘉義縣	竹園國小
18	公立	基隆市	八堵國小	36	公立	嘉義縣	美林國小

編號	性質	縣市別	校名	編號	性質	縣市別	校名
37	公立	嘉義縣	山美國小	47	公立	臺東縣	關山國中
38	公立	屏東縣	地磨兒國小	48	公立	臺東縣	富山國小
39	公立	屏東縣	長榮百合國小	49	公立	臺東縣	南王國小
40	公立	屏東縣	來義高中（附設國中部）	50	公立	臺東縣	土坂國小
41	公立	宜蘭縣	大進國小	51	公立	臺東縣	臺東縣立蘭嶼高級中學（附設國中部）
42	公立	宜蘭縣	湖山國小	52	私立	高雄市	光禾華德福實驗中小學
43	公立	宜蘭縣	東澳國小	53	私立	高雄市	南海月光書院實驗學校（高中以下）
44	公立	宜蘭縣	大里國小	54	私立	臺中市	磊川華德福實驗教育學校（高中以下）
45	公立	宜蘭縣	武塔國小	55	私立	苗栗縣	全人學校財團法人苗栗縣全人實驗高級中學（高中以下）
46	公立	臺東縣	初鹿國中				

資料來源：**104-106學年度學校型態實驗教育學校名單**（2017年9月13日更新），教育部國民及學前教育署，2017c，載於教育部國民及學前教育署網站，取自http://www.k12ea.gov.tw/files/common_unit/054101b3-b785-4a56-bb91-568247b252e3/doc/104~106學年度學校型態實驗教育學校名單.pdf

表5-4　106學年度公立高級中等以下學校委託私人辦理之學校名單

編號	縣市別	校名	受委託單位
1	宜蘭縣	慈心華德福教育實驗高級中等學校	財團法人人智學教育基金會
2	宜蘭縣	人文國民中小學	財團法人人文適性教育基金會
3	宜蘭縣	岳明國小	李金福先生（前羅東高商校長）
4	雲林縣	蔦松國中	財團法人雲林縣傳統教育基金會
5	基隆市	瑪陵國小	財團法人福智文教基金會
6	屏東縣	廣興國小（更名為「大路關國民中小學」）	財團法人福智文教基金會
7	花蓮縣	三民國小	財團法人誠致教育基金會

資料來源：作者整理。

　　3. 有關臺灣中小學的全校性實驗教育創新中，以「華德福教育」的推廣獲得最多迴響，同時也在國際上獲得蓬勃發展。華德福教育（Waldorf education）源自德國，1919年由R. Steiner（史代納）創辦第一所華德福學校（莊美玲，2007）。依自由華德福學校聯盟（Bund der Freien Waldorfschulen）截至2017年3月的統計資料顯示，全世界的華德福學校（或稱魯道夫·史代納學校）計有1,092校，並遍布於64個國家中（Bund der Freien Waldorfschulen, 2017）。有關華德福教育之推動理念、方式及相關學校如下：

　　(1) 華德福教育以「人智學」（Anthroposophy）理念為基

礎，重視孩子在身（意志）、心（情感）及靈（思考）三個層面的平衡發展，每學年採四學期制（依四季的自然規律安排課程）（黃錫培，2016）。

(2) 華德福教育的課程分為主課程與副課程兩種。主課程包括語文、數學、自然等領域，並由同一班級導師負責一至八年級學生的所有主課程，每次連續進行三至四週（林雅眞，2009）。這些主課程並無明顯分科，而是以較長的「週期課程」進行主題式學習與跨學科設計（陳惠邦，2003）。副課程則包括外語、手工藝術、音樂、農耕、水彩畫、形線畫、泥塑、優律思美（eurythmy，或稱「律動」）、戶外遊戲、體育、露營、節慶等，每週以固定時段規律進行（黃錫培，2016；公益平臺文化基金會，2014）。

(3) 華德福學校各年級的所有課程都不使用「教科書」，所有教學材料必須由教師協同準備或個別補充（陳惠邦，2003）。教師上課時需發揮創意與藝術能力，透過畫出美麗的黑板畫、編故事、唸歌謠等方式來傳達知識，孩子則在工作本上用繪畫及文字表達學習成果（公益平臺文化基金會，2014）。

(4) 華德福學校具多元評量精神，較不重視學生的抽象分數，但會透過各種個別化的質性評量（如週期課程紀錄簿），提供有關其能力發展、學習結果與未來學習建議的綜合報告（陳惠邦，2003）。

(5) 臺灣目前已有宜蘭縣立慈心華德福教育實驗高級中等學校、雲林縣立古坑華德福實驗高級中學、雲林縣山峰華

德福教育實驗國民小學、雲林縣潮厝華德福教育實驗國民小學、臺中市私立磊川華德福實驗教育學校，以及許多非學校型態實驗教育機構（如海聲華德福實驗教育機構等），正在積極實踐華德福教育。

(三) 結合資訊科技推動「未來學校」

新北市政府教育局曾與微軟（Microsoft）公司合作，規劃建置新北市雲端未來學校，並遴選出新北市立板橋高級中學、新北市立明德高級中學、新北市立中和高級中學等3校參與該公司「全球夥伴學習計畫」。藉由推動雲端未來學校，協助學校建構出一個可運作且具成效的雲端數位學習模式，達到創新教學之目標。其具體策略如下：(1)專題導向學習（PBL）：包括主題探索學習、數位遊戲學習、數位說故事；(2)思考能力訓練：包括創新力教學、問題解決教學、批判思考教學；(3)高互動學習：電子書包高互動學習、網路學習群、行動學習；(4)雲端心智學習：虛擬教室（課程隨選視訊、虛擬學習社群）（新北市政府教育局，2013a）。

此外，Christensen等人（2008）更提出基於「學生中心科技」所發展的未來教室與評量方法，可針對學生各自學習進度分別因材施教，並即時給予回饋，為傳統教學帶來破壞。由此可知，未來學生的學習將可擺脫全校統一的教學進度，並可善用電腦輔助教學軟體、網路診斷評量及雲端管理系統等新興科技，讓學生各自依其個別興趣、能力及學習進度上課，甚至可透過雲端影片教學的方式，讓學生自行選擇比較聽得懂的教師教學影片，以增進其學習成效。甚至可結合虛擬實境（virtual reality,

VR）、混合實境（mixed reality, MR）、擴增實境（augmented reality, AR）等新興科技，設計相關學習課程，讓學生可跨越距離與時空的限制，彷彿親臨實境一般的進行各種體驗學習，並增添對未來的想像及激發無限的創意。

(四) 提供「使用者付費」的創新加值服務彈性

過去中小學（特別是公立學校），由於收取學雜費額度有限，且年度預算支出用途別受到許多限制，使得學校很難有太多具突破性的創新措施。然而，鑒於《高級中等教育法》第12條第1項規定，各該主管機關得指定或核准公私立高級中等學校辦理全部或部分班級之實驗教育。且《學校型態實驗教育實施條例》第3條第1項，亦提供學校「依據特定教育理念，以學校為範圍，從事教育理念之實踐，並就學校制度、行政運作、組織型態、設備設施、校長資格與產生方式、教職員工之資格與進用方式、課程教學、學生入學、學習成就評量、學生事務及輔導、社區及家長參與等事項，進行整合性實驗之教育」之相關法源。此已為學校帶來許多實驗創新的發展契機。

有關探討學生選擇就讀高級中等學校所考量之相關因素的研究結果顯示，「學校能提供付費合理的教學設備（如上網使用費、實習費等）」（M=4.07）之重要程度為非常高（蔡幸枝，2004）；且「教學設備充實」（M=4.08）及「教材設備隨時更新」（M=4.00）之重要程度也非常高（郭俊宏，2014）；而林耀隆（2012）的研究結果更顯示（採4點式量表），「學校教室有空調設備」（M=3.46）之重要程度非常高。可見學生也認同在合理付費下使用更新穎、更好的教學設備是重要的。

　　因此，在學校經費有限的前提下，為提供更多吸引學生就讀的誘因，學校可研議提供「使用者付費」的創新加值服務之彈性。亦即讓學生們以「班級」為單位，經民主程序自行決定是否透過「使用者付費」方式，增加一些班級享有的創新加值服務，例如：加裝獨立電表的「冷氣」或空調設備、自費延長「實驗室」及「實驗儀器設備」使用時間、邀請資訊專業講座到校指導專業電腦課程（如JAVA程式設計或3D動畫製作等）、自費舉辦戶外探索體驗課程（如登山溯溪等）、空餘教室活化為自習室（K書中心）並延長開放時間、延聘「外籍教師」進行英語科協同教學、教室燈具汰換為T5燈具以改善採光等。此外，學生們也可透過企業募款或家長捐贈等方式減輕使用者付費的經費負擔；至於相關費用的收支管理則可考量由「家長會」代為管理，以減輕學校行政人員相關負擔。

(五) 發展生活輔導或品德教育特色學校

　　無論是學生或家長，都希望校園不要發生學生抽菸、吸毒、聚眾毆鬥、被霸凌、生活環境髒亂、過度吵鬧、讀書風氣不佳或沒禮貌等情形發生；尤其在學校都不守規矩的學生，往往回家後的生活習慣或表現甚至還可能更差，這會讓家長們覺得失去送子女至學校學習生活教育及品德教育的意義與信賴。因此，當一所學校能夠積極發展生活輔導或品德教育特色，並奠定該校師生普遍都是有禮貌、守秩序、能尊重與包容他人、重視環境整潔等生活輔導或品德教育方面的正向形象時，往往也可成為該校吸引學生入學的一大誘因。尤其林耀隆（2012）、蔡永智（2011）等人的研究結果，已指出多數學生認同生活輔導與校園安全（包

括輔導學生適應校園生活、重視品德教育、養成學生良好規矩、提供完善的校園安全措施等），以及學生行為表現與讀書風氣，均為學生選校時所考量的重要因素。

教育部自2004年起推動「品德教育促進方案」，最近一期（第三期）的推動期程為2014至2018年，其中該方案已提出典範學習、啟發思辨、勸勉激勵、環境形塑、體驗反思、正向期許等創新品德教育6E教學方法，並遴選補助品德教育推動具特色之學校辦理品德教育推廣與深耕學校計畫（教育部，2014b）。教育部推動「品德教育特色學校」表揚活動已有多年，以2016年為例，各級學校獲選為品德教育特色學校者計有104校（教育部，2016b）。有關品德教育特色學校之具體推動措施，各校均有所不同：以2015年及2016年均獲選品德教育特色學校的桃園市忠貞國小為例，該校共推動品格閱讀計畫、品格書籍親子共讀、品格表揚、品德戲劇比賽、品格教材推廣、向典範人物學習（邀請生命鬥士演講）、品格影片欣賞與討論、節慶感恩活動（如祖孫週DIY）、品格情境規劃建置、身障體驗、服務學習、禮貌運動、品德認證—金手指集點卡等措施（桃園市平鎮區忠貞國民小學，2015；桃園市政府教育局，2016）。由此可知，目前國內已有許多品德教育特色學校，可供其他學校作為觀摩學習的對象與典範；因此，各校可參考其品德教育相關措施，積極發展生活輔導或品德教育特色，以期提升學校辦學品質與招生競爭力。

(六) 建構特色遊學地圖，活絡地方發展

由於部分中小學（尤其是偏遠地區學校）面臨交通不便、人口外流嚴重、少子女化導致招生來源不足、教師流動率高等困

境，為改善這些問題，學校可考量結合在地產業及自然文化環境特色，建構主題式特色遊學地圖，據以活絡地方經濟與交通發展；並喚起教師開發特色課程的工作價值與使命感，提高教師留任意願。教育部於2007年推動補助國民中小學活化校舍空間與發展特色學校方案，除將「研發遊學系列課程，形成另類教育產業，提供真實情境之校外教學平臺，帶動國內教育旅行風潮」列為計畫目的之一，更將「迷你小校轉型特色學校……運用優勢的環境條件，研發場域型、分享型的特色課程，並吸引都會區或他校學生前來遊學，形成特色遊學中心」列為策略與作法之一（教育部，2006）。可見教育部自2007年起推動的國中小特色學校，已朝發展為特色遊學中心規劃。以教育部2015學年度推動偏鄉國民中小學特色遊學實施計畫為例，該部共評選出新北市有木國小等14所偏鄉遊學學校；其中新北市有木國小之遊學內容，共整合四大課程：(1)戀戀生態：魚菜共生、濕地生態、蜜蜂、螢火蟲、蝴蝶；(2)動感山城：溯溪、高空探索、攀岩、自行車；(3)文創藝術：木工房、石頭彩繪、藍染；(4)國際教育：英語閱讀、國際交流（馮靖惠，2016；新北市政府教育局，2015a）。該校遊學內容可謂相當精彩有趣，也吸引不少他校學生前來參加。

　　目前國內國中小特色遊學已有許多成功案例（如前述新北市有木國小等）；至於高級中等學校階段的特色遊學則正處於萌芽階段，例如新北市立鶯歌高級工商職業學校為配合新北市政府2012年發布之「國際教育行動方案」，並展示新北市學校特色課程，擴大國際能見度，於是在2013年結合陶瓷文化藝術及周遭自然文化環境設計國際遊學路線，期能讓來訪的外國學生體

驗學習傳統中華文化之美，如陶藝手拉坯、紙雕、書法、舞獅、藍染等，據以吸引外國學生來臺進行教育旅行，增進學生國際交流經驗（新北市政府教育局，2013b）。新北市立鶯歌高級工商職業學校（2013）可提供至多5日的國際遊學行程，包括學校簡介暨校園巡禮、陶工科DIY體驗、參觀鶯歌陶瓷博物館、至鶯歌溪左岸自行車道騎單車（可遙望鳶山美景）、欣賞拳擊暨舞獅體驗等表演、陶笛森林狂想曲（於滿月圓森林遊樂區）、傳統書法暨紙雕體驗、參觀三峽祖師爺廟一帶（含長福橋及李梅樹紀念館）、客家擂茶體驗（於三峽客家文化園區）、藍染體驗、鶯歌老街巡禮等精彩活動。這也正勾勒出一種以陶瓷文化藝術為主題之特色遊學地圖。

 環境設施層面

(一) 營造校園創意空間及新穎舒適的教學環境

學生及家長對學校留下的第一印象，往往來自於其校舍外觀與教學環境設備；因此，當學校能創造出亮眼的校園創意空間，並營造新穎舒適的優質教學環境感受，往往有助於形塑具號召力與特色的正向品牌形象，進而吸引學生入學就讀。

目前國內已有許多營造校園創意空間及新穎舒適的教學環境的成功案例，例如臺東縣豐源國小透過興建希臘地中海藍白輝映風格的新校舍，襯托出藍天白雲的浪漫意象，再結合當地依山傍海的自然美景，形成像觀光渡假村般的美麗校舍（東森新聞雲，2012；臺東縣豐源國民小學，2017）。而臺中市永春國小則以「夢幻城堡」作為新建校舍的主體意象，透過粉紅色與鵝黃色為主的柔和色彩，勾勒出夢幻繽紛的童話城堡造型，加上教學環境

（臺中市永春國小的「夢幻城堡」）

設備新穎，使得在該校舍上課成為美好的童年回憶（臺中市政府
新聞局，2001）。新北市米倉國小則致力打造「童玩夢工廠：米
倉玩具魔法學院」，結合自然景觀（包括觀音山、淡水河）與山
林生態環境，規劃彩虹吊橋、米倉瞭望臺、小米蟲體能鍛鍊場、
魔法樹屋、繩梯、觀海亭、射箭場、攀岩場等各種遊戲或體能訓
練設施，並設置甘樂館（陀螺文物）、童玩館、玩具圖書館、樂
活館（運動場館）、英語情境教室、石雕花園、新生池、開心農
場等多元學習空間，讓孩子們可以邊玩邊學習，讓學生們感覺學
校是個充滿歡樂的地方（新北市八里區米倉國民小學，2016）。

　　至於新北市瀇洞國小，除具有可遠眺水湳洞、陰陽海及雞
籠山平流霧等自然美景優勢外，更興建驚險刺激、全國聞名的超

新北市米倉國小的「玩具魔法學院」

長室內「海底隧道溜滑梯」，成為孩子上學的一大樂趣，進而吸引鄰近學童入學就讀（新北市瑞芳區濂洞國民小學，2016）。此外，彰化縣萬興國小則透過3D立體彩繪，營造奇幻校園風貌；包括將校內司令臺、社區閱讀中心、健康中心等場地，變成了海洋世界、九大行星的彩繪風貌；另外還有侏儸紀恐龍特區、彩繪森林、地中海風情等多元彩繪主題，令人彷彿身歷其境（俞泊霖，2016），這使得萬興國小的學生在教室上課變得非常有趣，亦有置身電影場景般的驚奇感受。

(二) 打造可親近自然生態的永續校園環境

許多學生不只喜歡美觀舒適的校園，更希望學校多一些自然生態環境（例如種植花草蔬菜、養羊或兔子等小動物），讓校園感覺生意盎然，增加親近大自然的機會與趣味。又由於自然環境資源有限，學校肩負教導學生生態、節能、永續、環保等觀念的重責大任，因此，如何結合情境學習與生活教育，落實永續校園理念，也是學校的一大挑戰。基於上述考量，學校應積極打造可親近自然生態的永續校園環境，增添學生上學的樂趣，以吸引學生入學；同時，也透過接觸大自然、理解大自然的過程中，從而引導學生學會與大自然和諧共處。以下將分別介紹永續校園之推動緣起、執行項目及具體案例：

1. 永續校園之推動緣起與執行項目

教育部自2002年起推動「永續校園局部改造計畫」（湯志民，2011）。該計畫補助對象包括大專校院、高級中等學校及國中小。有關永續校園規劃之執行項目，可依2016年12月28日修正之「教育部補助永續校園推廣計畫作業要點」及蘇慧貞

（2006）主編之《永續校園營造指南》整理說明如下：

(1) **節能減碳資源循環類**：包括雨水或再生水利用、自然淨化水循環處理、再生能源應用（如太陽能、生質能、地熱、海洋能、風力及非抽蓄水力）、節約能資源設計及管理監控措施（如使用節能燈具或省水器具）、垃圾減量（減少廢棄物）、資源回收再利用等。

(2) **環境生態永續循環類**：包括應採用原生種、鄉土物種或適應當地氣候條件之植栽、透水性鋪面、地表土壤改良、親和性圍籬、多層次生態綠化、落葉與廚餘堆肥、生態景觀水池、教學農園、共生動物養殖利用（如牛、羊、魚、蝦）等。

(3) **健康效率學習空間類**：包括健康建材及自然素材、室內環境改善（例如打造健康的音、光、空氣、熱、水、振動與電磁等環境）等。

(4) **防救災與避難類**：包括災害預警系統（如火警自動警報設備）、避難空間規劃（如避難方向指示燈、緊急照明燈及緩降機）、防救災水電系統（如室內消防栓及自動灑水設備）及防救災綜合規劃。

2.永續校園案例簡介：臺中市私立明道高級中學

臺中市私立明道高級中學（教學農園）不僅獲教育部核定補助2003年永續校園局部改造個別案之經費；該校更於2010年與朝陽科技大學、臺中市立爽文國中及臺中市清水區西寧國小等4校合作推動永續校園局部改造整合案，並再次獲教育部核定補助相關經費（教育部，2016a；臺中市私立明道高級中學，2010）。經綜整相關文獻及作者實地走訪該校之觀察結果，有關

該校推動永續校園之相關措施可整理如下（陳義忠，2008；黃心英，2008；湯志民，2010；臺中市私立明道高級中學，2009a，2009b，2010）：

(1) **多層次生態綠化**：該校植物多達200種、約4,000株，其中包括大小型喬木、觀賞植物、蝴蝶蜜源植物、誘鳥植物、臺灣原生種植物等；另設有竹類植物區、香花植物區、水生植物區、球莖植物區、耐陰植物區、蕨類植物區。

（蝴蝶生態教育區——蝴蝶蜜源植物）

(2) 雨水再生水利用：該校雨水再生水回收再利用，是藉由斜屋頂將雨水導向落水管，並藉由過濾器過濾雨水雜質後，將雨水導入頂樓設置之水撲滿（不鏽鋼水塔），暫存雨水，再透過重力式供水供應花圃澆灌。

（雨水回收再利用——過濾器）

(3) **透水性鋪面、截水道與滯洪池**：該校原有下雨時地面積水問題，經刨除原集合場（人行步道）的柏油鋪面，並於底層鋪設礫石及覆以細砂後，再於上層鋪設透水磚，據以增加透水性鋪面，以涵養水源。接著於人文步道與花崗石看臺間做出可蓄水的斜坡凹地，以卵石為牆，以草地為底；下雨時，集合場的雨水透過截水道匯流至凹地並滲入地下，若雨水過多則將順流至西側的滲透式陰井，由陰井排放

（弘道大樓前——透水性鋪面與滯洪池）

至弘道大樓前方的蓄水池（即地下滯洪池）。

(4) **生態池**：該校生態池設在中正臺旁的童軍營火區前方，模擬自然溪流，上游設有瀑布、山岩、湧泉，中段則利用卵石鋪建成溪流河道，池間種植了水生植物及河岸植物。下游區則挖深池底作為靜水區，內植本土植栽，並復育原生種動物（如蓋斑鬥魚、臺灣樹蛙等）。此生態池利用自然淨化法及過濾槽淨化水質。池內堆砌卵石及枯木，創造多孔隙的水生動物棲息環境。

（中正臺旁——生態池）

(5) **更換省水器材**：該校將校區洗手臺逐步更換為省水龍頭，並向學生宣導節約用水觀念。

(6) **落葉及廚餘堆肥**：該校建立「e世代環保落葉枝幹再造有機堆肥教育區」，並製作相關解說看板，推廣落葉及廚餘堆肥的處理過程與方法等知識。另該校亦教導學生如何將廚餘回收製成有機肥或環保肥皂。

(7) **教學農園**：設置有機農園及蝴蝶生態教育區，並成立園藝社，鼓勵學生種植結頭菜、番茄、茄子等植物。另鼓勵學生擔任環保義工，定期為蝴蝶園等地施肥。

(8) **再生能源——風力發電**：該校於明謹大樓及中正臺屋頂分別裝置2,000W垂直翼風力發電機及小型風力發電機各

1座，前者產生之電能可供明謹大樓外牆LED燈及一樓廁所照明之用；後者產生之電能則供生態池噴水馬達之用。大型風力發電機可搭配生活科技、物理課程（如電磁學）及環保教育之使用，並提供學生專題研究或科展之研究素材。

(9) **節約能源設計措施**：建置「用電管理監控系統」，用於冷氣溫度卸載監控（例如依季節溫度統一管控冷氣之使用）、風力發電量監控、廁所照明控制、日光燈效率比較及LCD即時看板，並落實分樓層電力管控，以期透過整體校園用電量監控與管制措施，有效節約能源。

(10)**汰換節能燈具**：例如該校已將明遠大樓福來廳、鐵梅廳、音樂教室、K書中心及明誠大樓一間教室中，較耗電的舊型T8燈具，全面汰換為高效率的T5節能燈具。

(11)**落實減廢與資源回收**：該校要求學生使用環保碗筷，減少免洗餐具的使用，並建置實驗廢氣廢水排放管線，以減少環境汙染。此外，亦落實垃圾分類與資源回收工作，以期為環保盡一份心力。

(三) 推動國際英語村及其遊學交流措施

推動國際英語村（或英速魔法學院）之主要目標，在於規劃英語情境教室，營造實際溝通之全英語環境，配合外籍英語教師親自教學，鼓勵學生勇於開口說英語，並透過生活化、趣味化、互動化的教學方式培養學生使用英語的興趣與能力，拓展學生國際宏觀視野，讓學生不必花錢出國就能享有類似出國遊學的學習效果；英語村可作為開放鄰近各級學校參訪觀摩的英語學習據

點，提升區域內各級學校之英語教學成效，同時亦可作爲成立英語村學校本身之特有教學資源與辦學特色。目前臺灣已成立國際英語村之高級中等學校，計有基隆市立中山高級中學成立的「中山國際英語村」、彰化縣立二林高級中學成立的「彰化縣國際英語村二林村」等（基隆市立中山高級中學，2015；彰化縣立二林高級中學，2015）。至於新北市則參考國際英語村的概念，善用轄內5個國小校地成立「英速魔法學院」，包括乾華校區、鶥瀨校區、光復校區、興福校區及龍埔校區（新北市政府教育局，2011）。

以「彰化縣國際英語村二林村」爲例，該英語村是由彰化縣立二林高級中學透過閒置教室空間的再利用，規劃旅客服務中心、銀行、二林航空中心、海關、機艙、出入境大廳等七大主題之外語生活模擬情境場景，並由該校英語村團隊及外籍教師共同設計全英語教學活動，且提供縣內其他學校至該英語村進行「遊學體驗」課程（彰化縣立二林高級中學，2015）。至於該英語村之遊學配套措施部分，由彰化縣國際英語村遊學體驗營實施計畫可知（彰化縣政府，2011）：

1.教學師資：由外籍師資1人及本國籍英語教師數人，擔任英語村的主要駐點師資，於學習情境中進行全英語教學；另由英語替代役協助英語遊學體驗教學及行政相關事務。

2.遊學內容

(1) 行前學習：由參加學校自行至英語村網站下載線上學習教材，並請各校辦理行前教學與參訪禮儀說明，協助學生增進至英語村體驗學習綜效。

(2) 遊學體驗：遊學體驗教學係採分組（每組約20人）分站

進行，由外籍教師駐點於學習情境中，學生分組及分站
進行全英語教學情境之體驗學習。

(3) 延伸學習：由各校英文老師自行下載延伸教材，於各校
進行遊學體驗後，進行複習與延伸教材之學習，以提升
學生英語運用成效。

3.遊學費用：外籍師資、課程教材、場館服務等完全免
費，交通經費由地方政府視年度經費補助若干梯次（每校每學
期以1車6,000元為原則），至保險費用及師生膳食則由申請學校
自理。

至於新北市「英速魔法學院」的作法，則採每梯次三天兩夜
的宿營模式，透過浸潤式的全美語學習環境，提供國小學童（以
偏遠地區學校五年級學童優先）體驗全美語遊學生活及接觸外籍
英語教師的機會（新北市政府教育局，2011）。每梯次以200人
為上限（約5校），並以班級單位提出申請，且於校區內提供住
宿服務。該學院可讓國小學童不出國，就有機會結合實際生活情
境學習英語，對於提高學童英語學習興趣及增進遊學體驗，甚具
助益。

(四) 成立職業試探暨體驗教育中心

有關國中或高級中等學校成立「職業試探暨體驗教育中
心」，為新北市政府自2015年起率先推動之技職教育政策，其
旨在增進中小學學生對職業與工作世界之認識，接觸業界所使用
的設備資源，讓孩子從小開始探索自己的職業性向與興趣，進而
建立正確職業價值觀並發揮所長；該中心可提供區域內各國中小
學生所需職業認知與試探教育課程，並期建立一貫化的技職人

英速魔法學院——光復校區

才培育體系（新北市政府教育局，2015c；新北市政府新聞局，2016）。

教育部更規劃在2016至2020年期間，於全國22縣市至少各選出一所國中設置「區域職業試探與體驗示範中心」（莫翊宸，2015）。並已於2016年5月16日訂定「教育部國民及學前教育署補助國民中學區域職業試探與體驗示範中心作業要點」，其中每個新設立之示範中心最高補助經費450萬元，設立第2年起之每個既有示範中心則每年補助最高150萬元之維運費用。

新北市政府更積極推動上述政策，並規劃2015年至2017年期間，將陸續於新北市立新泰國中、鶯歌國中、正德國中、三民高中、板橋國中、大觀國中、瑞芳國中、五峰國中、福營國中、樟樹實創高中、光復高中、萬里國中、福和國中、明志國中及中正國中等學校，成立15個「職業試探暨體驗教育中心」，其課程內容涵蓋工業、商業、農業、家事類、海事水產類及藝術等職類（新北市政府，2017；新北市政府教育局，2015c）。

有關職業試探暨體驗教育中心之具體推動措施，以新北市立新泰國中為例，已建置時尚造型教室（含美髮區、美甲彩繪區、SPA區、美體區、走秀區等）、飲料調製暨西餐禮儀教室等職業情境教室，並結合業界（如小林髮廊、藍海國際餐飲、易牙居餐飲集團）、技專校院及合作高中職之專業師資，透過生涯發展教育課程、成立技藝性社團、寒暑假育樂營、跨校參訪等方式，協助鄰近國中小學生進行職業試探與體驗（張國振，2016）。

新北市立新泰國中

時尚造型教室（美髮區）

時尚造型教室（教學區）

飲料調製暨西餐禮儀教室

飲料調製暨西餐禮儀教室（用餐情境區）

　　無論是新北市政府推動的「職業試探暨體驗教育中心」或教育部規劃推動之「區域職業試探與體驗示範中心」，均旨在讓學生藉由親身體驗不同職業情境的歷程，幫助學生了解各該職業的特性，以利學生探索個人職涯發展性向，了解自己是否具有投入某一類工作之興趣。由於這類中心已能提供與業界同等級的進階

設備，使學生的學習與體驗能夠更接近實際工作現場，而不再因為學校設備老舊或學習內容與工作現場脫節，而對技職教育產生錯誤認知或負面觀感。因此，成立這類中心，應有助於吸引對技職傾向較明確，並希望及早投入職場的學生前來就讀。

(五) 成立自造實驗室，鼓勵創新實作

近年來隨著科技的進步與製造數位化時代的來臨，國際上正興起一股「自造者運動」（maker movement，又譯「創客運動」）的熱潮；美國麻省理工學院（Massachusetts Institute of Technology, MIT）為提供學生動手實作及解決問題，而設置了「自造實驗室」（Fabrication Laboratory, Fab Lab），據以提供參與者自行設計、製造及創作作品之空間；為培育國內的自造者（maker）人才，推廣3D列印新興技術與創意產業，行政院自103年起宣示推動3D產業發展，並由教育部負責成立區域「自造實驗室」（Fab Lab，又稱「創客實驗室」）及3D列印「行動實驗車」（Fab Truck）的巡迴推廣活動，期能讓全國高級中等學校學生都有機會親身體驗3D列印技術，並學習將創意轉化為實作的理念（行政院，2015；教育部國民及學前教育署，2016d）。

截至2016年底止，教育部國民及學前教育署已於國立臺灣師大附中、新北市立新北高工、國立華僑高中、國立內壢高中、國立苗栗農工、國立臺中高工、國立臺中家商、國立臺中女中、國立清水高中、國立臺南二中、國立臺南海事、國立鳳山商工及國立花蓮高工等13校成立「自造實驗室」（Fab Lab），並辦理許多3D列印研習參訪推廣活動；此外，該署更已購置6個移動式

新北市立新北高工

自造實驗室（Fab Lab）

行動實驗車（Fab Truck）

　　貨櫃（內部陳設3D列印設備），並租用卡車載運後，成為「行動實驗車」（Fab Truck），據以辦理3D列印校園巡迴推廣活動，該署已於2014年至2016年期間陸續完成全國所有高級中等學校之巡迴推廣活動（教育部國民及學前教育署，2016d）。

(六) 閒置校舍活化為藝術家工作室，帶動「藝術家駐校」風潮

臺灣自1989年開始陸續有「藝術家駐校」相關活動，「藝術家駐校」是指藝術家或藝術團體至學校參與該校活動的行為，其進駐時間不限與師生教學產生互動，如：參訪藝術家創作、藝術家實際參與教學、藝術家進行校園座談會等（康祖今，2012）。教育部於2002年頒布《創造力教育白皮書》，其中先期行動方案三「創意學校總體營造」，已將「營造校園創意空間，鼓勵藝術駐校」列為具體措施之一（教育部，2002a，2002b）。教育部復於2005 年發布 《藝術教育政策白皮書》，其中發展策略2-2「提升藝術教育師資之效能」即指出：「建立各層級藝術教育人才庫及教學支援網路社群體系，……並建立藝術家支援學校教育機制，以提升藝術教育師資之效能」（教育部，2005）。

教育部於2009年提出「藝術教育扎根實施方案」，為期結合藝術家、專業藝文團體與學校藝文師資，深化學校本位藝術與人文課程推展，於是規劃建置藝術與人文媒合平臺，並據以委託國立臺灣藝術教育館成立「藝拍即合：一個藝文資源與學校媒合之平臺」（http://1872.arte.gov.tw/），作為政府機關（含地方政府教育單位及文化單位等）、高級中等以下學校與民間藝術團體、藝文社團法人（或基金會）或藝文人才之間的媒合平臺（國立臺灣藝術教育館，2017b）。

另由2012年12月20日修正之「教育部國民及學前教育署補助國民中小學藝術與人文教學深耕實施要點」可知，有關以駐

校或合作方式提供協助之藝術家或專業藝文團體，其工作內容如下：(1)協助校內藝術與人文師資，研發跨領域整合型藝術與人文課程計畫；(2)實施藝術教學活動，以演講、表演、作品展示等方式，加強學生藝術欣賞及創作能力；(3)分享藝術創作歷程，提供學習經驗，以促進學生之藝術學習興趣；(4)培訓藝術種子教師，提升教師之藝術教學技能及課程品質；(5)協助策劃藝術教育及推廣活動，結合社區資源發展學校特色；(6)營造校園藝術環境，提供藝術資訊，培養學生藝術人文涵養；(7)其他藝術教育活動。

臺灣由於受到少子女化趨勢之影響，高級中等以下學校陸續有許多閒置校舍可釋出，因此，若未來能將這些閒置校舍轉型活化為藝術家工作室，並積極吸引「藝術家駐校」，相信對於提升校園藝術教育品質將有莫大助益。依國立臺灣藝術教育館（2017a）於上述「藝拍即合」媒合平臺之媒合統計資料顯示，國小「有申請」者計2,696校（占97.15%）、國中「有申請」者計863校（占89.34%），可見目前臺灣國中小階段對於推動「藝術家駐校」較為積極且已蓬勃發展；至於高級中等學校雖可於上述「藝拍即合」媒合平臺申請媒合，但媒合成功案例仍相對較少。目前部分高級中等學校已逐漸開始嘗試推動「藝術家駐校」，例如臺北市立松山高中與富邦藝術基金會合作推動藝術家駐校計畫課程，並邀請藝術家蔡潔莘女士進駐校園，與該校學生透過環保素材及對於城市空間與公共藝術之觀察，完成「城市，再生」之集體創作藝術作品（富邦藝術基金會，2014）。

三 課程教學層面

(一) 發展具實驗創新性質之特色課程

「特色課程」是指學校能夠以創新思維，在十二年國教與課程綱要之架構下，考量其校史、內外部優勢條件、願景目標及社會需求，為全體學生所規劃有助於提升學習成效之課程內容或實施方式（教育部，2012b）。由於學校發展特色課程係基於其文化與獨特情境之基礎，因此，特色課程具有學校本位課程精神；另特色課程亦應符合獨特性、優異性、創新性、整體性、普及性與延續性等6項規準（國家教育研究院，2012）。

國家教育研究院（2012）已研擬出8種高級中等學校特色課程示例，包括高中課程綱要版、高中教育實驗版、綜高學術學程版、綜高專門學程版、高職單科單班版、高職多科多班版、五專學群兩階段整體規劃版及五專單科兩階段整體規劃版，供各高級中等學校及五專參考。各高級中等學校如欲尋求更大的課程發展空間，則可依「高級中等學校辦理實驗教育辦法」相關規定，提出全部或部分班級課程之實驗計畫，報各該主管機關核定後實施。

近年來臺灣高級中等學校已陸續發展出各種不同風貌的特色課程，以臺北市立大安高級工業職業學校為例，該校整合資訊科、電機科及電子科之師資與設備等資源，於2014學年度開設「資電科技班」之特色課程，其特色包括：(1)新生入學不分科，第2學期始依學生成績及志願分科；(2)結合國立臺灣科技大學與國立臺北科技大學教學卓越與典範科大計畫，學生於修業期

間至前述科技大學實驗室參與專題製作；(3)推薦品學兼優學生
至美、日地區交換學生學習等（基北區103學年度高級中等學校
特色招生考試分發入學委員會，2014）。

　　以推動醫學類實驗課程為例，日本的「廣尾學園高等學
校」（註：日本所稱「高等學校」，即為臺灣所稱「高級中等

廣尾學園高等學校

「醫進・科學課程」上課情形

實驗室及儀器設備

日本文學課程（含書法賞析）

國際課程（外籍教師授課）

學校」）曾於2011年新設「醫進・科學課程」，該課程於高校一至三年級各有1班，並以培養醫師、研究人員及尖端工程師為目的，並設計以考取大學醫學部、理科學部為目標的專屬課程。該校有高級科學實驗室及學者級的尖端實驗儀器設備，更有指導研究能力強的優秀師資，且與國內外大學及研究機關積極合作（例如曾向諾貝爾醫學獎得主——日本京都大學山中伸彌教授索取iPS細胞進行研究等），培養學生解決問題的能力；此外，修習該課程的學生將獲指導運用PubMed醫學及生命科學資料庫進行研究，且於放學後及週六時間開放學生自行使用實驗室，同時也常於週六安排醫進・科學講座或參訪活動（莊清寶，2015）。

在臺灣，由於高級中等以上學校涉及醫護人力培育的科系（所）招生名額，皆受到衛生福利部及教育部的嚴格管控，因此，我們幾乎很難想像從高中階段就開始學習醫學相關課程並進行醫學類實驗的這種可能性；然而，相對於臺灣一般大學醫學系都需要7年的課程時間，未來若能適度限額開放部分高中開設醫學類的實驗課程，亦有助於學生試探其是否確具醫學領域的性向，並激發學生對醫學領域的興趣。

(二) 推動「國際文憑組織高中文憑學程」

國際文憑組織（International Baccalaureate Organization）是個非營利的教育基金會，並提供4種受到高度重視的不同國際教育學程，以期在快速全球化的世界中，培養學生生活、學習與工作所需的智能、人格、情意及社交等層面的技巧（International Baccalaureate Organization, 2017a）。國際文憑（International Baccalaureate, IB）的概念是在1968年提出，截至

2016年11月止，全世界計有152個國家、4,541所學校推動各教育階段別的國際文憑學程，其中推動國際文憑組織高中文憑學程（International Baccalaureate Diploma Programme, IBDP）者計有3,122所學校（Barnes, 2017）。IBDP是超越地域與國別限制的國際課程，並為世界上多數主流大學認可，持有IBDP的學生可憑其證書與考試成績申請就讀世界各國的知名大學（例如哈佛、耶魯、劍橋、牛津等）；這使得IBDP畢業生往往更具國際競爭力。

臺灣目前獲國際認證可推動IBDP之學校，除有高雄市私立義大國際高級中學、新北市私立康橋雙語學校、雲林縣私立維多利亞實驗高級中學、臺北市私立奎山實驗高級中學等4校外，另有臺北美國學校、臺北歐洲學校、高雄美國學校等3所外僑學校（Barnes, 2017）。以高雄市私立義大國際高級中學為例，該校提供「國際中學部」及「雙語中學部」兩種不同的升學體系與課程，其中「國際中學部」的課程除了國文科以外，全數以英文授課，並可透過IBDP的課程與考試制度，讓學生順利申請國外優秀大學；至於「雙語中學部」的課程則以中文教學為主，為學生取得國內外優質大學入學許可而準備（高雄市私立義大國際高級中學，2015）。

(三) 引進外國籍的外語專業師資或教學助理

為發展學校雙語（或多語）教學特色，加強臺灣學生普遍較弱的英語（或其他語言）聽力及口說能力，營造優質外語學習情境，學校可考量聘請以英語（或其他語言）為母語的外國籍教師，或引進外國留學生、華僑擔任外語課程之教學助理（或協同教學人員），以協助校內英語（或其他語言）教師加強個別指導

（兩國高校——本國英語教師及外國語指導助手）

學生改善外語聽力及口說能力。例如：日本文部科學省、外務
省等機關（構）共同推動的JET Programme（The Japan Exchange
and Teaching Programme，日文爲「語学指導等を行う外國青年
招致事業」），其中一項重要措施，便是鼓勵以英語爲母語的大
學畢業生到日本的幼兒園、小學校、中學校及高等學校擔任「外
國語指導助手」（Assistant Language Teacher, ALT）（莊清寶，
2015）。目前日本已有許多高級中等學校聘請外籍教師或外國語
指導助手擔任英語課的協同教學人員。例如：東京都立兩國高等
學校、東京都立日比谷高等學校等校的英語課，除了有本國（日
本）籍的合格英語教師外，另有一位外籍教師或外國語指導助手
擔任協同教學人員；甚至也有學校（如東京都立國際高等學校、
廣尾學園高等學校）直接聘請合格外籍教師擔任外語課程（或

其他課程）之授課教師（莊清寶，2015）。由於外語課程（如英語、法語、日語、韓語、越語、泰語等）的最終學習目標在於能與外國人溝通，因此，若外語課程能提供學生與外籍教師或外國語指導助手之間的實際對話，將有助於學習正確的外語發音並提升聽說能力。由於臺灣已自2004年起引進外籍英語教師赴偏遠地區國中小教授英語課程（但尚未擴及高級中等學校），且臺灣尚有許多外國留學生或華僑等人力資源可資運用，又因《學校型態實驗教育實施條例》於2014年11月19日公布施行後，高級中等以下學校之教育實驗已更具彈性，若能善用外國籍教師或由外國留學生、華僑擔任中小學外語課程之教學助理（或協同教學人員），應有助於學校發展外語教學特色，並提升學生國際競爭力。

(四) 媒合高中生參加「大學預修課程」

美國自1955年開始推動大學預修課程（Advanced Placement Program, 簡稱AP Program），並致力於推動高級中等學校與大專校院之間的教育合作，提供高中生於高級中等學校環境中修習大學程度課程的機會；美國的大學預修課程，是由經認可的高級中等學校教師依美國大學委員會（College Board）訂定的課程綱要來進行授課，參與該計畫的學生不僅將獲致大學程度的技能，也有機會取得大學認可的學分抵免資格；大學預修計畫提供22個學科領域、合計37個課程，有將近60%的美國高級中等學校參與該計畫，且有超過90%的美國大專校院採認高中生通過大學預修測驗時的抵免學分資格（College Board, 2016）。

臺灣近年來雖然也陸續開設大學預修課程，但與美國不同之

處，在於臺灣大學預修課程都是由大專校院開課，且應有合格大專校院教師參與合作或指導授課，其課程成績原則由前述大專校院教師評定（或以具公信力之國際或國內語言檢測成績抵免）；但同樣可採計為高級中等學校畢業學分，並作為日後就讀大專校院之抵免學分依據。以教育部2006年5月10日訂定「高級職業學校學生預修技專校院專業及實習課程實施要點」為例，該要點第7點規定，高職學生預修技專校院專業及實習課程成績及格者，各高職得採計為畢業學分，並由各技專校院發給學分證明，於進入相關系、科就讀後，依各技專校院學分規定申請學分採計抵免。另教育部亦於2008年11月7日訂定「教育部補助大學試辦高級中學學生預修大學第二外語課程作業原則」，據以補助大學開設法語、德語、西班牙語、日語等第二外語預修課程，供單一高級中學或二所以上高級中學之學生修課，其學期成績及格者，由開課之大學（系所）發給4學分修習及格證明，並得依各大學規定作為入學後抵免學分之依據。另各大專校院（如國立中央大學、國立中興大學等）近年來亦陸續開設「準大一新生暑期預修課程」，供已考取各該大專校院之高三畢業生利用暑假期間前往預修大學課程並取得學分。

鑑於高中生若有機會預修大學課程，將有助於及早體驗大學相關科系的學習內容與生活方式，並可據以檢視自己的志趣是否相符，進而增進學生生涯規劃能力與學習動機，且為日後就讀大學提前做好相關準備。若高級中等學校能積極與鄰近大專校院合作並爭取開設「大學預修課程」（特別是與學校發展特色相符之學科領域），並建立引導校內高中生參加「大學預修課程」之機制（例如規定應修習各種大學預修課程至少2學分，或針對修習

大學預修課程之學生給予敘獎或經費補助等），將可作爲該高級中等學校吸引學生就讀之辦學特色與優勢。

(五) 推廣「翻轉教室」之新興教學模式

2007年美國科羅拉多州洛磯山林地公園高中（Woodland Park High School）的兩位化學教師J. Bergmann與A. Sams，爲解決同學缺課的情形，將錄製好的教學影片上傳至YouTube網站，讓學生先在家看影片講解，再由教師利用課堂時間與學生互動、解答疑惑及引導學生完成作業，此模式被稱爲「翻轉教室」（flipped classroom，又譯作「翻轉課堂」）；而翻轉教室的模式與理念，更透過S. Khan所創辦的「可汗學院」（Khan Academy）加以發揚光大（廖怡慧，2012）。翻轉教室的核心概念是將傳統「教師在課堂中教授課程內容，學生在課後討論、練習，並完成作業」的授課模式，翻轉成爲「學生在上課前觀看教師預先錄製的課程內容，然後到課堂上進行討論、練習，並完成作業」的上課方式（趙惠玲，2014）。

美國ClassroomWindow公司於2012年針對453位推行翻轉教育的教師（其中95%爲中學教師）進行調查，結果發現67%的學生標準化測驗分數獲得改善，且80%的學生態度亦有所改善；至於教師工作滿意度則有88%獲得改善，並有99%的教師表示下一年將繼續推動翻轉教室的教學模式（ClassroomWindow, 2012）。而Mok（2014）也指出，以翻轉教室方式進行教學，是許多學生明顯認同的有效教學方法；透過隨時隨地可重播的教學影片，讓學生能在上課前充分做好準備，且學生也將有更多時間投入學習活動；這種教學模式使得學習能力較差但很勤奮的學

生，能夠依自己的步調來學習，並在上課時與其他優秀同儕一樣事先做好準備，這也將幫助學生建立自信，並提高對該科目的喜好度。

教育部師資培育及藝術教育司（2014）已分北區、中區及南區舉辦3場「翻轉教室工作坊」，並開放中小學在職教師、師資培育之大學教師、師資生、研究人員及其他有興趣的民眾報名參加。目前已有不少高級中等學校教師陸續開始實施及推廣「翻轉教室」之教學模式，例如臺北市立中山女子高級中學的張輝誠教師於國文科推廣翻轉教室之學思達教學法，以及臺北市立第一女子高級中學的孫譽真教師於生物科分享自己如何協助學生進行翻轉學習之經驗等（國立臺灣師範大學教學發展中心，2014）。

四 學生展能層面

(一) 開展學生多元潛能，發展需求導向的重點特色與社團

1. 高級中等學校不應只關注學生的升學率，而應著重於讓不同興趣或不同領域專長的學生，都能獲得開展多元潛能的舞臺與機會。孔子曰：「知之者，不如好之者；好之者，不如樂之者。」（《論語·雍也第六》）。而日本教育家木村久一也認為：「天才，就是強烈的興趣和頑強的入迷。」學校於規劃推動特色社團、專業團隊（如運動代表隊或技職類創意自造團隊）、競賽、營隊或慶典活動時，除考量學校在歷史文化背景、師資及環境設備等方面之優勢項目外，亦可研議建立讓學生們主動連署提案新增重點發展項目之機制，或每年調查學生的興趣和需求作

為開設新增項目之參考依據，以期逐步發展出以學生需求為導向的社團、專業團隊、競賽、營隊或慶典活動等，作為學校重點特色；進而在符合學生學習興趣的前提下，鼓勵他們參與國際性或全國性競賽並爭取佳績。換言之，學校重點特色之發展，除了考量各校既有背景、優良師資與環境設備外，也可考量從學生的興趣和需求出發，另行開拓出新興項目作為重點特色；若前述新興項目缺少相關校內師資或環境設備時，也可考量聘請鄰近社區內的專業技術人員（或教練、教學支援工作人員），或與場地設備較優良之相關機構或民間單位（如溜冰場、游泳池或藝術工作室之經營者等）合作，以補學校現有師資及環境條件之不足，並持續努力向主管教育行政機關申請相關經費補助，以改善相關師資與環境。

2. 高級中等學校除了拚升學率以外，由於學生可參加之各種國際性競賽、全國性競賽、相關技能檢定、展覽或展演等活動眾多，其種類與項目更是非常多元。整體而言，學校可分別針對學術類、藝術類、技職類及運動類等四種不同類別，深入發展之重點特色項目如下：

(1) 「學術類」重點特色發展項目

　　凡學校於語文（包括國語文及英語文）、數學、自然科學（包括物理、化學、生物、地球科學）、科技（包括資訊科技等）或社會（包括歷史、地理、公民與社會）等領域之相關科目中，擁有專業師資、優質培訓場地與實驗器材設備、感興趣的學生（或團隊）等優勢發展條件，便可善用各該科目之資源與發展優勢條件，營造出一所「學術類」的重點發展學校。有關「學術類」的重點發展學校，除平常可

結合正式課程進行教學外，也可針對各該學科提供學生專題研究、社團指導、寒暑期營隊（如數學營、科學營）、跨校交流活動、舉辦成果展等機會，以鼓勵學生多接觸課外生活化的學術知識，並深化學生對這些學科領域知識的學習興趣。此外，為展現各學科的學習成果，提供學生努力的方向與目標，並精進學生專業能力及促進自我實現，也可鼓勵這類學校的學生，參加國際性或全國性相關學術類競賽（或評比）活動。

(2) 「藝術類」重點特色發展項目

有關「藝術類」重點特色發展項目，主要包括音樂、美術、舞蹈、戲劇等類別。由於藝術類相關課程，目前在學校正式課程中所占時數相當有限，因此，學校通常可透過定期參與藝術活動（如至國家音樂廳或國家劇戲院等藝文場所欣賞演出）、善用彈性課程增加藝術類相關課程時數、成立藝術才能班、特色社團（如樂隊或劇團）、寒暑期營隊、跨校交流及公開展演、特色慶典活動（如音樂祭或舞蹈節）等機會，讓學生有更多欣賞藝術、學習專業藝術知識，甚至進行藝術創作或展演的機會，以強化學生對於藝術的學習興趣。

依「高級中等以下學校藝術才能班設立標準」第2條及第3條規定，中小學均可申請設立音樂、美術、舞蹈及經教育部指定增設之其他類別藝術才能班。另「高中高職藝術才能班特色招生甄選入學作業要點」更指出，實際上經主管機關核准設立之高級中等以下學校藝術才能班，包括音樂、美術、舞蹈及戲劇班（科）。目前就讀高級中等學校之

Chapter 5

中小學特色發展之創新策略與措施

學生，除有機會修習音樂、美術及藝術生活等課程外，亦可透過參加社團（如弦樂社、熱門音樂社、合唱團、美術社、舞蹈社、戲劇社等）或學校樂隊的方式，學習並發展相關藝術才能。若學生取得國際性或全國性藝術類比賽優異成績（或展演）者，參加大學或四技二專甄選入學時，更有機會獲得不同程度的加分。學校若能掌握學生學習興趣與需求，並善用校內或鄰近社區內的優良師資（業界師資、專任技術人員等）與環境設備，便有機會發展出深受學生喜愛並蔚為風氣的重點特色藝術類項目，據以作為學校特色發展項目。尤其目前國內已成立國立新港藝術高中、彰化縣立彰化藝術高中等藝術類的單科型高級中等學校，足見發展藝術教育特色，已逐漸受到外界重視。另，為期展現學生在藝術方面的學習成果，提供學生努力方向與目標，並精進學生藝術專業能力及促進自我實現，可鼓勵這類學校的學生，參加國際性或全國性的藝術類相關競賽活動。

(3)「技職類」重點特色發展項目

有關「技職類」的發展項目極為多元，例如機械、製圖、模具、鑄造、配管、冷凍空調、電機、電子、資訊、汽（機）車修護、化工、土木、建築、室內設計、美工、圖文傳播、廣告設計、商業經營、國際貿易、應用外語、海事水產、食品加工、服裝設計、美容美髮、幼兒保育、餐飲管理、觀光等。中小學可透過安排學生至工廠（或企業、職業試探與體驗教育中心）參觀、善用彈性課程增加技職類相關課程時數（含聘請業師授課）、成立技藝教育班、自造實驗室、特色社團、舉辦寒暑期營隊、建教合作、鼓勵學生參加

241

技能檢定、跨校交流、鼓勵發明並申請專利等機會，讓學生有更多了解技職出路、學習技職專業知識，甚至進行技職創作或發明的機會，以強化學生對於技職的學習興趣。若學生取得「中等以上學校技藝技能優良學生甄審及保送入學辦法」規定之國際性或全國性技能競賽、科技（科學）展覽或技能檢定優異成績者，不僅可參加技藝技能優良學生甄審及保送入學之專屬升學管道，參加大學或四技二專甄選入學時，更有機會獲得不同程度的加分。學校若能掌握學生學習興趣與需求，並善用校內或鄰近社區內的優良師資（業界師資、專任技術人員等）與環境設備，便有機會發展出深受學生喜愛並蔚為風氣的重點特色技藝技能項目，進而於國際性或全國性技能競賽、科技（科學）展覽爭取佳績，或展現出較高的技能檢定通過率（或專業證照取得率），此不僅可精進學生技職專業能力並鼓勵其追求自我實現，同時亦可為校爭光。

(4)「運動類」重點特色發展項目

有關中小學可發展重點特色之運動種類高達100多項（詳如表5-5），例如籃球、排球、棒球、足球、網球、羽球等。中小學可透過鼓勵學生觀賞（或參與）各類型運動賽會（如職棒、職籃）、善用彈性課程增加運動類相關課程時數（含聘請運動教練授課）、成立體育班、闢建專業運動場地、發展特色社團或運動代表隊、舉辦寒暑期營隊、鼓勵學生報考運動專業證照（如教練證、運動傷害防護員證）、辦理校際運動競賽、安排自行車環島活動等機會，讓學生在參與體育活動的過程培養運動樂趣，並學習運動專業知識，以

表5-5 運動種類代碼表

代碼	運動種類科目	代碼	運動種類科目	代碼	運動種類科目	代碼	運動種類科目	代碼	運動種類科目
001	籃球	002	排球	003	網球	004	軟式網球	005	羽球
006	棒球	007	壘球	008	桌球	009	足球	010	橄欖球
011	高爾夫	012	合球	013	手球	014	撞球	015	木球
016	曲棍球	017	保齡球	018	槌球	019	柔道	020	空手道
021	跆拳道	022	拳擊	023	國術	024	武術	025	太極拳
026	角力	027	劍道	028	擊劍	029	射箭	030	射擊
031	游泳	032	跳水	033	水球	034	水上芭蕾	035	划船
036	輕艇	037	帆船	038	龍舟	039	田徑	040	攀岩
041	自由車	042	滑輪溜冰	043	滑水	044	直排輪曲棍球	045	拔河
046	體操	047	有氧競技體操	048	運動舞蹈	049	競技啦啦隊	050	鐵人三項
051	現代五項	052	民俗運動	053	舉重	054	健力	055	健美
056	合氣道	057	巧固球	058	壁球	059	馬術	060	競速滑冰
061	花式滑冰	062	短道滑冰	063	冬季兩項	064	雪車	065	雪橇
066	俯臥雪橇	067	冰上曲棍球	068	阿爾卑斯式滑雪	069	自由式滑雪	070	北歐混合式滑雪
071	越野滑雪	072	滑雪跳躍	073	雪板（滑板滑雪）	074	冰上石壺	075	沙灘排球
076	韻律體操	077	拳球（浮士德球）	078	短柄牆球	079	水上救生	080	輕艇水球
081	飛行運動	082	滾球	083	定向越野	084	蹼泳	085	相撲
086	柔術	087	原野射箭	088	飛盤	089	西洋棋	090	圍棋
091	象棋	092	卡巴迪	093	藤球	094	極限運動	095	沙灘手球
096	慢速壘球	097	室內曲棍球	098	3對3籃球	099	五人制足球	100	電子競技
101	龍獅運動							110	其他：

資料來源：修改自「運動種類代碼表」，106學年度中等以上學校運動成績優良學生升學輔導委員會，2017，載於106學年度高級中等以上學校運動成績優良學生升學輔導甄審、甄試簡章（頁10）。教育部2017年2月17日臺教授體字第1060003457號函核定。

強化學生對於運動的參與及熱愛。若學生取得「中等以上學校運動成績優良學生升學輔導辦法」規定之國際性或全國性運動競賽優異成績者，不僅可參加運動成績優良學生甄審甄試或單獨招生之專屬升學管道，參加大學或四技二專甄選入學時，更有機會獲得不同程度的加分。因此，學校可整合校內或鄰近社區內的優良師資（體育教師、教練或專任技術人員等）、優質運動環境設備等資源，並結合具運動學習興趣（或發展潛能）的學生選手，積極發展出深受學生喜愛並蔚為風氣的重點特色運動項目（如籃球、棒球等），甚至進而於國際性或全國性運動競賽爭取佳績，以期開展學生運動潛能，引導其追求自我實現，並為校爭光。

(二) 發展具特色之戶外教學或探索體驗活動

為整合公私部門資源推動戶外教育，教育部於2014年1月成立「教育部戶外教育推動會」（教育部，2014a）。教育部復於2014年6月26日發布《中華民國戶外教育宣言》，其中認為「戶外教育」是泛指「走出課室外」的學習，包括校園角落、社區部落、社教機構、特色場館、休閒場所、山林溪流、海洋水域、自然探索、社會踏查、文化交流等之體驗學習。透過走讀、操作、觀察、探索、互動、反思等歷程，結合五感體驗的融合學習，讓學習更貼近學習者的生活經驗；並將透過行政支持、場域資源、課程發展、教學輔導及後勤安全等五大系統，設定戶外教育行動策略（教育部，2014c）。另教育部也委請國家教育研究院規劃「中華民國推動戶外教育五年中程計畫」，以期有效整合各單位戶外教育資源，並提出整體戶外教育推動之政策與架構（教育

部，2014a）。

依據2017年2月18日修正之「教育部國民及學前教育署補助實施戶外教育要點」第三點第(四)款第2目規定，對於學校結合課程安排教學體驗活動至下列場域進行戶外教學活動者，得優先補助經費：(1)漁市、海港、農場、牧場、休閒農業區、生態中心、自然教育中心、國家公園等地，進行農、林、漁、牧戶外體驗活動；(2)運動場地設施，觀賞運動競賽或體育表演，或進行體能體驗活動；(3)藝文館所，觀賞藝文建物、展覽及表演，或進行創作體驗活動；(4)各類災害重建區相關教學活動，進行防災教育、環境教育、生態教育等課程；(5)臺灣十八處世界遺產潛力點，欣賞有形及無形文化資產，進行落實世界遺產概念扎根基礎教育，培養鄉土意識與國際觀；(6)其他符合戶外教育場域之場所。有關上述臺灣世界遺產潛力點，包括馬祖戰地文化、金門戰地文化、淡水紅毛城及其周遭歷史建築群、大屯火山群、樂生療養院、水金九礦業遺址、桃園臺地陂塘、棲蘭山檜木林、臺鐵舊山線、太魯閣國家公園、阿里山森林鐵路、玉山國家公園、烏山頭水庫及嘉南大圳、卑南遺址與都蘭山、澎湖玄武岩自然保留區、排灣族及魯凱族石板屋聚落、澎湖石滬群、蘭嶼聚落與自然景觀等處（文化部文化資產局，2017）。

在教育部近年來的大力推廣下，中小學已開始重視戶外教育之推動。以雲林縣立古坑華德福實驗高級中學為例，該校很重視讓學生接觸大自然及推動戶外教育，該校學生不僅爬過七星山、大屯山、雪山及完成陽明山縱走等任務，更參加全程馬拉松路跑、小鐵人三項、騎單車及泳渡日月潭等活動，最後更在高三畢業前完成登玉山領畢業證書之艱鉅任務（許素惠，2015）。雲林

縣立古坑華德福實驗高級中學的學生完成上述具特色與挑戰性的各項戶外教育活動以後，也樹立了該校培育出來的學生都能具備良好體能，並熱愛親近大自然的優良品牌形象，可吸引理念相近的學生前往就讀。

(三) 強化多元國際交流活動，拓展學生國際視野

為拓展中小學學生之國際視野，使學生的未來發展能與世界接軌，學校可加強推動多元國際交流活動，以提升學生國際競爭力，並增加國際交流機會。尤其對許多中小學學生而言，如果不曾出過國，往往很難深刻體會外語能力的重要性，也不容易培養國際觀及理解外國文化；因此，學校宜積極提供學生多元化的國際交流機會。具體作法例如：(1)與國外中小學締結姊妹校（或夥伴學校）：依據教育部委託輔仁大學成立高級中學第二外語教育學科中心（2016）之調查統計結果顯示，2016學年度以前已締結國際姊妹（或夥伴）學校之國內高級中等學校計有123校，其總計與來自24國的302所國外學校締結國際姊妹（或夥伴）學校關係，據以作為後續推動校際互訪（含視訊對話）、課程與文化交流（含安排寄宿家庭）、發表國際專題研究報告、社團交流、交換學生等國際交流活動之基礎；(2)鼓勵學生參加國際教育旅行：安排參訪具代表性之國外學校，學習國外學校課程與教學等方面之辦學特色，並體驗外國文化與生活情境；(3)輔導學生參加國際研習營隊、國際會議或國際志工活動等，增進學生國際溝通與交流機會，提升國際視野與競爭力；(4)推動國際數位學伴：協助本國學生與其他國家的學生建立國際數位學伴關係，並定期透過網路新媒體工具（如LINE、facebook、Hangouts）進

行英文（或其他外語）的對話，除增進外語學習興趣與能力外，亦有助於增進對外國文化之理解。

(四) 推動多元族群暨文化特色活動，並結合文創產業發展

凡具有原住民族、客家、新住民發展優勢條件或具備文化資產相關資源之中小學，皆可透過積極推動多元族群暨文化特色活動，來發展其學校重點特色。同時，亦可結合政府推動「原住民重點學校」（或原住民族語魔法學院）、「客語生活學校」（或客語魔法學院）、「新住民重點學校」等相關政策，加強推動多元族群暨文化特色活動。至於推動多元族群暨文化特色活動之具體作法，則諸如提供多元族群之本土語文或新住民語文學習課程（內容包括日常生活用語、俚諺語、歌謠唱遊、詩詞吟唱等）、提高本土語文（原住民語、客語）或新住民語文（越語、印尼語等）之語言能力認證通過率、發展具多元族群文化特色或可彰顯文化資產保存價值之實作體驗課程（包括多元族群音樂、舞蹈、風俗與典章制度、手工藝、美食DIY等）、導入多元族群文化意象之空間改造、開辦多元族群特色社團、安排參訪多元族群聚落（或會館）、文化資產展示處或文化創意產業園區等。

至於文化資產，依《文化資產保存法》及其施行細則之規定，則是指具有歷史、藝術、科學等文化價值，並經指定或登錄之有形及無形資產。其中有形文化資產包括古蹟、歷史建築、紀念建築、聚落建築群、考古遺址、史蹟、文化景觀、古物、自然地景及自然紀念物；至於無形文化資產，則包括傳統表演藝術（如戲曲、歌謠、舞蹈、雜技等）、傳統工藝、口述傳統、民

俗、傳統知識與實踐。凡中小學擁有上述文化資產或鄰近其所在地區者，均可結合各該文化資產，發展出學校特有的文化特色活動。例如位於鹿港小鎮的國立鹿港高中，便成立以學生為導覽員的「古蹟解說團」，進行古蹟廟宇導覽（如龍山寺、天后宮、意樓、九曲巷等）、推廣鄉土文化（如製作紙扇、錫雕等）及傳統童玩（如捏麵人、燈籠彩繪等），並曾榮獲前行政院青年輔導委員會主辦2010年區域和平志工團績優團隊全國競賽優勝團隊—文化服務類第1名之優異成績，且常獲電視臺採訪報導，提升學校知名度與形象（陳雅芳，2017；曾建城，2014；臺中市青年志工中心，2010）。

然而，由於部分學生或家長不免擔心花費太多時間學習本土語文、多元文化或傳統民俗技藝以後，對於日後就業（或升學）的幫助相當有限；因此，為增進學生與家長對於參與多元族群暨文化特色活動的信心，學校可嘗試與文化創意產業園區的成功文創業者合作，透過邀請文創業者蒞校專題演講、於學校園遊會（或運動會）擺設攤位、舉辦文創作品展、鼓勵學生到園區參訪（或實習）、由業師到校傳授文創技藝與知識等機會，展示文創工作成果，以期及早讓學生了解如何讓自己獨特文化與技藝，轉化為未來就業的出路。透過加強學生對於相關文創產業的認識，了解如何走進文創，尋求商機，進而自給自足，以增進學生及家長對於參與多元族群暨文化特色活動，以及投入文創產業發展的信心。

⑤ 公關資源層面

(一) 推動跨層級的校際策略聯盟

1. 與大專校院建立策略聯盟

　　教育部近年來對於強化中小學與大專校院之間的策略聯盟極為重視，2007年訂定「教育部補助技專校院與高職及綜合高中建立策略聯盟計畫經費要點」（該要點於2008年修正名稱為「教育部補助技職校院建立策略聯盟計畫經費要點」），鼓勵國中、高職與技專校院建立策略聯盟，期能強化夥伴關係、建立學校間垂直與水平合作、整合教育資源、促進學生學習銜接，並提升學生就近就讀高職及技專校院之意願。此外，亦曾於2013年訂定「教育部國民及學前教育署補助大學校院協助高中高職優質精進計畫經費要點」（該要點於2014年修正名稱為「教育部國民及學前教育署補助高級中等學校精進優質經費要點」），鼓勵未達優質認證基準或具評鑑弱項（即評鑑結果成績未達80分之項目）之高級中等學校，強化與大學校院或產業界合作，以期使學校邁向精進優質、深化適性輔導、整合教育資源、提升課程教學效能、促進學生多元發展，並利國中畢（結）業學生就近適性選讀學校。

　　在教育部的政策支持下，國內各國中及高級中等學校與大專校院建立策略聯盟，已逐漸蔚為一股風潮。例如2013年臺北市立大安高工等10所北區高職與國立臺北科技大學等17所北區技專校院簽署北區跨校策略聯盟合作協議書，期將技專校院產學合作經驗分享給高職，並共同推動人才培育、產學合作及研發（許秩維，2013）。又臺北市立明倫高中於2013年與淡江大學簽訂策略聯盟後，獲淡江大學支援英語外籍師資、第二外語課程師資

及實驗班特色課程活動等項目（淡江大學，2013）。此外，國立臺中一中、國立彰化高中、國立彰化女中、國立新竹高中等13所高級中等學校亦於2015年與國立彰化師範大學進行策略聯盟簽約，針對師資、課程、設備與教育資源等多個面向進行交流合作，並規劃合作推動扎根高中職資訊科學教育計畫（國立彰化師範大學，2015）。

由上述說明可知，目前國內中小學與大專校院建立策略聯盟正方興未艾，且大專校院亦可針對未達優質認證基準或具評鑑弱項之高級中等學校提供相關輔導與協助；因此，各中小學宜善用鄰近大專校院之資源優勢，透過策略聯盟創造學校的辦學特色，諸如提供高級中等學校學生使用大專校院實驗室（含設備）或預修大學課程之機會、圖書館等相關場館資源共享、大學教授參與中小學特色課程之研發、支援第二外語教學、指導中小學學生專題研究、進行學生社團或營隊交流等，以增加中小學辦學特色與優勢，進而吸引學生就近入學。

2. 與高級中等學校建立策略聯盟

國中小與高級中等學校，或不同高級中等學校之間，亦可透過策略聯盟來發展辦學特色，主要可朝下列方向思考：

(1) 各校具有不同發展重點特色、專長師資或場館設備，可透過策略聯盟強化交流並截長補短：例如普通高中與高職之間建立的策略聯盟，可透過跨校選課或跨校合開特色課程等機制，讓普通高中學生有機會學習高職才有的實用技能課程（如資訊管理、建築設計、水電配管等），並讓學術性向較強烈的高職學生有機會學習普通高中的進階數理、英文或第二外語課程等。又普通高中

與其他單科型高中（如藝術高中或體育高中）之策略聯盟，則可讓普通高中學生有機會使用單科型高中的特有專業場館（如金屬工藝教室、舞蹈教室、攝影棚、重量訓練室等）或找到開設特色社團的師資；亦讓單科型高中的學生有機會與普通高中學生一同參加科學營或專題實驗，甚至參加聯合模擬考等。

(2) 尚未通過優質認證之高級中等學校，可透過策略聯盟獲得其他學校的扶持：唯有全面提升所有高中、高職的辦學品質，才能真正實踐十二年國教引導學生就近入學與適性入學之目標；因此，凡是未通過優質認證或部分評鑑項目不佳之高級中等學校，均可透過策略聯盟結合其他優質高級中等學校的資源與經驗，改善學校本身的劣勢條件，從而增進教學品質及提升學校形象。例如：優質高級中等學校具申請優質學校認證經驗之教職員，籌組輔導團至尚未通過優質認證之學校進行實地輔導與經驗分享。或透過跨校「服務學習」課程之設計，讓優質高級中等學校成績較優異的學生，協助未通過優質認證之高級中等學校的成績落後學生進行課業輔導或學習心得分享。一所優質高級中等學校，除了展現自己的優質辦學品質外，也應試著扶持或帶動周邊學校的共好與發展；學校之間不應只存在競爭的關係，更應該積極發展合作關係，以全面促進學校優質化之發展。

(3) 建立跨校性的教職員專業成長社群：為因應「十二年國民基本教育課程綱要」之研訂，以及各校發展特色課程之需要，國中與高級中等學校，或不同高級中等學校之

間，可共同成立跨校性的教職員專業成長社群，以提升教師教學品質。例如：國立臺中女中、國立臺中一中、國立臺中二中、國立文華高中及國立中興大學附中等5校於2015年簽訂Taichung Big 5策略聯盟合約，針對上述十二年國教課綱，進行跨校行政人員與核心人員研習、課綱研習，並組成教師專業學習社群，共同開發各種選修課程，未來更規劃討論及發展跨校開課或跨校選課等事宜（教育部國民及學前教育署，2015a）。

3.與國中小建立策略聯盟

雖然國中小的層級比高級中等學校及大專校院都低，但與國中小建立策略聯盟，除可提供高級中等學校及大專校院師生服務學習或實習的機會外，也可共同發展一貫化的特色課程，共享運動場地或圖書資源，或結合區域自然人文特性發展在地化特色遊學地圖等。有關與國中小建立策略聯盟之具體案例如下：

(1) 教育部所訂定的「教育部補助技職校院建立策略聯盟計畫經費要點」，除鼓勵高級中等學校與技專校院建立策略聯盟外，該策略聯盟之主要辦理內容，更包括辦理國中技職教育宣導、規劃技職類科體驗學習課程供國中學生參加，以增進鄰近國中學習課程與技職學校之合作與互動，提升學生就近就讀技職學校之意願。

(2) 至於「教育部補助永續校園推廣計畫作業要點」，亦鼓勵各級公私立學校提出永續校園整合案（其中可整合2校至6校）申請經費補助，並常因此促成高級中等學校與國中小之間的跨層級合作。以私立明道中學、臺中市爽文國中、臺中市西寧國小及朝陽科技大學於2010年提出的

永續校園整合案爲例，便是以節能減碳及災害防救爲主
軸，透過「大樓屋頂綠化隔熱改善」、「教室外牆遮陽
隔熱改善」、「擋土牆防災控制」、「雨水再生水回收
再利用」及「用電管理監控系統」等方案，整合大學、
高中及國中小相關資源，發展各校不同特色並擴大永續
校園推動成效（臺中市私立明道高級中學，2010）。

(3) 然而，除上述技職校院策略聯盟及永續校園整合案外，
高級中等學校亦可視需要與國中小建立策略聯盟，據以
發展學校特色。例如：臺南市後壁高中、臺南市菁寮國
中及臺南市菁寮國小等3校於2014年締結「食安教育策
略聯盟」，以合作落實米鄉文化、產業、農業食安之
推廣與傳承，其中菁寮國小推動自然農法與科學種稻課
程、菁寮國中辦理稻草藝術創作與稻作研究課程、後壁
高中則規劃稻米文創與包裝行銷課程，並統整爲有系統
的12年一貫課程（劉婉君，2014）。高級中等學校若
希望吸引鄰近國中的畢業生就近入學，則除了派員至鄰
近國中進行招生宣導外，更應考量透過與鄰近國中小建
立策略聯盟，加強爲鄰近國中小提供相關服務與資源，
藉由平時建立的良性互動與合作關係，有效提升學校形
象，如此不僅有助於穩定招生來源，甚至更有機會吸引
鄰近國中之優秀學生就近入學。

(二) 強化與其他機關（構）之異業結盟與產學合作

美國教育學家J. Dewey（杜威）認爲：「學校本身……是一
種社會生活的形式，……與其他校外的群體經驗模式有緊密的互

動。」並指出：「學校本身必然就是一種社區的生活，……社會性的知覺與興趣只有透過眞正的社會媒介才能發展出來」（引自林秀珍，2001，頁9）。由於學校的學習內容不能與社會生活脫節，中小學如果只停留在與性質相近的其他學校策略聯盟，恐怕不利於加強學生與校外社會生活經驗之間的連結，若能與其他政府機關、社教機構或民間企業進行跨領域合作或異業聯盟，將可爲學校爭取更多教育資源，並協助學生學會眞實社會生活所需具備的能力，進而發展學校特色。其具體發展方向如下：

1.加強學校與其他政府機關之資源連結及跨領域合作

除了教育部以外，目前國內其他政府機關所推動的相關政策，也都與教育議題或學校息息相關，學校更應據以尋求與其他政府機關進行跨領域合作之機會，爲學生學習爭取更多校外資源。例如高級中等學校可配合科技部「高瞻計畫」等相關計畫，爭取補助經費推動科學教育，包括研發新興科技領域課程模組或發展科學教育之創新教學方法等（科技部，2014）。高雄市立瑞祥高中配合科技部高瞻計畫，於校內設置「神農藥草園」、成立「生物科學班」、由生物教師設計藥草植物精油萃取之教學教案、與義守大學共同研發醫藥與生物科技專題研究課程，爰於2014年榮獲科技部「高瞻特優學校獎」之殊榮，並成爲該校辦學特色（張啓芳，2014）。此外，新北市立淡水商工及新北市立石碇高中亦配合行政院農業委員會及新北市政府推廣食農教育之政策，獲補助發展成爲食農教育示範及推動學校，並於校園內設置農場（園），種植水稻、各類蔬果及花卉，進行各項食農教育之教學體驗活動（新北市政府教育局，2015b）。另在配合外交部之國際交流政策方面，高雄市立六龜高中依據「外交部補助民間

團體從事國際交流及活動要點」提出2015年推動國際文化交流活動計畫申請經費補助，並安排該校合唱團及太鼓社學生前往日本311地震重災區（宮城縣、岩手縣）展演，爲當地重建的音樂館募款，成爲該校社團發展特色（外交部，2015；高雄市立六龜高級中學，2015）。

2. 加強學校與社教機構之跨域合作與策略聯盟

目前國內已設有諸如故宮博物院、科學教育館、科學博物館、歷史博物館、藝術教育館、美術館、動物園、植物園等藝文、歷史、科學或自然生態等領域之社教機構。由於中小學學生並非全數只以升學爲目標，且學生亦不宜只偏重智育或書本知識的學習，因此，爲培養學生多元興趣並引導學生適性發展，中小學可考量與社教機構進行跨域合作或建立策略聯盟，透過「提供更低折扣的學生優待票價」、「共同研發情境式的體驗學習課程」、「參與DIY的科學實驗」、「社教機構專業人員參與協同教學或指導專題研究」、「場館資源共享」（如學生可至社教機構無償使用部分場館或工作室，學校場地則無償提供社教機構舉辦巡迴展）、「由學校鼓勵學生擔任社教機構的志工導覽員或協助宣傳推廣工作」等方式，強化雙方互惠與交流，並善用社教機構能提供之實際情境與體驗學習，提升中小學課程之教學品質與成效，學校亦可藉此發展其辦學特色。例如，臺北市立成淵高中與臺北當代藝術館合作推動藝術家駐校計畫，並邀請2位藝術家駐校，其中木工藝術家王宏亨引導學生認識木材的特性和質感，並進行造型設計和切割、舞臺布景搭建、木偶關節動作和機關設計等；至於藝術家劉邦耀則指導透過逐步移動、定格拍攝照片的方式，讓木偶動起來，成爲該校推動藝術教育之發展特色（江慧

珥，2014；康湜今，2012）。

3.加強學校與事業機構之產學合作

高級中等學校與事業機構之間的產學合作方式，通常包括建教合作班（分為輪調式、階梯式、實習式及其他方式4種）、就業導向課程專班（又稱「契合式人才培育專班」）、職業類科專任教師赴公民營機構研習、學校遴聘業界專家協同教學、職業學校學生至業界實習及職場體驗等（教育部，2013c；教育部國民及學前教育署，2016c）。「高級中等學校建教合作實施及建教生權益保障法」於2013年1月2日公布施行以後，建教合作制度已更為健全，且建教生權益亦更加受到保障。2016學年度全國高級中等學校建教合作班之班級數為393班，學生數總計17,710人，主要集中於「餐旅群」（46.1%）、「電機與電子群」（15.2%）及「家政群」（12.9%，如美容科等），合計占74.2%左右；至於2016學年度建教合作班之應屆畢業生就業率占40.8%、升學率占46.5%，未就業且未升學者計有12.7%（教育部統計處，2017d）。此外，教育部國民及學前教育署已建置「高職與業界合作機構資料庫及產學資訊平臺」，作為媒合高級中等學校與事業機構（或民間團體）間之平臺；其中有關建教合作之具體案例，如私立永平工商（餐飲管理科）與郭元益食品公司、錢櫃公司及天成飯店等事業機構合作推動輪調式的建教合作班，協助建教生學會產業界所需技能，並於畢業後可立即就業，成為該校餐飲管理科之招生優勢（教育部國民及學前教育署，2016c）。高級中等學校宜善用與事業機構之間的各種產學合作，引進業界實務經驗與資源，增進學生就業所需的實務工作技能，提升學生學習興趣與成效。

(三) 建立校友返校多元交流機制，分享畢業校友成功經驗

由於「畢業生出路與校友成就」（例如畢業校友是否就業情況佳、薪資高、在社會上有成就、表現傑出等），乃是多數學生認同的重要選校因素（郭俊宏，2014；蔡永智，2011；蔡幸枝，2004）。然而，過去國內中小學多半只關注在校生，而較少顧及畢業生流向與傑出校友成就。因此，為期增進學生選擇就讀各該學校的信心，提高學校招生競爭力，並為學生們找到成功的學習榜樣，學校應積極建置畢業生流向追蹤與聯繫管道，其中聯繫方式可善用E-mail、社群網路工具（如LINE、臉書）及學校網站等，並定期發放網路問卷（如透過google表單設計簡易網路問卷）調查畢業生流向與現況。其次，再據以建立校友返校多元交流機制，例如：結合校慶或教師節辦理校友回娘家活動、鼓勵畢業生暑期返校協辦新生訓練（或暑期育樂營）、邀請各領域優秀校友返校專題演講分享成功經驗、遴選傑出校友、於學校網站（或電子刊物）公告校友名人堂、舉辦校友聯歡晚會、鼓勵導師邀請各畢業班級定期舉辦擴大同學會、鼓勵畢業生為弱勢家庭的學弟妹認輔課業（例如透過數位學伴方式認輔）等。正如許多企業都會邀請形象佳的明星為其產品代言的效果一樣，當學校能找到具知名度與代表性的傑出校友，返回母校為學弟妹們專題演講，或參與校慶、社區踩街遊行活動等，均有助於提升社區居民（包括尚未決定就讀學校的準學生或其家長等）對學校的好感與正面評價。

※附記

本書於提出上述中小學特色發展之具體措施案例時，已先採用「創新元素檢核表」，檢視這些學校特色措施是否符合「創新」的意義與價值。其中凡經檢視同時具備「新奇性」、「獨特性」及「變化性」3個核心元素，並至少再具備1個以上的增強元素者，均予保留；否則即予刪除。有關經檢視保留的中小學特色發展措施案例之創新元素檢核表，詳如表5-6所示。惟需補充說明的是，表5-6只是作者依第一章第一節提出的「創新元素」進行嘗試性的檢核應用，未來應可進一步藉由找出一些成功的創新個案，並採用適當調查研究工具（例如李克特5點式同意量表或層級分析法問卷等），加以探討這些創新元素的重要性（或權重值）。

表5-6 中小學特色發展措施案例之創新元素檢核結果一覽表

元素別／項目	核心元素			增強元素							
	新奇性	獨特性	變化性	趣味性	理想性	實用性	經濟性	感動性	話題性	領先性	喜好性
一、行政管理層面											
1.通過國際級品質認證	○	○	○		○	○			○	○	○
2.推動全校性實驗教育創新	○	○	○		○	○	○	○	○	○	○
3.結合資訊科技推動「未來學校」	○	○	○	○	○	○	○	○		○	○
4.提供「使用者付費」的創新加值服務彈性	○	○	○		○	○	○		○	○	○
5.發展生活輔導或品德教育特色學校	○	○	○		○	○		○			○

元素別　／　項目	核心元素			增強元素							
	新奇性	獨特性	變化性	趣味性	理想性	實用性	經濟性	感動性	話題性	領先性	喜好性
6.建構特色遊學地圖，活絡地方發展	○	○	○	○	○	○	○	○	○		○
二、環境設施層面											
1.營造校園創意空間及新穎舒適的教學環境	○	○	○					○	○	○	○
2.打造可親近自然生態的永續校園環境	○	○	○	○				○			○
3.推動國際英語村及其遊學交流措施	○	○	○	○				○	○	○	○
4.成立職業試探暨體驗教育中心（或區域職業試探與體驗示範中心）	○	○	○	○	○	○	○	○	○	○	○
5.成立自造實驗室，鼓勵創新實作	○	○	○	○	○	○	○	○	○	○	○
6.閒置校舍活化為藝術家工作室，帶動「藝術家駐校」風潮	○	○	○		○			○		○	○
三、課程教學層面											
1.發展具實驗創新性質之特色課程	○	○	○	○				○	○	○	○
2.推動「國際文憑組織高中文憑學程」	○	○	○		○	○	○		○	○	○
3.引進外國籍的外語專業師資或教學助理	○	○	○		○	○			○	○	○
4.媒合高中生參加「大學預修課程」	○	○	○		○	○			○	○	○

項目 \ 元素別	核心元素			增強元素							
	新奇性	獨特性	變化性	趣味性	理想性	實用性	經濟性	感動性	話題性	領先性	喜好性
5.推廣「翻轉教室」之新興教學模式	○	○	○	○	○	○		○	○		○
四、學生展能層面											
1.開展學生多元潛能，發展需求導向的重點特色與社團	○	○	○	○		○			○	○	○
2.發展具特色之戶外教學或探索體驗活動	○	○	○	○	○	○		○	○		○
3.強化多元國際交流活動，拓展學生國際視野	○	○	○		○				○	○	○
4.推動多元族群暨文化特色活動，並結合文創產業發展	○	○	○	○	○	○		○	○		○
五、公關資源層面											
1.推動跨層級的校際策略聯盟	○	○	○			○	○	○		○	○
2.強化與其他機關（構）之異業結盟與產學合作	○	○	○			○		○		○	○
3.建立校友返校多元交流機制，分享畢業校友成功經驗	○	○	○			○	○		○	○		○

註：本表所列「理想性」，指理想性／美感性；「經濟性」，指經濟性／簡便性；「話題性」，指話題性／隱喻性；「領先性」，指領先性／對比性。

Chapter **6**
學校特色發展與品牌行銷

　　即使學校已致力於推動多項創新措施與變革，但如果多數社會大眾並未接收到這些新資訊，或甚至無法理解及認同這些創新措施與變革，恐怕仍無法有效提升學校形象，亦不利於吸引鄰近地區的學生（尤其是優秀學生）就近入學。因此，學校應針對學生及家長的需求，界定其品牌定位後，加強推動品牌行銷，以期提高學校各項特色創新措施（或辦學優勢）之能見度與被接受度，建立良好口碑，增進外界的信心與肯定，同時成為鄰近國中小畢業生及其家長優先選擇各該學校並就近入學之重要誘因。因此，本章首先將探討「品牌行銷」相關內涵，接著進一步提出有助於中小學推廣學校特色之品牌行銷策略，以協助各校了解如何推動品牌行銷，同時激發各校推動品牌行銷之創意，增進學生及家長對於學校優質表現之理解與認同。

第一節　品牌行銷相關內涵之探討

品牌的內涵及其識別

　　關於「品牌」（brand）一詞的內涵，各界有不同見解。依據美國行銷協會（American Marketing Association）於其線上辭典提供的定義，品牌是指一個名稱（name）、術語（term）、設計（design）、符號（symbol）或其他象徵物（feature），據以辨識銷售者的產品或服務，並與其他銷售者有所區別（American Marketing Association, 2014）。而Doyle（1990）認為品牌是由名稱、符號、設計等要素所構成，使產品或特定組織

能擁有顯著優勢，並使顧客對品牌具有長久而正向的偏好，可幫助顧客消費時作爲識別，讓選擇與決策變得更有效率。Maguire（2002）則表示，品牌是一個商標或一個清楚而不易混淆的名稱，並據以作爲一個產品或廠商的認知符號。而Kotler（1997）主張品牌是一種名稱、專有名詞、標誌、符號、設計，或是以上各項的組合，其用來識別一位銷售者或一群銷售者的產品與服務，使這些產品及服務與其他競爭者有所區別。陳麗惠（2007）則進一步指出，就具體層面而言，品牌指可看見、可感受的名稱、術語、符號等行銷活動、產品和服務；就抽象層面而言，品牌則指消費者所有抽象感受的綜合性經驗。林盈然（2008）亦認爲，品牌不僅是一種具體的符號、名詞、識別、設計、產品或服務，也是生產者欲傳達給消費者的一種無形的感受、意識或信念的價值。至於許麗卿（2014）則認爲，品牌是企業組織將產品以專業的行銷手法加以包裝，滿足消費者有形或無形的需求，令消費者產生認同感，形成無可取代的吸引力，在消費者購買產品前具關鍵影響力。綜上可知，品牌除在具體層面可視爲一個名稱、標語、設計、符號、象徵物或前述項目的各種組合外，更在抽象層面涵蓋顧客對其產生之各種抽象感受（如信念、價值、認同感、聯想、情感等）的綜合性經驗，可據以辨識一個組織（如機關、學校、企業或民間團體）提供的產品或服務，並與其他組織有所區別。

至於「品牌識別」（brand identity）的議題，則旨在探討品牌相關構成要素及其所帶給顧客的感受。Aaker（1995）認爲品牌識別是品牌決策者想建立與維持獨特的品牌聯想集合，據以代表品牌，並藉由其相關構面，將功能性利益、情感性利益與自我

表達性利益等價值觀傳達給顧客，或帶給顧客信賴感，同時彰顯品牌對顧客的承諾，建立品牌與顧客的關係。Perry與Wisnom Ⅲ（2003）則認為品牌識別是由公司、產品或服務品牌中的可控制要素所組成，諸如核心本質、市場定位、品牌名稱、品牌理念、註冊商標、資訊傳播與經驗。而羅凱（2007）也表示品牌識別是消費者與品牌的最早接觸點，品牌的印象與認知由此開始形成；品牌識別如同第一印象，可迅速引起消費者的認同與好感。陳雯琪（2008）則指出品牌識別設計體系之構成要素，主要可歸納為品牌名稱、品牌標誌、品牌字體、品牌色彩、品牌標語、品牌象徵、品牌音樂及品牌包裝等8類。

黃孟慧（2008）則主張品牌識別可作為打造品牌的基礎，是顧客對品牌感受的綜合體；品牌須透過品牌識別與顧客維持價值的傳遞與溝通，維持密切關係，以進一步與顧客產生共鳴。蔣欣怡（2014）更指出品牌識別是一個品牌形於外的面貌，且它是有形並能訴諸感官的，可由一家公司、產品或服務品牌中可控制的元素（如品牌名稱、標語、商標等）組合而成。此外，品牌識別不但使消費者心中對產品或服務產生獨特的性格觀念，亦是品牌定位和品牌個性的結合，企業期望透過品牌識別讓消費者認知自家品牌（引自黃逸文，2013）。

除上述品牌識別內涵的不同定義外，品牌識別更已發展出不少理論（或模型）。Perry與Wisnom Ⅲ（2003）認為品牌識別可區分為市場定位（positioning）、語意（verbal）、視覺意象（visual）及體驗（experiental）等4個核心領域（如圖6-1所示）。

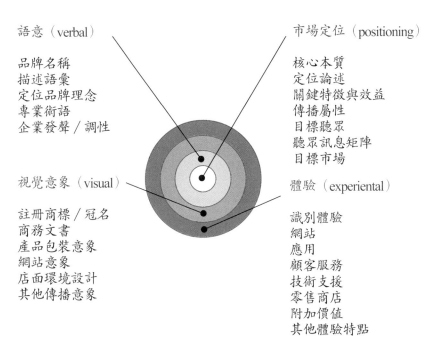

語意（verbal）

品牌名稱
描述語彙
定位品牌理念
專業術語
企業發聲／調性

市場定位（positioning）

核心本質
定位論述
關鍵特徵與效益
傳播屬性
目標聽眾
聽眾訊息矩陣
目標市場

視覺意象（visual）

註冊商標／冠名
商務文書
產品包裝意象
網站意象
店面環境設計
其他傳播意象

體驗（experiental）

識別體驗
網站
應用
顧客服務
技術支援
零售商店
附加價值
其他體驗特點

圖6-1　品牌識別之組成領域與要素

資料來源：譯自*Before the brand: Creating the unique DNA of an enduring brand identity* (p.10), by A. Perry & D. WisnomⅢ, 2003, NY: McGraw-Hill.

　　另日本電通廣告公司也根據D. A. Aaker（艾克）的相關品牌理論為基礎，開發出品牌識別要素之「電通蜂窩模型」（Dentsu Honeycomb Model），如圖6-2所示（岡崎茂生，2012）。該模型中，「核心價值」被視為女王蜂居住的巢房；其餘「符號」、「事實基礎」、「感性利益」、「功能利益」、「個性」及「理想的顧客形象」等6個周邊要素則視為工蜂居住的巢房，彼此共用牆壁，可節省建造材料與成本，並具緊密連結關係（郭永

圖6-2　品牌識別要素之電通蜂窩模型

資料來源：「創視界的品牌構築—第三章：如何定義品牌」，岡崎茂生，發現電通，**2012**(4)，取自http://www.beijing-dentsu.com.cn/upload/archive/branding_construction_03.pdf

盛，2006）。使用蜂窩模型時，要先填寫及審視6個周邊要素，再於蜂窩的中心位置歸納出品牌的「核心價值」（岡崎茂生，2012）。6個周邊要素中，符號及事實基礎，旨在探討第一層面「這是什麼」的產品特色議題；感性利益及功能利益，旨在探討第二層面「你能得到」的利益點議題；個性及理想的顧客形象，旨在探討第三層面「你和我」之間的顧客關係管理議題（李新、彭丹，2005）。有關該模型各要素之內涵可綜整如下（岡崎茂生，2012；胡曉雲、謝冰心，2004；郭永盛，2006）：(1)核心價值：指最精華的品牌本質、承諾與理念；(2)符號：品牌價值

的視覺表達，如標誌、包裝，可引發品牌認知、識別與聯想；(3)事實基礎：又稱「權威基礎」，指有別於其他品牌（即其他品牌無法輕易模仿）的事實，包括品牌與經營方面的獨特資源，可連結品牌信任度與評價；(4)感性利益：指能喚起消費者情感的利益點，通常是擁有與使用該產品（或服務）後的愉悅感受；(5)功能利益：指產品功能（或效用、品質）可使消費者滿足生活需求、解決問題或達成某功能或任務，通常是看得見、用得到的有形利益；(6)個性：將產品或服務視為個人，陳述出具象而完整的品牌風格（或稱人格特徵）；(7)理想的顧客形象：需考慮產品或服務希望與哪一種顧客建立良好關係，以將品牌價值分享給希望吸引的對象，進而產生顧客共鳴與認同。

由上述「品牌識別」相關內涵與理論（含模型），可知品牌識別是指依據目標市場的顧客感官經驗與需要，藉由各種品牌構成要素（如核心價值、名稱、標語、符號、象徵物、識別經驗）的統合與運用，形塑品牌的一致性與獨特個性，以期帶給顧客清楚明確的意象與正向感受，並與其他競爭者有所區隔，以利顧客選擇，建立組織與顧客之間的良性關係。

二 品牌行銷相關內涵探討

(一) 行銷的內涵

美國行銷協會認為「行銷」（marketing）是創造、傳播、配送及交易貨物的活動、制度與過程，且這些貨物對消費者、客戶、參與夥伴及社會大眾而言是有價值的（American Marketing Association, 2013）。而蕭富峰（2011）則認為行銷是指在動態

環境裡，如何創造出符合市場需求的「產品」，並進行配銷、推廣，以及定價等努力，以期創造優於競爭者的顧客價值，並促成雙贏互惠的交換行為。蔡幸枝（2004）也表示行銷是指在動態的環境中，透過商品及服務，滿足目標市場的需求，並運用產品、價格、推廣、通路和人員等策略，經由分析、規劃、執行與控制，達成個人及組織目標的歷程。矽谷行銷大師R. McKenna（麥肯納）曾指出，行銷應聚焦於創造市場，而非分配市場；在創造市場的策略中，管理者需挑戰並開創新想法，強調應用技術、培育市場、發展企業設施及創造新標準；凡是具有最大創新與創造力的公司便能勝出（Kermally, 2003）。綜上可知，行銷是指組織透過適當方法（或活動）吸引顧客對於目標產品的注意，並滿足顧客需要與喜好，進而提高顧客購買意願，同時使組織得以提升產品銷售量及擴展市場，促成組織與顧客雙贏互惠之交易行為的歷程。

(二) 行銷概念的演變

有關行銷概念的演變，主要可分為下列五個導向：

1. **產品導向**：產品導向強調企業的主要任務為製造產品，並秉持只要有好產品，就不怕顧客不上門的行銷理念來經營企業（楊秀敏，2005）。由於消費者會選擇品質、功能及特色最佳的產品，因此，企業需不斷致力於產品改良（蕭富峰，2011）。簡言之，產品導向認為好產品，本身就是最好的行銷。

2. **生產導向**：生產導向的組織，以追求生產及配銷的效率為主要任務，其強調只要生產程序不斷改進，配銷方式不斷創

新，就能銷售得更好並降低成本（楊秀敏，2005）。顧客會偏好買得到且買得起的產品，因此需改善生產與配送效率，以降低成本，並讓消費者容易取得（蕭富峰，2011）。由此可見，生產導向相當重視效率與成本，並透過改善生產及配銷作為手段，主打價格的可負擔性與配銷通路的近便性，以強化行銷效果。

3.**推銷導向**：推銷導向的組織重視刺激潛在顧客對現有產品或服務的消費，此導向至今仍存在於許多企業中（楊秀敏，2005）。當企業產能過剩或推出冷門品時，較常採此觀念，並透過積極銷售與推廣的手法說服消費者購買（蕭富峰，2011）。因此，推銷導向旨在突顯（或甚至誇大）產品的優勢，並結合精湛的話術或長時間的遊說歷程，增加消費者購買的意願。

4.**顧客導向**：顧客導向是指組織須依顧客需求來製造並改進產品的品質，顧客成為行銷重點，行銷路徑從「由內而外」轉變為「由外而內」（楊秀敏，2005）。其主要任務並非為既有的產品找尋適當的顧客，而是為顧客找尋或開發適當的產品（蕭富峰，2011）。換言之，顧客導向就是針對不同類型顧客的需要，提供為該類型顧客量身打造並符合其需求的產品；當產品能符合顧客實際需要時，才能有效提高產品的銷售量。

5.**社會行銷導向**：社會行銷導向認為行銷不應只考慮企業獲利與顧客欲望的滿足，還應顧及長期的顧客利益與社會福祉（蕭富峰，2011）。也就是說，社會行銷導向告訴我們產品的研發及其行銷，不能只偏重顧客短期需要的滿足及企業本身是否賺錢，更應從長遠的角度思考該產品是否可對顧客及社會產生正面影響（而非負面影響）。例如：有些產品主打「節能減碳」（或使用綠色能源、環保材料等），除可節省顧客的電費等支出、降

低產品對環境的汙染外，也可吸引認同環保理念的顧客或帶頭示
範的政府機關（構）優先購買，並增加銷售量。

(三) 品牌行銷的內涵

有關品牌行銷（brand marketing）的內涵，曾有過許多廣泛
的討論。Knapp（1999）認為品牌行銷是一種思維，企業中的每
個人及每項活動，每天皆須將焦點放在「如何塑造品牌價值」這
個問題上；亦即品牌要成功，企業就必須學會如何以品牌思考。
吳一斌（1999）則指出品牌行銷是以品牌為行銷的對象，針對
品牌進行配置、使用、分配和行銷，包括品牌定位、建立品牌、
擴展品牌知名度、維繫品牌忠誠度等一系列行銷活動。Maguire
（2002）表示，品牌行銷是指一個品牌朝商業化發展，其目標
在於建立顧客與某個品牌之間的情感連結，並創造顧客想擁有
該品牌的需求，以至於想進一步擁有該品牌的相關產品。May
（2014）則認為品牌行銷包括致力於增進品牌認同或品牌意識的
各種努力作為；更普遍來說，品牌行銷是指透過產品、效益或特
定價格來推廣品牌的相關活動。而王定宇（2005）表示，品牌行
銷之目的在於把企業的優點傳達至消費者心中；正確的品牌行銷
策略能讓消費者產生忠誠度與支持度，進而使企業永續生存。

至於黃宜蓁（2006）則認為品牌行銷是一種企業花費長時
間來傳達企業理念與品牌名稱的行為；良好行銷組合策略的運
用，才能使品牌行銷達到最佳效果。綜上所述，品牌行銷是指以
品牌為主體的各種行銷方式；亦即品牌行銷就是參考組織願景、
產品優勢及顧客需求，發掘品牌特質與定位，並透過各種行銷組

合策略，強化顧客與品牌之間的情感連結，使品牌優點深植顧客內心，提升品牌的價值、認同感、知名度、忠誠度與正向聯想，同時透過品牌提高顧客想擁有該品牌系列產品之需求與意願。

第二節　中小學推廣學校特色之品牌行銷策略

　　近年來為因應外部環境的劇烈變化，以及少子女化趨勢下日益升高的招生競爭壓力，許多中小學已開始陸續推動各項創新措施，試圖發展學校重點特色；但一般社會大眾（包括學生及家長）對於學校的各種努力，卻不一定有所了解，甚至仍以過去的刻板印象來看待學校，以致部分學校即使已比過去更進步、更優質，但學生及家長仍毫無所悉之窘境發生。因此，學校應針對學生及家長的需求，加強推動品牌行銷，建立口碑，以提高學校各項創新措施、重點特色或辦學優勢之能見度。因此，本節將探討中小學推廣學校特色之品牌行銷策略，期能協助各校了解如何推動品牌行銷，同時激發各校推動品牌行銷之創意，增進學生及家長對於學校優質表現與特色之理解與認同。

　　有關「行銷組合」（marketing mix），可視為行銷策略的基本核心（蔡幸枝，2004）。而行銷組合的概念，最早是由N. H. Borden（博登）於1964年提出，並刊載於G. Schwartz所編的《行銷的科學》（*Science in Marketing*）一書中；行銷組合不只強調多樣性，也應用行銷力量使管理產生不同的組合；其可引導行銷管理者將智慧善用於這些提案矩陣或計畫中，以提出可獲利的企業運作方式（Borden, 1984）。至於4Ps的行銷組合模式，則是

由J. McCarthy（麥肯錫）於1964年所提出，其中包括「產品」（product）、「價格」（price）、「推廣」（promotion，或譯「促銷」）及「通路」（place），並由行銷人員透過這4種要素之間的各種不同組合方式，創造出具區別性的行銷組合，以協助公司達成目標（Akroush, 2011）。透過各種行銷策略組合之協調合作，可使行銷發揮更大的獲益與績效（陳麗惠，2007）。

行銷組合歷經許多研究不斷地進行檢視與修正後，B. Booms（布姆斯）和M. Bitner（畢納）於1981年進一步將行銷組合4Ps修正擴增為7Ps，並新增人員（people）、流程（process）及實體證據（physical evidence）等3個要素（Akroush, 2011）。然而，有鑒於Gary（1991）認為教育行銷較適合採用5Ps的行銷組合，亦即產品、價格、推廣、通路及人員。同時，國內許多學校行銷之相關研究，亦普遍多採用5Ps的行銷組合進行探討（李純珏，2013；夏偉倫，2008；陳麗惠，2007；張華勳，2009；蔡永智，2011；蔡幸枝，2004）。尤其蔡永智（2011）的研究更發現學校整體行銷策略（產品、價格、通路、推廣、人員）的運作，普遍受到學生的認同與肯定。綜上可知，前開5Ps的行銷組合確實適用於學校行銷之相關研究。因此，本書採用行銷組合5Ps的分類與概念，透過蒐集相關品牌行銷案例，整理中小學推廣學校特色之品牌行銷策略如圖6-3，並說明如下：

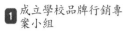

人員層面 ★

1 成立學校品牌行銷專案小組

2 校長帶領團隊形塑學校品牌行銷願景,讓教職員找回工作價值

3 加強學校教職員品牌行銷專業知能培訓,提升服務品質

4 邀請傑出校友返校演講,透過故事行銷分享成功經驗

5 招募志工協助學校推動各項品牌行銷工作

推廣層面 ★

1 提供「試讀體驗」或寒暑期營隊等多元體驗學習機會

2 建置學生學習歷程之巨量資料平臺,並開放家長查詢

3 協助鄰近國中舉辦升學座談會,並安排教師宣傳

4 善用親師座談會(或家長日)宣揚學校辦學特色與成果

5 強化社區參與及服務交流,爭取社區認同與優質口碑

通路層面 ★

1 建構品牌行銷導向的學校網站

2 善用社群網路,即時傳播辦學成果

3 鼓勵學生自製校園特色短片,並於線上影音平臺分享

4 製作學校特色宣傳摺頁與遊學地圖,透過多元管道發送

5 搭配學校活動或創新措施,發布新聞稿或召開記者會宣傳

中小學推廣學校特色之品牌行銷策略

產品層面 ★

1 提升核心產品優勢,植入話題性的創意以形塑口碑

2 創造亮點「標語」,結合品質保證機制以形塑品牌價值

3 透過「策略聯盟」,提高產品附加價值與加持效果

4 發展強化外部連結之「體驗行銷」產品以吸引顧客

價格層面 ★

1 提供特約學校(如鄰近國中)減免學雜費之折扣優惠

2 提供重點領域就近入學獎學金,宣導多元獎助學金及工讀資訊

3 提供交通接駁專車,節省學生通勤成本

4 推動建教合作專班或企業公費生制度,增加學生收入與經驗

圖6-3　中小學推廣學校特色之品牌行銷策略

產品層面

有關產品可依其特性分爲下列3種：(1)核心產品：指符合服務對象期望的產品；(2)有形產品：指可具體呈現之產品；(3)延伸產品：指具有附加價值的服務（陳麗惠，2007）。產品可以是有形的，但也可以是無形的（如專業服務）（Kermally, 2003）。就學校而言，有形的產品包括校舍建築及教學設備等，無形的產品則包括教師提供的教學服務等。行銷大師S. Godin（高汀）認爲，消費者每天面對許多枯燥乏味的沒用事物（一大群的棕色牛），但他們將不會忘掉一頭「紫牛」（purple cow）；而紫牛則是用來描繪某個驚奇的、與眾不同的、令人興奮的、且非常不可思議的事物（Godin, 2003）。簡言之，一旦產品成爲紫牛，便能被消費者發現與需要，並引發消費者與其他同好討論及推薦紫牛產品，進而展開高效率的行銷（梁曙娟，2003）。而本書先前於第五章第二節探討的各種中小學特色發展之具體措施案例，均側重於引導學校發展出具有創意的「產品」（或服務），這也促使這些產品（或服務）有機會發展成具自我行銷功能的「紫牛」。有關「產品」層面之品牌行銷策略，可舉例說明如下：

(一) 提升核心產品優勢，植入話題性的創意以形塑口碑

學校的「核心產品」，通常也是學生及家長選擇學校時所考量的關鍵因素；當學校越能提供符合學生及家長需求的核心產品，越能提升學校在學生及家長心目中的形象與地位，並有效吸引學生樂意前來就讀。對一所學校而言，可提供學生及家長所關

切的核心產品，例如：校園環境優美、教學設施設備新穎（包括教室通風採光佳）、教師教學專業度高並具服務熱忱、善用資訊科技進行教學、開設特色課程、學生多元競賽表現佳、社團活動眾多、交通便利或生活機能佳、學生守規矩並有適當生活管理（讓學生不發生霸凌、吸毒等情事）、畢業生升學或就業表現佳等。學校或許無法同時針對所有核心產品進行改善，但仍可先從較具發展潛力的核心產品開始積極提升其優勢，以奠定產品行銷之基礎條件。

　　然而，再好的產品，都需要一定程度的包裝，才能有效抓住顧客（學生及家長）的目光，並彰顯它的價值。因此，學校所優先發展的核心產品，應植入具話題性的創意（讓產品成為紫牛），才能與其他學校的產品（甚至招生市場）有所區隔，並成就核心產品在學生及家長心目中屹立不搖的獨特地位。例如：學校可發展永續校園落實綠美化、結合資訊科技推動雲端未來學校、推動實驗教育創新（如華德福教育實驗）、推動接軌國際的「國際文憑組織高中文憑學程」、推行「大學預修課程」、發展實驗性質之特色學程或課程（如醫學類實驗學程或課程）、試行「翻轉教室」之新興教學模式、實施「教師同儕評鑑」等務實精進教學措施、提供國際交流機會並引進外籍師資、發展具特色之戶外教育活動、推動多元族群暨文化特色活動並結合文創產

（慈心華德福教育實驗高中）

業發展等，透過具有前瞻性且具話題性的特色創新作爲，讓不同學生及家長間引發討論，進而促成口碑行銷，讓學校在短時間內提升能見度並營造學校優質形象。

(二) 創造亮點「標語」，結合品質保證機制以形塑品牌價值

爲了讓外界了解學校的核心價值，並對學校所提供的優質服務（或產品）留下深刻、正向的印象，學校應創造出具有號召力、前瞻性、響亮、簡潔、好記、朗朗上口、符合顧客需求等特性的亮點「標語」，例如打造「無限想像的夢幻學校」、「趣味學習的創意魔法學校」、「成就夢想家的學校」、「創意人才的基地學校」等，以形塑學校願景並深化品牌價值。

以打造「無限想像的夢幻學校」之標語爲例，由於每個孩子的興趣、專長與學習風格皆有所不同，若用同一套傳統教育模式套用在所有孩子身上，勢必會有一些孩子無法適應，因而覺得討厭學校、不想上學。然而，當學校能提供給孩子「高自由度」且「顧客需求導向」（或稱「客製化」）的教育模式時，便可以讓每位孩子依照自己的喜好、學習進度與專長，進行自我學習管理與成長，而結合新興資訊科技的新型態學習與評量模式（包括線上學習、行動學習、翻轉教室、網路診斷式評量等），以及學力鑑定考試的普及化，更使得每個人不需要再被迫遵循統一的課業進度進行學習，並可針對個人需要向學校提出自己的學習計畫與資源需求，或甚至透過網路或影片教學方式自選適合自己的各科教師，而學校教師則可由傳統的傳道、授業、解惑的角色，調

整爲「引導者」的角色，使學生學習變得更多元、更適性化。此外，「自由轉班」的模式，也可以在學生與同儕或教師關係不佳（或適應不良）時，應運而生，若教室空間無法容納，則在尊重學生個人意願下，嘗試改用線上學習等新方法取代與補足。當學校的教育制度設計，能符合學生的需要（或家長的期待）時，學生選讀該校的意願也將會大大地提高；尤其在這些亮點「標語」下，若確能搭配教導出許多成功的學生案例，將可有效贏得學生及家長的信賴與口碑。

然而，爲避免上述「標語」淪爲無法實踐的口號，學校除後續應進一步提出各項對應措施與策略外，更可尋求各種具公信力的品質保證措施，以期爲無形的標語提升其品質價值。關於前述對應措施與策略，例如：當亮點「標語」爲「趣味學習的創意魔法學校」時，則可考量每學期爲學生們安排至少1次的叢林野外求生訓練、溯溪、登山、越野追蹤（定向運動）等戶外體驗課程，並在戶外教導自然生態、語文或地理等相關課程。至於尋求具公信力的品質保證措施，則可藉由通過諸如ISO國際認證、健康促進學校國際認證、國際安全學校認證、「自我領導力教育－燈塔學校」國際認證、高級中等學校優質認證、學校（或校務）評鑑成績、政府機關訪視報告等方式，以期爲該項無形標語提升公信力與品牌價值。

(三) 透過「策略聯盟」，提高產品附加價值與加持效果

有鑑於部分學校過去可能長年以來都招收素質不佳的學生或升學率不理想，以致短時間內很難改善外界對該校的印象。但

所謂「兔子跟著月亮走」，可以達到「沾光」的效果！若能善用「策略聯盟」（或甚至「改隸」）等方式，也可有效提升學校的品牌價值。例如「國立大里高級中學」改隸為「國立中興大學附屬高級中學」、「國立埔里高級中學」改隸為「國立暨南國際大學附屬高級中學」、「國立桃園高級農工職業學校」改隸為「國立臺北科技大學附屬桃園農工高級中等學校」，在知名大學的形象加持下，均已讓這些原為社區型高中（職）的學校，變得更深受學生及家長喜愛。此外，基隆市私立二信高中也與國立臺北科技大學簽訂教學合作計畫書並建立策略聯盟，使得二信高中學生未來不僅可預修大學課程，更有機會透過產學合作就讀國立臺北科技大學，並至合作企業實習，且畢業後可直接進入業界工作（許瀚分，2014）。這也使得就讀二信高中的附加價值大大提升，並增進學生及家長選擇該校的意願。

高級中等學校亦可透過與社教機構建立策略聯盟，或推動藝術家駐校等措施，提高學校的附加價值與知名度。例如，臺北市立成淵高中與臺北當代藝術館合作推動藝術家駐校計畫，以及臺北市立松山高中與富邦藝術基金會合作推動藝術家駐校計畫課程等，均為學校引進許多額外的藝術教育資源，並成為學校與眾不同的辦學特色，同時更是吸引具藝術傾向的學生入學之一大誘因（江慧珺，2014；康恖今，2012；富邦藝術基金會，2014）。

(四) 發展強化外部連結之「體驗行銷」產品以吸引顧客

Shmitt認為「體驗行銷」（experiential marketing）為個別顧客經由觀察或參與相關事件（或活動）後，感受到某些刺激，進而誘發出動機，並產生思維認同或購買行為（引自張

仕翰，2014）。而Shmitt更指出，可創造感官（sense）、情感
（feel）、思考（think）、行動（act）及關聯（relate）等5項消
費體驗；由於消費體驗刺激了消費者的想像與需求，獲取消費者
對其產品的青睞，進而可影響消費者的最終消費決策（引自李聖
賢，2014）。以高級中等學校為例，雖然其主要顧客（招生對
象）為國中（九年級）畢業生，但由於學生對於高級中等學校的
認識，卻不一定都是等到選填志願前的那一刻才開始；換言之，
八年級以前的國中小學生，更是高級中等學校應該及早關注的重
要潛在顧客。高級中等學校應積極發展可強化外部連結關係並進
行「體驗行銷」的產品，例如：成立國際英語村、職業試探暨體
驗教育中心、推廣3D列印的自造實驗室（Fab Lab）等特色設施
設備，並建立相關遊學配套措施，以吸引鄰近地區國中小師生主
動前來參訪；高級中等學校更應善用這段參訪與體驗過程，將學
校各項發展優勢展現給這群國中小師生，據以讓師生留下良好印
象，作為未來升學選擇時之參考。

二 價格層面

所謂「價格」是指服務對象得到產品或服務，所需負擔的金
錢與時間成本（陳麗惠，2007）。此價格層面包括如何定價、可
行折扣、提供特惠活動等事宜（Kermally, 2003）。有關價格層
面的品牌行銷策略可舉例說明如下：

(一) 提供特約學校（如鄰近國中）減免學雜費之折扣優惠

由於十二年國教的目標之一，就是希望引導學生就近入

學，以期減少學生通勤時間與成本，避免因舟車勞頓而影響學習成效。然而，目前教育部所稱「就近入學率」，卻是指「高一新生來自就學區及共同就學區國中畢業生人數／高一新生實際註冊人數×100%」（教育部，2015d）。換言之，這是一種「大學區制」觀念底下的就近入學，本質上仍是以「依所劃定之學區入學」為主，雖可輔以「共同就學區」的機制，提供位處縣市交界的學校學生多一些跨區選校的機會，但仍非真正學生通勤距離上的就近入學。此外，由於臺灣自2014學年度起逐年實施高級中等學校免學費方案，其中就讀高職（即專業群科）及綜合高中學程之學生免納學費，就讀高中（普通科）且家庭年所得總額148萬元以下者亦免納學費（教育部國民及學前教育署，2014d）。雖然這使得臺灣多數高級中等學校學生均享有免學費的優惠，然而，依「高級中等學校向學生收取費用辦法」規定，學生除「學費」外，其實仍需繳交「雜費」、「代收代付費（使用費）」、「代辦費」等費用。

綜上可知，為鼓勵鄰近國中學生依實際通勤距離優先考量就近入學，高級中等學校可研議與鄰近國中（即符合實際就近入學精神之學校）合作簽約為特約學校，並提供這些特約學校的學生減免學雜費之折扣優惠（例如打八折），以期吸引鄰近國中學生就近入學。其中，由於就讀高中（普通科）且家庭年所得總額超過148萬元的學生仍需繳學費，因此，高中（普通科）推動特約學校學生減免學雜費之折扣優惠措施應更具效果。此外，這種特約學校（如鄰近國中）減免學雜費之折扣優惠，與「就近入學獎學金」的精神有所不同，因為就近入學獎學金的發放對象多半是就學區內成績特別優異的學生，但此種減免學雜費之折扣優

惠的對象則是特約學校（如鄰近國中）的所有學生（或至少半數
以上的學生）。對於面臨鄰近國中學生長年外流困境的部分高級
中等學校而言，這種減免學雜費之折扣優惠措施，有機會成為引
導鄰近國中學生就近入學的一大誘因，並改善其招生問題；若各
級主管教育行政機關能持續補助這類高級中等學校一定期間（例
如3年）以上，推動此項折扣優惠措施，相信對於引導學生真正
就近入學將帶來明顯轉變，並可提升這些高級中等學校的招生競
爭力。

（二）提供重點領域就近入學獎學金，宣導多元獎助學金及工讀資訊

學校可提供符合其發展重點領域（如體育、技職、藝術、語
文、數理等）之成績優良學生「就近入學」獎學金，以引導在地
優秀人才就近入學，並促進學校發展多元重點特色。同時，有鑒
於教育部「圓夢助學網」（https://helpdreams.moe.edu.tw），已
整合中央各部會、地方政府、學校、民間企業與團體提供之獎助
學金資訊；又教育部青年發展署「RICH職場體驗網」（https://
rich.yda.gov.tw），已整合民間企業、非營利組織、公部門及大
專校院提供之各種工讀機會與資訊。只是中小學學生（尤其是
新生）通常對於上述網站操作方式及主要申請時間等資訊並不熟
悉；因此，學校可透過專題演講或製作文宣等方式，加強宣導上
述網站操作教學、獎助學金（或工讀機會）類別、主要申請時
間、申請資格條件、申請方式等資訊，幫助學生充分掌握多元獎
助學金及工讀機會相關資訊，以減輕學生經濟負擔，並透過貼心
的服務與宣導，形塑學校優質口碑。

(三) 提供交通接駁專車，節省學生通勤成本

由於蔡幸枝（2004）的研究發現，學生對於選擇高職之考慮因素中，認為「學校所處位置交通、生活便利」（M=4.18）及「學校備有學生專車，方便學生上下學」（M=4.16）之重要性皆非常高。可見學生非常重視學校交通便利性或是否有專車接送的問題。然而，鑑於學校若自行購買交通車（校車），除車輛購置及後續養護金額均非常高以外，聘僱司機的薪資待遇成本也高，不易於長久營運。因此，當中小學之地點並未位於交通便利地區，且無大眾運輸工具（如捷運、火車、公車等）可直接到達時，學校應研議與中央或直轄市、縣（市）政府公路主管機關及民間客運業者協調，調整公車路線（於學校附近設置站牌），或特定時段（上、下學期間）成立交通接駁專車，以接送學生上、下學。若路線中之接駁乘客數量過少，也可考量補貼部分交通接駁專車所需費用，其財源可透過申請政府機關相關經費補助、企業贊助、民間募款或提高收費票價等方式籌措補貼經費之來源；期能據以改善學生通勤的交通問題，才能節省學生通勤上、下學之時間成本，進而成為吸引學生就讀之誘因。

(四) 推動建教合作專班或企業公費生制度，增加學生收入與經驗

為減輕學生求學過程的經濟負擔，增進學生實務工作經驗與技能專長，推動建教合作專班或企業公費生制度，並補貼學生學雜費或生活費，應可成為吸引學生入學就讀的經濟誘因與可行策略。依「高級中等學校建教合作實施及建教生權益保障法」第

22條規定：「（第1項）建教合作機構應依建教生訓練契約，給付建教生生活津貼……。（第2項）前項生活津貼，不得低於勞動基準法所定基本工資……。」雖然建教生後續前往建教合作機構學習職業技能期間，尚可領取不低於基本工資之生活津貼，且高級中等學校免學費及就學貸款等政策，亦已大幅減輕弱勢學生的學費負擔；然而，對於部分經濟弱勢或家庭突遭變故的學生而言，其在學校上課期間之生活費仍是沉重負擔與壓力來源。這類學生於放學後兼差的結果，更容易因過度疲勞而影響學習成果，淪為惡性循環。因此，學校除可研議與企業合作成立一般建教合作專班外，甚至可嘗試發展出「可預領部分薪資」之建教合作專班的可行性。因為一般建教合作專班，只有學生至建教合作機構接受職業技能訓練期間（例如寒暑假）可領取生活津貼；但這種「可預領部分薪資」（或生活津貼）之建教合作專班，則可透過簽約方式，讓學生即使在未前往建教合作機構接受職業技能訓練期間（例如寒暑假以外的其他在學期間），仍可視需要申請每月預領部分比率（如30%）之薪資或生活津貼；後續再依據其至建教合作機構受訓期間領取之生活津貼或畢業工作後領取之薪資，按月抵還；至於學生的義務則是暑期必須至建教合作機構工作，並綁定其畢業後應至該建教合作機構的服務年限，否則需償還補助金。

　　此外，有關「企業公費生」則是國立臺灣師範大學開始試辦的一項新措施，亦即由企業提供名額，全額補助學生的學雜費、生活費及暑期至企業實習期間的膳宿費等費用，且畢業後保證就業及合理起薪；但學生的義務則是暑期須至企業實習，且畢業後須至該企業服務一定年限以上（例如3年），否則需償還補助金

（許秩維，2016；鄭語謙，2016）。無論是建教合作專班或企業公費生制度，均有助於經濟弱勢學生先行度過前期艱苦的求學歷程，不僅避免其課業學習受到影響，亦可事先累積工作經驗。另，為兼顧建教生或企業公費生之後續升學需要，更可研議透過高級中等學校、大專校院及企業之共同合作，成立一貫制的建教合作專班，使學生（特別是經濟弱勢或家庭突遭變故者）能夠更安心學習，同時滿足其升學與就業準備之需求，並兼顧理論與實務之學習，進而改善其家庭經濟困境。此舉亦有助於成為學校招生之一大誘因。

三 通路層面

所謂「通路」是指產品或服務如何傳遞與配送的方式（陳麗惠，2007）。通路包括藉由經銷商或自行直接銷售（如網路銷售）、倉儲作業、庫存、暢貨管道、電話銷售或線上銷售等（Kermally, 2003）。有關「通路」層面的品牌行銷策略，可舉例說明如下：

(一) 建構品牌行銷導向的學校網站

1. 學校的官方網站，通常是多數學生及家長認識學校的主要管道之一；特別是當學校知名度不高時，前述網站更是學生及家長蒐集相關資訊的重要來源。蔡幸枝（2004）的研究結果指出，學生對於選擇高職之考慮因素中，「學校設有網站，並適時更新學校動態及校園相關訊息」（M=3.95）之重要性為中高程度。蔡永智（2011）的研究結果亦指出，新北市公私立高

職學生認為「設置學校網頁，報導學校最新動態及相關訊息」（*M*=3.94）之重要性為中高程度。而毛麗娟（2006）的研究結果也顯示，高職學生對於「建置優良的學校網站資訊有助於塑造學校形象」（*M*=3.81）之同意程度為中高程度。由上述研究結果可看出，高級中等學校之網站建置與其資訊內容，對於學生選校而言具有中高程度的重要性，並且學生大多認同前述網站有助於塑造學校形象。

2. 鑒於學校網站是如此重要，該網站不應只是學校相關資訊的雜亂拼湊，而應該從品牌行銷的角度出發，以品牌為核心進行重點式的網站精華整理，據以形塑及傳達學校品牌的優質意象，使每位國中學生（或家長）瀏覽該網站以後，皆能提高選擇該學校品牌之需求與意願。因此，學校網站經整理後，應達到能呈現亮點特色、圖文並貌、簡便快速、網站結構層次井然、標題明確適切、可讀性高、美觀舒適、生動有趣、符合師生及家長需求、具實用性（或貼近生活）、內容感性（或具人情味）、可引起關注與迴響、能彰顯辦學理念與價值、充分展示學校優勢、引人入勝、網站風格符合學校形象、能定期更新資訊等特性，以期讓國中學生及家長瀏覽學校網站後，留下正面印象與感受，並增進其認同感，強化行銷效果。簡言之，學校網站應給予國中學生及家長願意堅定選擇就讀該校的理由；例如：學校網站以簡潔方式展現辦學特色（如推動大學預修課程、發展實驗性質之特色學程或課程、引進外籍師資進行英語協同教學、成立國際英語村、職業試探暨體驗教育中心、3D列印自造實驗室）、呈現校園美景、新穎的教學設施設備（如可自費裝設冷氣）、學生多元競賽表現、社團活動成果、周邊交通與生活機能介紹、生活管理制

度、畢業生升學或就業表現、學校評鑑成績或相關品質認證情形等辦學特色或優勢項目，以期有效吸引學生及家長目光，營造令人嚮往並充滿希望與未來的學校。

3. 學校網站更是後續搭配其他多元行銷策略的重要根據地，例如宣導摺頁、入學管道懶人包、重大活動新聞稿、YouTube校園影片連結、學校臉書粉絲團連結等策略，除原有行銷管道外，亦均可置於該學校網站（或提供超連結），以便感興趣的國中學生及家長，可透過一站式的服務，充分掌握學校相關資訊及辦學特色，進而增進其好感度與認同度。

(二) 善用社群網路，即時傳播辦學成果

近年來，隨著電腦、網路及智慧型手機的日益普及，具互動性與即時傳播性的新興社群網路（如LINE、臉書等），也成為時下年輕人不可或缺的溝通與交流媒介。若學校能善用「設計免費LINE貼圖」或轉發與學生或家長攸關的LINE活動訊息，並透過成立臉書粉絲團、學校（或校長）臉書專頁，以及設計可提高LINE使用者轉貼圖文的誘因（如與學校相關的有趣圖文、感人的學生或教師成功故事案例介紹、可引發討論的議題），或可衝高臉書按讚數的相關活動（如主題式的人氣評選及頒獎活動），均有幫助高級中等學校快速傳播活動訊息與辦學成果。

(三) 鼓勵學生自製校園特色短片，並於線上影音平臺分享

鑒於YouTube等免費線上影音平臺，具有可免費上傳與瀏覽

影片之特性，只要短片主題與內容具創意且吸引人，便可在很少的花費下，迅速傳播，並擴大宣傳效果。由於學校行政人員製作的校園簡介短片，往往比較制式化，較不容易打動觀眾的心；若改由學生自行拍攝校園特色簡介短片，從學生的觀點出發，記錄校園環境、教師教學與學生生活的點點滴滴，並特別安排搞笑的或令人感動的創意影片橋段，往往比較容易引起外界迴響。因此，建議中小學可搭配學校開設「數位媒體應用」類的特色課程，或舉辦YouTube校園創意影片大賽等方式，鼓勵學生自製校園特色簡介短片，並上傳至YouTube等免費影音平臺，且由學校針對點閱率高（或具創意）的短片給予學生獎勵，此將有助於激發學生創意，同時達到學校對外行銷的正向效果。此外，學校也可主動將「學生使用自造實驗室進行3D列印」、「校慶園遊會」、「社團活動成果展」、「傑出校友（或優秀應屆畢業生）返校演講」等影片，經剪輯編排後上傳至YouTube等免費影音平臺，並為影片標題植入外部關聯性或搜尋熱門度較高的關鍵詞（例如「搞笑」、「感人」、「創意」、「優質高中（職）」、「特色」等），以增加影片連結性與曝光度。

(四) 製作學校特色宣傳摺頁與遊學地圖，透過多元管道發送

學校特色宣傳摺頁是指透過重點式的精美圖文排版與設計，來展現學校特色與優勢的廣告媒介；其型態可以為紙本，也可以是電子檔（如pdf檔等）。由於現代人生活過於忙碌，不僅學生忙於課業與考試，家長更普遍忙於工作；因此，高級中等學

校應試著製作一份以招生為導向的宣傳摺頁，以期幫助學生與家長在短時間掌握其辦學特色與優勢，並增強他們選讀該校的理由與信念。此外，由於學校交通便利性與生活機能，也是學生（或其家長）選擇學校的重要考量因素，因此，若學校能設計出具有特色的遊學地圖，據以彰顯交通便利性與生活機能的豐富性，亦可成為吸引學生入學的一大行銷利器。上述學校特色宣傳摺頁及遊學地圖，除可結合校慶園遊會（或運動會）、寒暑期營隊或其他國中生及其家長到校參訪（或體驗學習）的場合當面發送外，也可置於學校網站供外界下載參閱，或透過LINE及臉書等社群網路轉發，以期藉由多元管道宣傳學校特色與優勢，進而營造學校優質辦學口碑。當學校經費有限而無法委外設計或印製宣傳摺頁及遊學地圖時，也可自行使用相關排版或繪圖軟體（如Microsoft Publisher等）自製摺頁及遊學地圖，並優先採用電子化方式（如學校網站、臉書、LINE等）進行轉發，以期節省宣傳成本，並兼顧行銷效果。

(五) 搭配學校活動或創新措施，發布新聞稿或召開記者會宣傳

藉由學校舉辦創校週年慶祝活動、園遊會、運動會、師生獲得國際級或全國性競賽獎項、校際社團成果展、與大專校院（或社教機構）策略聯盟、成立國際英語村等學校相關活動或創新措施，邀請代表性人物（如政府機關高階主管、縣〔市〕長、大專校院校長、傑出校友代表等）出席，並適時發布新聞稿或召開記者會對外宣傳，以提高媒體曝光度（包括報刊雜誌、電視新聞或

新聞跑馬燈等）與學校知名度，並增進外界對學校的好感度與正向評價。此外，當學校發生重大新聞事件時，亦應在最短時間內善用發布新聞稿或召開記者會等方式，簡要說明事件經過與因應措施，並適時澄清錯誤報導，以爭取外界認同與支持。

（四）推廣層面

「推廣」一詞之英文為 promotion，是指對潛在顧客進行產品、服務及利益的溝通說服活動；其另有「促銷」之意，亦即可視同為鼓勵人們購買產品或服務所提供的短期誘因（楊秀敏，2005；蔡幸枝，2004）。推廣的具體方式包括打廣告、公開宣傳、由偶像帶動風潮、推銷員專人銷售、傳播媒體的選擇（報紙、廣播、電視廣告）、促銷活動等（Kermally, 2003；陳麗惠，2007）。對學校而言，推廣是指學校為增進學生及家長對該校的認同感與支持度，進而提出各種能提高學生就讀（或家長選擇）該校意願之相關措施。有關「推廣」層面的品牌行銷策略，可舉例說明如下：

(一) 提供「試讀體驗」或寒暑期營隊等多元體驗學習機會

日本已有許多高級中等學校舉辦「學校見學會」或「體驗入學」等試讀體驗的學習活動，供國中學生及其家長預約報名參加；其舉辦期間通常可分為「暑假」或「學期間」兩種，並有特定時段開放報名或個別預約兩種方式；至於前述試讀體驗之內容，可能包括學校概況簡介、參觀校園環境設備（含專業儀器展

示）、教師公開授課（教學）、理科實驗（或藝術課程）體驗、社團活動體驗、講評會等（東京都立日比谷高等學校，2017b；東京都立兩國高等學校，2017；東京都立綜合藝術高等學校，2017）。這種試讀體驗的作法，不僅有助於鄰近地區國中學生及家長透過實際體驗學習過程，比較各高級中等學校之優劣（而非只依賴傳統排名的刻板印象與他人評價來看待學校），更可幫助學生適性選擇高中或高職；尤其，高級中等學校也藉此獲得能向國中學生及家長進行體驗行銷的機會。若高級中等學校能優先開放鄰近國中的學生（及其家長）前來試讀（聽），並安排優秀教師及具代表性的特色課程進行示範教學，同時引導學生及家長參觀學校的校園美景及優質設施設備，將有助於展現學校辦學特色與優勢，提升學生（或其家長）優先選讀該校之意願。

此外，高級中等學校亦可善用舉辦「寒暑期營隊」（如科學營、數學營、文學營、英語營、音樂營、美術營），或舉辦「親子共學營隊」（鼓勵家長陪學生一同學習與成長）等方式，吸引鄰近地區的國中生前來體驗學習及參觀校園。若高級中等學校過去辦學績效不彰或本身知名度不佳時，則可考量與鄰近知名大學透過策略聯盟方式共同舉辦相關寒暑期營隊，期能有效吸引學生參加並透過實際體驗方式，增進學生（或其家長）對於該高級中等學校之認同度與好感度。

(二) 建置學生學習歷程之巨量資料平臺，並開放家長查詢

所謂「巨量資料」（big data），又稱為「大數據」、「海量資料」或「大資料」，其不僅是大量且來源與類型多樣的資料

集,更有具高時效性及容錯性等特徵;在運用層面,則著重於整合與轉換資料,探勘出資料關聯性及其他隱藏於表面下的資訊(許偉恩,2015)。中小學可研議透過教育實驗及申請政府經費補助方式,試辦建置學生學習歷程之巨量資料平臺,其內容除包括每位學生的「出(缺)勤情形」、「各科學習表現」(包括平時考、期中(末)考、模擬考及學期成績單等成績與排名資訊)、「班級幹部經歷」、「社團經歷」及「競賽成績(得獎事蹟)」等學習歷程資料外,更可進一步蒐集其後續「國中教育會考成績」、「大學學科能力測驗成績」、「大學指定科目考試成績」、「四技二專統一入學測驗成績」、「錄取學校類型」(公立或私立)、「錄取學校體系」(如大學校院、技專校院或軍警校院)等資料。

前述資料除可供學校進行學生整體表現分析(例如:學生考取公立學校比率、學科能力測驗總級分達70分以上人數⋯⋯)以外,亦可協助學生診斷出較弱的學習科目及提供參照資訊;同時,也可開放家長查詢其子女學習情況,以利家長全盤掌握其子女在校學習表現,並參考學校提供之分析意見與改善建議,及時協助其子女改善學習問題,進而提升學習成效。鑒於許多中小學家長常因為無法了解其子女在學校的學習情況,因而減少共同話題,且許多中小學學生之關注對象與生活重心,已逐漸由父母(家長)轉向同儕團體,使得親子關係日漸疏離。因此,上述巨量資料平臺可藉由幫助家長掌握其子女在學校的學習情況,一方面可讓家長心情更為踏實,另一方面也有助於家長即時針對學生學習問題提供相關協助,進而增進親子互動與情感交流。由於家長通常是影響學生選校決定的重要他人,若學校可藉此機制爭取

家長認同，將可成爲吸引更多學生入學就讀的重要誘因之一。

(三) 協助鄰近國中舉辦升學座談會，並安排教師宣傳

依「教育部補助技職校院建立策略聯盟計畫經費要點」規定，高職得與技專校院建立策略聯盟，並依教育部規劃之國中宣導責任區，實地至各國中宣導技職教育，並向教育部申請相關經費補助。普通高中雖無前述經費補助機制，但也可主動協助鄰近國中舉辦升學進路輔導說明會，安排熟悉該高中特色、優勢並擅長演說之教職員，擔任宣導種子師資，並前往鄰近國中辦理相關宣導活動。透過上述宣導機制，除可協助學生認識高級中等學校入學管道（包括免試入學、特色招生等）、技職教育及選校考量因素外，更可以各該高級中等學校爲例，介紹其相關招生管道之錄取條件與學校辦學特色（或優勢），不僅可幫助國中學生掌握升學進路輔導資訊，更有助於增進該高級中等學校之知名度與好感度。

(四) 善用親師座談會（或家長日）宣揚學校辦學特色與成果

目前中小學雖已普遍舉辦「親師座談會」或「家長日」活動，但學校舉辦這些活動時，卻往往只是形式化的介紹學校相關規定與行事曆中的校內活動，再由各班導師分別與家長進行班級規定解說或現況檢討等意見交流。然而，鑒於實際使用者（包括學生及家長）的口碑，往往更容易獲得外部民眾的信賴；若家長對學校的認識有限，甚至只仰賴其子女在學校的成績表現來評斷

學校，則這些家長在外面傳頌的學校口碑恐怕很難有正向發展，畢竟能夠名列前茅的學生人數實屬有限。因此，學校應把握家長到校參加親師座談會或家長日的機會，積極宣揚學校辦學特色與成果，並透過重要得獎事蹟、能感動人心的圖文解說、成功案例故事行銷與辦學經驗分享等，讓家長對於學校的用心辦學留下深刻印象與正面評價；同時，這樣的作法，也有助於引導家長成為主動為學校宣揚特色與成果的重要傳播者。

(五) 強化社區參與及服務交流，爭取社區認同與優質口碑

由於社區居民對於中小學的評價，也是鄰近社區學生及其家長選校時的參考資訊來源之一。因此，若高級中等學校能積極強化社區參與及服務交流，包括輔導學生擔任社區環保志工（如協助颱風後環境整理）、參與社區活動表演、從事社區服務（如至養老院探望長輩、至育幼院協助失親的孤兒課業輔導等）、協助社區公益募款；或邀請社區居民參加學校校慶園遊會、運動會、社團成果展及開放學校運動場供居民運動等，將有助於促進學校與社區間之交流，進而增進社區認同，並贏得優質口碑。

五 人員層面

所謂「人員」是指組織提供產品與服務的人員類別、人數、專業能力與態度等（陳麗惠，2007）。有關「人員」層面的品牌行銷策略，可舉例說明如下：

(一) 成立學校品牌行銷專案小組

為因應少子女化趨勢下的激烈招生競爭壓力，中小學應研議成立學校品牌行銷專案小組，並邀請具行銷（或媒體公關）專長之學者專家、學校教職員、學生代表、家長代表及社區居民代表共同參與，透過團隊合作與集思廣益的過程，依照地區特性與學生、家長的需求，界定學校品牌定位，並發展出適合學校的各種品牌行銷策略，且定期檢討改善，以強化學校品牌行銷與媒體公關之經營成效，吸引鄰近地區的學生前來就讀。

(二) 校長帶領團隊形塑學校品牌行銷願景，讓教職員找回工作價值

學校與私人企業最大的不同，就是私人企業以賺取利潤為依歸，並可透過加薪或工作獎金等機制鼓勵員工積極投入工作；但學校卻以追求公益為目標，教職員只能藉由工作成就感與自我實現來勉勵自己投入教育工作。當學校教職員失去工作價值、使命感或對教育的熱情時，便可能對於外界對學校的評價良窳漠不關心，更遑論協助學校進行品牌行銷。因此，校長應善用各種專業成長措施（如成立專業學習社群、成長小團體）、獎勵機制（如票選服務優良教師、頒發獎狀或獎金、公開表揚）、媒合教師認輔弱勢學生、理念倡導活動（如舉辦工作價值或教育理念等專題演講），帶領校內教職員團隊共同形塑學校品牌行銷願景，並引導教職員找回工作價值與使命感，以重拾教職員對於實踐教育理想的熱情，才能有效展現學校品牌行銷之成效，進而增進外界的認同與肯定。

(三) 加強學校教職員品牌行銷專業知能培訓，提升服務品質

由於學校教職員的教育專業養成過程中，絕大多數並未修習品牌行銷方面的專業課程，這使得教職員即使有心協助學校進行品牌行銷，也往往不知從何著手。因此，中小學應研議為教職員加強品牌行銷專業知能培訓（或改稱為「教職員第二專長培訓課程」，以提高教職員的學習興趣），並邀請行銷領域的學者專家分享相關經驗，據以增進團隊成員的品牌行銷能力，激發行銷創意，進而提升服務品質與滿意度。學校是一個大家庭，外界對於學校的評價好壞，每位教職員也往往都是榮辱與共、感同身受；更由於學校教職員是服務學生及家長的第一線人員，如果多數教職員都能具備行銷專業知能，展現服務熱忱與親切態度，並為學生付出關懷與愛心，積極建立教職員與家長之間的良性夥伴關係，將有助於增進學生及家長的認同感與正面評價。

(四) 邀請傑出校友返校演講，透過故事行銷分享成功經驗

「故事行銷」（storytelling marketing）是指為品牌找出具代表性的真實故事，並讓消費者融入該故事情境裡，將自己與品牌結合在一起的一種感性溝通手法（許齡尹，2010）。鑑於中小學學生正處於探索未來人生方向的階段，需要找到適當的學習楷模（或榜樣），以幫助他們及早立定志向，找到讀書（或學習特定專長）的動力。因此，中小學可邀請事業有成的傑出校友或應屆考取理想大學的優秀畢業生返校演講，並藉由精彩感性的實際

人生經歷，以「故事行銷」方式分享其奮鬥歷程、成功經驗或讀書心得，以期為在學中的學弟妹加油打氣，增進他們未來實現夢想的勇氣與信心。而上述演講內容，若可進一步徵得當事人同意後，錄製、剪輯為短片，並上傳免費影音平臺（如YouTube），不僅可供該校學弟妹們觀看，同時更有助於讓外界知道，學校有非常成功的傑出校友或優秀應屆畢業生，進而增進學校知名度，有效提升學校形象。

(五) 招募志工協助學校推動各項品牌行銷工作

由於學校教職員人數有限，且各有其本職工作，若可進一步招募志工（來源包括學生家長、政府機關或私人企業退休人員、社區居民等），依據其不同專長（如行銷、媒體公關、資訊科技、文書處理、海報設計、電話客服等），協助推動教職員品牌行銷專業知能培訓、製作學校特色宣傳摺頁與遊學地圖、使用網路新媒體（如LINE、臉書等）傳播學校活動訊息、擔任活動短片錄製及剪輯人員、學校網站管理人員（含YouTube影片上傳與連結等）、試讀體驗或寒暑期營隊期間之專責接待人員、學校總機接線人員等各項品牌行銷工作，此將有助於學校擴大品牌行銷的服務能量與品質，並使學校成為一個眾所喜愛、口碑載道的理想學校；甚至隨著學校的振興與聲望提升，更有機會吸引來訪或遷徙的人潮，進而帶動周邊社區產業的發展。

Chapter 7

學校特色品牌之塑造與展望

> 「山不在高，有仙則名；
> 水不在深，有龍則靈。」
>
> （劉禹錫，〈陋室銘〉）

　　本書於前述章節中，除從顧客需求的角度探討學生選校因素外，也統整學校特色與創新之相關理論，並進一步提出中小學特色發展之創新與品牌行銷策略。原則上，上述學校的創新策略，可以幫助學校找出發展重點特色與招生市場定位；至於品牌行銷策略，則試著讓學生（或家長）看見學校的進步與努力。然而，若希望能展現顯著績效，尚須進一步檢視學校特色的優質品牌形象，是否已深植人心，亦即其品牌形象是否已贏得學生及家長的高度認同與肯定。

　　為實踐十二年國教的適性入學與就近入學之目標，並縮短政府與社會大眾（包括學生及家長）之間對於學校辦學成效的認知落差，政府應引導所有學校全面建立優質品牌形象，而非只關注個別學校（如明星高中）的招生需求；因為每所學校的招生名額畢竟有限，終究無法容納所有願意就讀的學生入學。然而，一旦絕大多數學校均能普遍具備優質品牌形象，則學生考取各該學校後將更願意註冊報到（亦即可改善學校報到率低落的問題），且學生也就不再需要為了追求更好的學校，而選擇跨區入學或違背自己的性向（或興趣）來選擇學校（例如技職傾向明顯的學生卻選讀普通高中）；整體而言，對於引導學生就近入學及適性選

校,也有所助益。

　　本章將分兩節進行說明,第一節將說明如何「透過學校特色打造優質品牌形象」,以增進學生就近入學與適性選校之信心;至於第二節則探討「學校特色發展之未來展望」,以期探討學校如何透過發展特色,達到成就孩子的未來與夢想之目標。

第一節　透過學校特色打造優質品牌形象

　　鑑於教育部國民及學前教育署於國中小階段推動的特色學校計畫中,已將「建立優質品牌」列為計畫原則之一(教育部國民及學前教育署,2017f)。可見得政府不只希望引導學校發展出特色,更期望進一步為學校打造出優質品牌形象,進而吸引學生前來就讀並獲得良好評價。

　　而為配合十二年國教之實施,教育部自2007年起推動高級中等學校優質化輔助相關方案,並自2011年起推行高級中等學校優質認證,上述措施對於提升高級中等學校辦學績效與品質帶來不少助益,並期能達到協助各免試就學區的學生在「就近」的區域內,找到最「適性」的優質高級中等學校之目標(教育部國民及學前教育署,2017b)。

　　然而,學校若要打造出讓學生認同的優質品牌形象,首先就應從了解並滿足學生的需求出發,以期爭取其信任與肯定。若政府及學校只是純粹基於專業考量來辦理「優質認證」,卻與學生的需求脫節,難免將使雙方的認知落差漸行漸遠,不僅無助於吸引學生就近入學及適性選讀學校,亦徒然損及政府的公信力。因

此，本書前已從探討「學生選校因素」的角度出發，以期讓主管教育行政機關與學校更了解學生的需求。至於發展學校特色與品牌行銷，則是奠定學校優質品牌形象的兩個主要手段，且兩者缺一不可。當學校只有特色而沒有品牌行銷，學校的努力與進步，將難以讓外界看見與認同；當學校只有品牌行銷而沒有特色，則學生入學後可能會覺得自己只是被拐騙進來就讀，卻難以找到認同學校、熱愛學校並支持學校的堅定理由。唯有發展學校特色與品牌行銷兩者相輔相成，才能讓學生及家長深刻感受到學校的優質品牌形象，進而增進其認同與肯定。有關學校優質品牌形象之內涵與效益，分別如下：

一 學校優質品牌形象之內涵

有關「品牌形象」（brand image）有許多不同的定義，美國行銷協會認為品牌形象是指人們心中對於品牌的感受，並且是對於品牌特性或產品本質的一種鏡像式的反應結果；它是人們認定一個品牌所具有的樣貌——包括他們的想法、感覺與期望（American Marketing Association, 2014）。而Keller認為品牌形象是指消費者對品牌的整體認知，所反映的是儲存在消費者腦袋裡的品牌聯想集合體（引自蕭富峰，2011）。林盈然（2008）則指出，品牌形象是組織為傳達產品、服務與自身的價值，透過塑造具體的符號、識別、名稱等，以帶給消費者有形或無形的知覺效果。至於林威利（2013）則主張，品牌形象是消費者對品牌有形及無形聯想的集合，亦即對品牌的整體看法和評價，包括有形的包裝、設計、標誌等，以及無形的態度、感覺、認知等。由上述不同見解可知，品牌形象是指品牌帶給人們的感覺、評價、

聲譽、情感與聯想等綜合性抽象感受，並可反映組織的經營理念或傳達產品、服務之特性與價值。至於「優質」一詞，依《教育部重編國語辭典修訂本》之解釋，則指「品質精良」之意（教育部，2015c）。因此，本書所稱「優質品牌形象」，是指該品牌可帶給人們品質優良的正向感覺、評價、聲譽、情感與聯想等綜合性抽象感受，並可反映組織良好的經營理念或傳達產品、服務之優勢特性與正向價值。有關學校優質品牌形象之內涵（如圖7-1所示），可包括下列特性：

　　1.符合學生需求：指學校能滿足多數學生的需求與期待，並對學生有所助益。

　　2.具理想性：指學校能提出具前瞻性且令人推崇的理想作

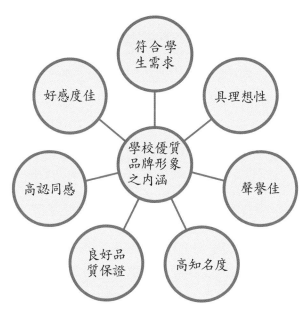

圖7-1　學校優質品牌形象之內涵

為願景，據以感動他人，並產生號召力與尊榮感。

3.**聲譽佳**：指學校聲望高、口碑佳，且普遍獲得好評。

4.**高知名度**：指學區內的多數學生及家長聽聞過學校名稱及其辦學情形之程度，其可反映學校品牌的傳播範圍與廣度。

5.**良好品質保證**：指學校能確保提供優良教育服務，並落實品質把關。亦可藉由通過國內外公信力較高之相關品質認證機制，增進學生及家長對學校的信賴感。

6.**高認同感**：指學生及家長（或考生）均能認同（或期許）自己成為學校的一分子，並產生高度歸屬感與向心力，進而形成榮辱與共的一致性感受。

7.**好感度佳**：指學校深受學生及家長喜愛，並可產生正向情感連結（或聯想）。

二 學校優質品牌形象之具體效益

為因應少子女化趨勢下的激烈招生競爭、提升國民教育水平之國際趨勢等外部環境變化與壓力，使中小學跟得上時代環境的變化，並期於激烈競爭中屹立不搖，營造學校優質品牌形象，已成為臺灣各地中小學所需積極努力的重要目標。學校優質品牌形象可帶來的具體效益如下：

(一) 滿足學生與家長期待，並縮短認知落差

鑒於教育部認證通過的優質高級中等學校，與社會大眾（包括學生及家長）的認知尚有落差，使得該優質認證變得徒具形式，尚無法發揮令學生及家長肯定與認可之實質效果。然而，若這些經優質認證通過的高級中等學校，能進一步從學生及家長

的需求角度出發，積極營造學校優質品牌形象，除有助於爭取學生及家長的認同與口碑外，更可增進其他社會大眾（如社區居民）的支持與認可，以期縮短認知落差，並使這些學校的優質表現獲得肯定。

(二) 成為吸引學生就近入學與適性選校之誘因

一般而言，中小學學生需要跨區入學或不依性向選校的原因，多半是由於學區內並無較理想的學校可供就讀所致。因此，若絕大多數學校均能塑造出優質品牌形象，在節省交通費（或住宿費）與時間成本等經濟性的考量下，學生通常更願意就近入學；並且當不同類型（包括技職類、藝術類、體育類或學術類）的學校均能奠定優質品牌形象，學生（或其家長）將對於各該類型學校所提供的教育服務品質與畢業出路更具信心，因此亦將樂於依據個人性向選擇適合自己的學校。

(三) 提升學校的招生競爭力

臺灣新生兒的出生人數於1995年曾高達326,547人，但逐年減少至2010年時只剩166,473人，並於2015年稍微回升至213,093人，顯示臺灣整體而言仍處於少子女化的發展趨勢（內政部，2017）。尤其臺灣的國中畢業生升學率已於1996學年度超過90%，並於2012學年度超過99%（教育部統計處，2017b）。且2012至2017學年度期間，臺灣更已有5所私立高級中等學校停辦（或停止招生）及3所高級中等進修學校停止招生（或結束該學制）（教育部統計處，2013a，2013b，2014，2015，2016，

2017c）。由此可知，少子女化趨勢使得臺灣的中小學招生競爭變得相當激烈。因此，若中小學可形塑優質品牌形象，並致力於提供服務品質保證，應可增進學生及家長之信賴感與安全感，使該校成為學生及家長選校時的優先選擇，甚至可進一步招收外國學生或僑生前來就讀，使該校的招生競爭力大為提升。

(四) 強化學校與外部連結關係，爭取更多資源

當中小學具備優質品牌形象時，由於該校將具有較高的知名度、聲譽評價與好感度，民間企業將更樂於與該校建立產學合作關係，且該校與其他學校（或社教機構）之間亦更容易建立策略聯盟，又學校尋求企業贊助或民間募款時也將更為順利；整體而言，該優質品質形象將使學校更容易與外部建立連結關係，並為學生爭取更多額外資源，以提供更高品質的教育服務。

(五) 深化情感連結與認同，增進學生自信心與正向行為表現

成功的品牌能激發顧客感情，除了建立信用外，也培養其在消費者心中的價值感，並成為顧客心目中的首選（葉永婷，2014）。中小學所形塑的優質品牌形象，可使得學生們樂意認同自己是學校的一分子，產生高度歸屬感與向心力，並深化學生與學校之間的情感連結，形成榮辱與共的一致性感受。當學校優質品牌形象普遍獲得外界認可時，就讀該校的學生通常也會更具自信心；同時，學生也較容易受到「比馬龍效應」的影響，由於認為自己就讀的是一個好學校，進而自我認同自己應該當個好學

生，因而更願意朝正向行為發展；並且因為榮辱與共的關係，而使得學生更懂得自我約束，養成守規矩的好習慣。此外，學校在形塑優質品牌形象的過程中，所倡導的學校願景與價值，也可幫助學生探索其生涯發展方向與定位，提升其立定人生志向的層次，進而勇敢尋夢，積極追求自我實現。

(六) 成為學校畢業生升學或就業的助力

一旦中小學的優質品牌形象普遍獲得社會大眾認可，由於學校聲望高、口碑佳，且普遍獲得好評，則該校學生在大專校院（或高級中等學校）甄選入學書面審查或面試時，往往也比較容易在學校優質品牌形象與品質保證的加持效果下，獲得較佳的基本印象分數，並成為學生升學時的一大助力。此外，當高級中等學校的學生於畢業後即打算先投入職場並應徵工作時，若其畢業學校具有優質品牌形象，往往也讓企業在決定用人時感到更為安心並產生信賴感，進而產生加分效果，使得該校畢業生更有機會獲得錄取。

(七) 發揮學校品牌延伸效益，帶動區域發展

當社區中出現一所具優質品牌形象的中小學，將有助於形塑文風鼎盛的生活環境，並成為吸引人口聚集的一大誘因；因為家長大多希望為子女選擇良好的教育環境，當中小學建立優質品牌形象以後，由於學校具有較高的知名度與好感度，並結合強化社區參與及服務交流的相關措施，因此有機會形成社區發展的中心，不僅有助於提高社區凝聚力與認同感，甚至可吸引人潮前來

參訪交流,進而促進區域產業發展。通常一所學校的設立,將衍生學生用餐、理髮、影印、文具使用、交通運輸(如自行車購置與維修、公車站牌設立)等需求,進而帶動周邊產業的商機;通常當一所學校具備優質品牌形象時,往往也更容易連帶提升周邊相關店家的知名度、好感度與品牌聯想(例如:社區民眾有影印需求時,可能較容易連帶想到某校周邊有一家不錯的影印店),進而帶動區域產業的發展。

第二節　學校特色發展之未來展望

由於少子女化趨勢的影響,臺灣的中小學數量已呈現供過於求的現象,不僅國中畢業生的升學率已於2012學年度超過99%,且近年來更已有5所以上的高級中等學校陸續停辦或停止招生。因此,國中畢業生考取高級中等學校已不再是個問題,真正的問題將在於如何讓每位國中畢業生都願意依其性向就讀各具不同發展重點或特色的理想高級中等學校,進而成就每位學生的夢想與自我實現;而非讓學生仍被迫就讀不感興趣的學校、科別(或學程別),或選擇不繼續升學。基此,學校應從了解學生的需求(亦即選校考量因素)出發,並推動符合需要且具吸引力的學校特色與創新策略,讓學生有更多適性選讀的機會,據以依性向追求自我實現;同時,更進一步結合學校品牌行銷相關策略,提高學校的知名度、聲譽評價、好感度與品質信任度等,據以有效形塑學校優質品牌形象;除藉此吸引學生入學就讀外,更增進學生們後續追尋並實現夢想的信心與決心。

　　然而，除了中小學的努力之外，政府在教育政策的引導上，也扮演著至為關鍵的角色。為因應外部環境的變化，讓各有所長的學校皆能受到重視（亦即避免在單一標準下遭受未盡公平的排序），並協助各種不同性向的孩子實踐夢想！政府宜透過適當的教育政策措施，引導中小學找到符合時代需要的發展方向；本書對於學校特色發展之未來展望提出幾點意見如下：

一　將高級中等學校轉型為「特色認證」並引進「分類分級」概念

　　有關「特色認證」部分，前桃園縣政府（現已改制為「桃園市政府」）曾於2007至2014年期間推動學校特色認證與獎勵計畫，其參與對象為該府所轄公立高級中等以下學校（含縣立高中），認證項目名稱則由學校本於特色內涵自行訂定，並採單項認證；至於申請資格則包括「參加全國性以上之競賽獲前六名」、「參加全國性以上教育成果發表會績效卓著」、「受邀參與全國性公益活動演出績效卓著」、「經由全國性平面立體媒體專文報導或多家地方性平面立體媒體大幅報導」、「通過國家或國際驗證機構品質認證並取得證書」、「行銷特色經驗至國內外教育產業並具實績」、「其他經評審委員會認定符合之事蹟」（桃園縣政府，2014）。前述特色認證與獎勵計畫，是以較開放性的方式鼓勵學校發展特色，並具有打破單一認定項目與標準之效果，有助於引導各校發展不同重點領域或特色；只可惜未能進一步融入「分類分級」的概念，而無法鼓勵不同發展重點或特色的學校持續精益求精。

　　至於「分類分級」部分，則已有「綠建築標章」採用這類

理念與作法。「綠建築標章」制度是內政部建築研究所於1999年公布的一種國家級綠建築認證標準；該標章自2004年開始使用五等級分級評估法，其中依得分概率分布情形分為鑽石級（95%以上）、黃金級（80%至95%）、銀級（60%至80%）、銅級（30%至60%）、合格級（30%以下），以確保標章分級具有高度鑑別力；並於2011年發展出五大建築類型（包括基本型、住宿類、廠房類、社區類及舊建築改善類）的專用綠建築評估手冊（內政部建築研究所，2014）。前述「綠建築標章」的分級作法，是透過限量方式逐級提高各級標章之價值，有助於標章認證的申請者持續精益求精；至於該標章的分類評估手冊，則旨在依據不同類型的建築物提供更適切的評估指標與方式，以避免造成比較基準不公平的問題。

由於臺灣現行高級中等學校優質認證措施，是採用同一套認證基準，且截至2016年12月31日止通過認證之全國優質高級中等學校比率更高達80.8%（教育部，2017b）；此不僅稀釋了認證的價值，亦無法有效引導學校發展出各自的重點領域與特色，而難以滿足學生適性就讀之需求。因此，為打破單一標準下的傳統排序觀念，落實十二年國教希望適性揚才、成就每一個孩子的基本精神，讓絕大多數的學生都能依性向就讀較理想、優質的學校（而非集中就讀少數的明星高中），並兼顧政府認證之價值與公信力，教育部未來可考量研議將高級中等學校「優質認證」轉型為「特色認證」，並引進「分類分級」的概念，以期使各高級中等學校均能各自在不同重點領域或特色發展上保有獨特性與限量性，提升認證價值與公信力，進而促進學校多元發展，提供學生更多適性選擇的機會，據以贏得學生及家長的認同與肯定。

二 學校應成立專責行銷單位（或任務編組），並研發低成本、高創意的品牌行銷策略

由於臺灣受到少子女化趨勢影響，中小學招生名額已呈現供過於求的現象，使得各校招生競爭日益激烈；加上配合十二年國教所推動的高級中等學校免學費政策，使得公私立高級中等學校之間的學費落差不再顯著，未來面臨招生不足及退場壓力的學校將不再限於私立學校，所有公私立學校均需強化品牌行銷，始能在少子女化趨勢下確保獲得穩定的招生來源。

然而，由於過去學校教職員的傳統養成過程，甚少修習過「行銷」方面的相關課程。這使得學校即使發展出再多變革性的創新作為或特色，學區內符合入學資格的學生及其家長，仍可能因為資訊不足，而停留在過去負面的刻板印象，進而降低就近選讀該校的意願。因此，若十二年國教的「就近入學」政策要能成功，則引導學校積極推動各項品牌行銷措施，並讓學區內的學生及家長能夠有效率地看見學校的進步與革新，乃是現階段相當重要的一項任務。

因此，本書認為，就長遠的角度來看，學校（尤其是高級中等學校）行政組織架構中，未來應研議成立專責行銷單位（如「行銷企劃處」或「公共關係處」），或至少成立具任務編組性質的學校品牌行銷專案小組，並引進具行銷（或媒體公關）專長之專業人才，主導整體性的學校品牌行銷企劃相關事項；該單位（或小組）的重要工作，就是透過團隊合作與集思廣益的過程，依照地區特性與學生及家長的需求，界定學校品牌定位，並發展出適合學校的各種品牌行銷策略，且定期檢討改善，以吸引當地

學生及家長的目光，並贏得他們的信賴與肯定，以期有效吸引學生就近選讀該校。

而品牌行銷，向來並不只是學校某一個人或某一個單位的工作或責任而已，若品牌行銷無法擴大校內教職員的參與，其實是無法有效發揮整體行銷成效的。因此，中小學應加強學校教職員品牌行銷專業知能培訓，並由領導者透過願景與理念的倡導，積極喚起這些教職員的工作價值感，以透過共同參與及團隊合作，進行全面行銷，先從「感動自己」（校內教職員）開始，再進一步「感動他人」（當地學生及家長），讓校內外人士都能清楚看見學校的進步與優勢，甚至能對學校變革性的創新作為或特色朗朗上口，為學校品牌打造優質口碑。

除了學校本身的努力之外，教育部或直轄市、縣（市）政府可研議分區成立中小學品牌行銷輔導團（其成員可包括品牌行銷學者專家、行政機關代表、現任或退休校長、家長代表等），並舉辦品牌行銷成果觀摩會，推廣品牌行銷成功經驗，增進各界對學校品牌行銷成效的認同與肯定，進而協助中小學形塑優質品牌形象，吸引鄰近地區的國中畢業生就近入學及適性選校。

此外，由於中小學之年度預算普遍不高，因此，教育部及直轄市、縣（市）政府宜透過獎補助措施，鼓勵各中小學持續研發低成本、高創意的品牌行銷策略，以期在最小行銷成本下，發揮最大的行銷效果。尤其目前免費（或低成本）的行銷通路甚多，包括成立Facebook粉絲團、LINE轉貼訊息、學校活動影片上傳至免費影音網站（如YouTube等）、學校特色宣傳摺頁與遊學地圖電子檔上傳至學校網站、於學校網站發布新聞稿等，若能善用具話題性（或趣味性）且可引發關注的各種創意，並結合免費

（或低成本）的行銷通路，將有助於擴大學校品牌行銷範圍與效果，增進學生及家長對學校的認同與好感度，形塑學校優良辦學績效的口碑。

三 資訊科技的持續精進為教育創新帶來無限可能

在電腦、網路、智慧型手機、電子書、教學軟體（含手機APP應用程式）、線上教學平臺、社群網路媒體（如臉書、LINE）或其他未來新一代電子產品的快速發展下，隨著資訊科技的持續進步與革新，不僅過去紙本式教材及面對面教學的傳統學習型態，已歷經結合電腦與網路進行「線上學習」（e-learning）之階段性轉變與發展，目前學習潮流更進一步提升至使用行動載具及無線網路進行「行動學習」（mobile learning）的層次（教育部，2015h）。然而，其餘創新教學型態，亦隨著資訊科技的進展不斷地推陳出新，並使得未來的教育令人充滿無限想像。目前中小學在各種新興資訊科技與潮流的驅動下，已逐漸顯現其發展趨勢如下：

(一) 結合「物聯網」與「巨量資料」，研發智慧學習導向的教學模式

由於《公立國民小學及國民中學委託私人辦理條例》、《學校型態實驗教育實施條例》及《高級中等以下教育階段非學校型態實驗教育實施條例》等實驗教育三法，均已獲立法院三讀通過並於2014年11月公布，使得政府及民間辦理的教育創新與實驗，獲得突破既有法規限制的法源依據，並邁向一個全新的里

程碑（教育部，2015f）。而在實驗教育三法的支持下，各種教育實驗已逐漸興起，並朝科技化、彈性化、適性化、生活化、趣味化等實驗方向出發，以找出最適合學生的教學模式或方法。其中「科技化」是將電腦、網路、智慧型手機、電子書、教學軟體（含手機APP應用程式）、線上教學平臺、社群網路媒體（如臉書、LINE）等資訊科技應用於教育層面；「彈性化」則包括發展公私協力的辦學模式、教職員的多元進用方式、放寬預算使用限制、提高課程規劃的自主性等；「適性化」是指上課方式、時間與課程進度的安排更符合多數學生的個別需求；「生活化」則指教材內容與教學模式更貼近生活，舉出實際生活案例講解專業知識，使學生更容易理解，並能在實際生活中有所運用；至於「趣味化」乃是教師透過有趣的教材及教學技巧，激發學生學習興趣與動機，使上課氣氛不再變得沉悶，讓學習過程充滿歡笑，學生更熱愛上學。

　　過去多數教育實驗的成效檢驗，多採用一次性、抽樣性的調查研究，或質性訪談等方式，來加以檢驗。然而，往往受限於人力、時間與經費等方面的限制，衍生研究範圍限縮、以偏概全、客觀性與公信力不足等問題，致教育實驗結果較難據以擴大推廣。然而，由於近年來「物聯網」（Internet of Things, IoT）已逐漸成為科技界的發展重點，其透過網際網路，在任何時間和地點，經由物品與物品（或人與設備）相互連結，並藉由感測器所偵測到的環境和背景，來獲取物品資訊，進行資料交換、資訊、分享或互動，以達到智慧化監控與管理（楊威國，2015）。而物聯網的四大核心技術包括裝置（含穿戴式裝置）、連結雲端、巨量資料分析與智慧決策，藉由蒐集與分析消費者使用行為，以創

新服務翻轉傳統管理模式（引自楊安琪，2015）。

因此，當「教育實驗」進一步結合「物聯網」與「巨量資料」分析，透過各種資訊科技工具（如智慧型手機、線上學習系統、雲端資料蒐集系統等），廣泛蒐集各種學生需要與學習行為模式之相關資訊，據以建置學生學習歷程與感受之巨量資料平臺，並進行大量與長期性資料的分析，將有助於發展出「智慧學習」導向的適性教學模式或方法，以提升學生的學習效果，同時亦使教育實驗之成效檢驗結果更具公信力。

(二) 培養學生「自主學習」與「動手做」的能力

面對知識爆炸的時代來臨，學生每天需面對來自不同領域的大量知識，若只由老師講授有限的課本內容，並要求學生背誦理論層面的抽象知識，實已明顯不符合當代學生的需要。2007年源自美國的「翻轉教室」模式，將傳統教學模式翻轉成為「學生在上課前觀看教師預先錄製的課程內容，然後到課堂上進行討論、練習，並完成作業」的上課方式（趙惠玲，2014）。這種「翻轉教室」模式，讓學生可得到教師一對一教學和同儕相互教導的機會，並把學生推向自主學習、主動學習的方向（黃政傑，2014）。該模式不僅在美國已透過「可汗學院」（Khan Academy）加以發揚光大（廖怡慧，2012）；在臺灣，教育部更已陸續舉辦「翻轉教室工作坊」，並開放中小學在職教師、師資培育之大學教師、師資生、研究人員及其他有興趣的民眾報名參加（教育部師資培育及藝術教育司，2014）。這種強調自主學習的「翻轉教室」模式，有助於引導學生主動搜尋與運用知識，並逐漸帶動教育革新的風潮。

　　而美國紐約市教育局也自2010年起推動「創新區域」
（Innovation Zone，簡稱iZone）計畫（New York City
Department of Education, 2011）。所謂iZone，是一個追求增進
學生學習成就的學校社群，其範圍擴及幼兒園至12年級、大學及
其職涯發展階段，並發展出適合學生個別學習需求、動機與能力
之創新教學策略與學校模式；iZone學校可自行選擇教育理念、
科技與工具，以期讓學校社群處於最佳運作狀態，並推動個人化
的學習（New York City Department of Education, 2012）。iZone
學校的特色，在於提供為每位學生量身訂做的個人化學習，包
括：(1)記錄學生的起始水平與進步情形之即時數據，並由教師
提供額外協助或為學生安排更具挑戰性的學習內容；(2)課程大
綱與評估皆與大學及就業標準接軌，學生獲得學分是因為確實掌
握了知識，而不僅是因為他們達到課程時數標準；(3)學生透過
最適合自己的方法學習（例如：與老師一對一學習、小組學習、
線上學習或實習式的學習等）（New York City Department of
Education, 2011）。參加iZone的學校可決定自己的創新程度，例
如InnovateNYC的策略是將科技融入部分年級與課程，並適用於
小規模實驗；採iZone360策略的學校，則完全以學生個別學習需
求為本，重新規劃學校空間、行政、教學制度、人力、預算等，
打造客製化學習環境（李岳霞，2012）。由iZone計畫可知，這
種著重學生個別需求，結合科技引導學生主動學習知識的創新作
法，亦已為教育革新帶來不少啟發。

　　此外，近年來美國麻省理工學院為提供學生動手實作及解決
問題所設置的「自造實驗室」（Fab Lab），已掀起一股鼓勵學
生親自動手實作及解決問題的熱潮；而在臺灣，行政院更自103

年起宣示推動3D產業發展，並由教育部負責成立區域「自造實驗室」（Fab Lab）及3D列印「行動實驗車」（Fab Truck）的巡迴推廣活動，期能讓全國高級中等學校學生都有機會體驗3D列印技術，並學習將創意轉化爲實作的理念（行政院，2015；教育部國民及學前教育署，2016d）。這種強調「動手做」的教育理念，也爲教育革新開展一個全新的發展重點方向。

(三) 啓發學生的想像力，以結合資訊科技共創美好未來

A. Einstein（愛因斯坦）曾說：「想像力比知識更重要。因爲知識是有限的，想像力卻可涵蓋世上萬物，並帶領人類進步與演化。」教育部已於2011年至2014年期間推動「未來想像與創意人才培育中程個案計畫」，其範圍包括國中小、高級中等學校、大專校院及社區大學，並旨在培育新世代對未來有想像力、思考力，同時兼具關懷態度與行動能力（教育部顧問室，2014）。前述中程計畫探討未來家園、未來產業、未來文化、未來科技、未來社會、未來環境及未來教育等七大議題（詹志禹、林顯達、張寶芳，2013）。前述中程計畫之子計畫「啓航計畫」（亦即「高級中等學校未來想像與創意人才培育計畫」），計有27所高級中等學校參與（國立臺灣師範大學，2014）。其參與項目除分區成立4個「未來想像與創意教育區域資源中心」外，亦針對未來想像與創意的「校園營造」、「課程與教學實驗」、「教師專業發展社群」等三大面向徵求各高級中等學校研提相關教育措施（張雨霖等人，2013）。此外，「啓航計畫」中亦提出辦理未來想像與創意教育之教師增能研習、舉辦未來想像教育「典範示

例學校」評選、進行高中職「未來想像與創意人才培育」實務研究、建置未來想像教案分享平臺、辦理教案甄選及彙編未來想像專書等推廣活動（未來想像與創意人才培育計畫：啓航計畫辦公室，2013）。

此外，有關國中小部分，於2011年至2014年期間參與子計畫「造艦計畫」（亦即「國民中小學未來想像與創意人才培育計畫」）者，累計有19個縣市、254所國中小，例如：海端國小推動「平地無人島訓練」課程、勝利國小的「勝利水上城堡」課程、虎林國中的「未來媒體實驗工作坊」課程等，均將未來想像的元素與教學模式融入各個學科當中（教育部資訊及科技教育司，2015；詹志禹等人，2013）。上述各項措施，對於引導中小學啓發學生的想像力已有初步成果。

依財團法人臺灣網路資訊中心（2015）的調查結果顯示，臺灣12足歲以上之民眾曾經使用過「行動上網」的比率達81.4%；最近半年內或曾經行動上網的受訪者中使用「智慧型手機」行動上網者更達93.2%，且87.7%覺得行動上網對知識的增長有幫助；至於有使用行動上網或無線區域網路上網的受訪者中，曾使用過APP的比率則達85.6%。可見臺灣已具備推動「行動學習」的良好發展條件，並使得學習得以不再受到時間與地點的限制。此外，隨著虛擬實境（virtual reality, VR）、腦波控制與穿戴式裝置等資訊科技的進步與發展，前述科技目前已應用於監測及訓練學生學習時的專注力、發展身心障礙人士所需的腦波控制電腦鍵盤輸入系統等層面（林國肇，1999；周恩存，2012）；未來更有機會進一步運用於職涯體驗與專業技術的學習，例如：透過虛擬實境與穿戴式裝置，直接體驗各職場的工作

型態，甚至據以學習專業技術（如駕駛車輛、飛機或船舶等）。另申請非學校型態實驗教育（又稱在家自行教育）的學生，亦可能透過遠距視訊教學及穿戴式裝置方式，與其他同學一同在教室上課並參與互動。

綜上可知，資訊科技正持續不斷地追求進步與革新，並為學習與生活型態逐漸帶來衝擊與轉變。因此，持續引導中小學推動「想像力」教育，才能幫助學生跟上時代變化的腳步，並鼓勵其勇於築夢，隨時結合新興資訊科技共創美好未來。

參考文獻

106學年度中等以上學校運動成績優良學生升學輔導委員會（2017）。運動種類代碼表。載於**106學年度高級中等以上學校運動成績優良學生升學輔導甄審、甄試簡章**（頁**10**）。教育部2017年2月17日臺教授體字第1060003457號函核定。

王巧媛、余學敏、徐作蓉、謝勝隆（2005）。燈塔學校。載於臺北市教師研習中心（主編），優質學校（頁100-103）。臺北市：臺北市教師研習中心。

王炎川（2008）。**臺灣另類學校家長教育選擇權意識發展之研究：以宜蘭慈心華德福學校爲例**（未出版碩士論文）。國立政治大學，臺北市。

王定宇（2005）。**國家品牌行銷之研究：以英國爲例**（未出版碩士論文）。銘傳大學，臺北市。

王爲國（2001）。多元智能教學的課程設計。**課程與教學季刊**，**5**（1），1-20。

王雅惠（2007）。**覺醒與爭權的社會行動——另類學校家長教育選擇權意識之個案研究**（未出版碩士論文）。國立政治大學，臺北市。

王琡棻、盧臺華（2012）。資優行爲觀察量表之信效度及測量不變性檢定。**測驗統計年刊**，**20**，151-176。

王傳揚（2013）。**私立高職創新行銷招生與新生選擇學校之個案研究——以莊敬高職爲例**（未出版碩士論文）。亞洲大學，臺中市。

毛麗娟（2006）。**學校形象認知與學校選擇之關係研究——以中部職業學校爲例**（未出版碩士論文）。國立彰化師範大學，彰化縣。

內政部（2017）。**歷年全國人口統計資料：出生數及粗出生率（按登記及發生）**。取自http://www.ris.gov.tw/zh_TW/346

內政部建築研究所（2014）。**綠建築評估手冊——基本型**。新北市：作者。

文化部文化資產局（2017）。**臺灣世界遺產潛力點**。取自https://twh.boch.gov.tw/taiwan/index.aspx?lang=zh_tw

文化資產保存法（2016年7月27日）。

文化資產保存法施行細則（2015年9月3日）。

文部科學省（2011）。「スーパー・イングリッシュ・ランゲー

ジ・ハイスクール」（セルハイ）の事業概要及び成果。取自http://www.mext.go.jp/a_menu/kokusai/gaikokugo/__icsFiles/afieldfile/2011/10/12/1293088_1.pdf

文部科學省（2014）。平成26年度スーパーグローバルハイスクールの指定について（平成26年3月28日）。取自http://www.mext.go.jp/a_menu/kokusai/sgh/1346060.htm

文部科學省（2015）。平成27年度スーパーグローバルハイスクールの指定について（平成27年3月31日）。取自http://www.mext.go.jp/a_menu/kokusai/sgh/1356366.htm

文部科學省（2016a）。平成28年度学校基本調査（確定値）の公表について。取自http://www.mext.go.jp/component/b_menu/other/__icsFiles/afieldfile/2016/12/22/1375035_1.pdf

文部科學省（2016b）。平成28年度スーパーグローバルハイスクールの指定について（平成28年3月31日）。取自http://www.mext.go.jp/a_menu/kokusai/sgh/1368807.htm

文部科學省（2016c）。平成28年度スーパーグローバルハイスクール概要。取自http://www.mext.go.jp/a_menu/kokusai/sgh/_icsFiles/afieldfile/2016/03/31/1368807_01.pdf

文部科學省（2017）。平成29年度スーパーサイエンスハイスクール（SSH）指定校の内定等について。取自http://www.mext.go.jp/b_menu/houdou/29/03/1383571.htm

公立國民小學及國民中學委託私人辦理條例（2014年11月26日）。

公立高級中等以下學校委託私人辦理實驗教育條例（2018年1月31日）。

公益平臺文化基金會（2014）。華德福教育：培育創造力與獨立思考力的下一代。取自http://www.thcalliancc.org.tw/covcr_show.php?covcr_id=55

中等以上學校技藝技能優良學生甄審及保送入學辦法（2014年12月25日修正）

中等以上學校運動成績優良學生升學輔導辦法（2015年4月22日修正）。

方淑惠（譯）（2012）。創意CEO 2（原作者：M. Pricken）。新北市：遠足文化。（原著出版年：2007）

外交部（2015）。外交部補助民間團體——第3季。取自http://www.mofa.
　　gov.tw/Upload/RelFile/625/153610/外交部補助民間團體-第3季.pdf

外交部補助民間團體從事國際交流及活動要點（2015年4月17日）。

石進祥（2007）。結合創新擴散理論與**UTAUT**模式以探究影響教師採用數
　　位學習平臺因素之研究（未出版碩士論文）。大葉大學，彰化縣。

未來想像與創意人才培育計畫：啟航計畫辦公室（2013）。推廣活動。取
　　自https://sites.google.com/site/fisetsail/home/zhu-dong-gui-hua-an

行政院（2015）。毛揆：**3D列印行動實驗車開往東部，培育自造者人才**。
　　取自http://www.ey.gov.tw/News_Content2.aspx?n=F8BAEBE9491FC830
　　&sms=99606AC2FCD53A3A&s=4BA75F093AC4F900

行政院（2017）。函送「公立國民小學及國民中學委託私人辦理條例」修
　　正草案。行政院2017年7月12日院臺教字第1060181128號函。

行政院教育改革審議委員會（1996）。教育改革總諮議報告書。臺北市：
　　行政院。

朱慧明（2013）。學校品牌形象影響學生選校意願因素之研究（未出版碩
　　士論文）。正修科技大學，高雄市。

江岳洲（2016）。新北市米倉國小特色學校經營之研究（未出版碩士論
　　文）。國立臺東大學，臺東縣。

江淑亞（2005）。腦力激盪法在鑑賞教學上的應用。竹縣文教，**31**，48-
　　49。

江慧珺（2014年5月27日）。藝術家駐校，學生展成果。中國時報。取自
　　http://www.chinatimes.com/newspapers/20140527000383-260107

艾思邁資訊科技有限公司（2016）。**心智圖法：知識集**。取自http://
　　actsmind.com/blog/resource/mindmapping

安田明（2015年10月2日）。國教適性入學成效，逾8成高一生認同。**中央
　　廣播電臺**。取自http://tw.money.yahoo.com/國教適性入學成效-逾8成高-
　　生認同-035900188.html

吳一斌（1999）。品牌卡位贏家。臺北市：維德文化。

吳秀娟（1996）。試析組織文化與特色學校建設。國立臺北師院圖書館館
　　訊，**4**，103-109。

吳明雄（1992）。腦力激盪術簡介。創造思考教育，**4**，30-31。

吳武雄（2007）。創造思考教學法：心智圖法。資優教育簡訊，**41**，1-4。

吳清山（2004）。學校創新經營理念與策略。教師天地，**128**，30-44。

吳清山、林天祐（2003a）。教育名詞：燈塔學校。教育資料與研究，**50**，117-118。

吳清山、林天祐（2003b）。教育名詞：藍帶學校。教育資料與研究，**50**，115-116。

吳清山、林天祐（2003c）。教育名詞：創新經營。教育資料與研究，**53**，134-135。

吳清山、林天祐（2009）。教育名詞：特色學校（Specialist School）。**教育資料與研究**，**88**，145-146。

吳毓瑩（1995）。開放教室中開放的評量：從學習單與檢核表的省思談卷宗評量。載於國立臺北師範學院（主編），開放社會中的教學（頁93-100）。臺北市：國立臺北師範學院。

吳鴻明（2010）。**植基於科技接受模式與創新擴散理論探討國小生數位學習平臺之學習意願**（未出版碩士論文）。國立臺中技術學院，臺中市。

李文同、王富祥、史建軍（2014）。**市場營銷學**。臺北市：元華文創。

李如蕙（2007）。**以創新擴散觀點探索影響教師採用數位典藏資源融入教學的因素**（未出版碩士論文）。實踐大學，臺北市。

李岳霞（2012）。紐約iZone的科技學習革命。親子天下，**2012**(5)，32-33。

李奉儒（1996）。後現代與德育研究：多元文化的德育出路。載於中華民國比較教育學會等（主編），**教育改革：從傳統到後現代**（355-386頁）。臺北市：師大書苑。

李欣潔（2009）。創新管理與營造對學校行政運作之啓示。**教育趨勢導報**，**31**，88-92。

李純玨（2013）。**學校品牌建構與行銷策略之研究——以長榮女中爲例**（未出版碩士論文）。臺灣首府大學，臺南市。

李新、彭丹（2005）。傳媒品牌塑造的「蜂窩模型」。傳媒觀察，**2005**(8)，24-26。

李聖賢（2014）。餐飲業魅力品質與體驗行銷之研究：以85度C爲例（未出版碩士論文）。國立中山大學，高雄市。

何崇欽（1982）。在經濟不景氣中企業集團應如何創新經營？實業世界，**192**，26-29。

何慧群、永井正武（2016）。高中、職校評鑑機制分析與構建。臺灣教育評論月刊，**5**（7），53-60。」

邱昭雯（2008）。學生選校影響因素之探討：以高雄市某私立高級中學爲例（未出版碩士論文）。國立高雄第一科技大學，高雄市。

東京工業大學附屬科學技術高等學校（2015）。平成27年度スーパーグローバルハイスクール構想調書の概要。取自http://www.sghc.jp/wp/pdf/s27-12.pdf

東京都立日比谷高等學校（2017a）。**SSHだより**。取自http://www.hibiya-h.metro.tokyo.jp/html/ssh_news.html

東京都立日比谷高等學校（2017b）。平成29年度学校説明会等日程（予定）。取自http://www.hibiya-h.metro.tokyo.jp/html/29information_session_list.html

東京都立兩國高等學校（2017）。平成29年度両国高等学校・付属中学校学校説明会などのご案内。取自http://www.ryogoku-h.metro.tokyo.jp/setumeikai/setumeikai.html

東京都立國際高等學校（2014）。學校要覽：平成26年度。東京都，日本：作者。

東京都立綜合藝術高等學校（2017）。**7月体験入学**。取自http://www.sogo-geijutsu-h.metro.tokyo.jp/site/zen/category_0000015.html

東森新聞雲（2012年3月10日）。地中海風情吹過來，臺東豐源國小新校舍美麗落成。取自http://www.ettoday.net/news/20120310/30824.htm

林志成（2009）。98年度教育部推動國民中小學活化校園空間與發展特色學校成效評估專案研究報告。教育部請求國立新竹教育大學協助之研究報告，未出版。

林志成、林仁煥、田育昆（2011）。緒論。載於林志成（主編），**特色學校理論、實務與實例**（1-33頁）。臺北市：高等教育。

林秀珍（2001）。「教育即生活」抑「生活即教育」：杜威觀點的詮釋。教育研究集刊，**47**，1-16。

林明地（1999）。家長參與學校教育的研究與實際：對教育改革的啟示。教育研究資訊，**7(2)**，61-79。

林虹妙（2005）。臺北市高職學校創新經營之調查研究（未出版碩士論文）。國立臺北科技大學，臺北市。

林奕成（2011）。後現代主義思潮及其在教育研究的蘊意。南臺人文社會學報，**5**，頁1-25。

林威利（2013）。學校行銷、品牌形象與學生就讀意願之關聯——以屏東某完全中學為例（未出版碩士論文）。樹德科技大學，高雄市。

林倖妃（2014年7月）。會考為何淪為選填志願的賭局？天下雜誌，**551**。取自http://www.cw.com.tw/article/article.action?id=5059700

林盈然（2008）。私立高職品牌形象與顧客滿意度相關之研究（未出版碩士論文）。淡江大學，新北市。

林國肇（1999）。以腦波為控制信號之身心障礙鍵盤輸入系統（未出版碩士論文）。國立臺灣大學，臺北市。

林進山（2011）。國民中小學特色學校經營策略、品牌形塑與辦學績效關係之研究（未出版博士論文）。國立臺北教育大學，臺北市。

林惠華（2002）。公私協力機制運用於都市更新政策之研究：士林夜市之個案模擬（未出版碩士論文）。國立政治大學，臺北市。

林雅眞（2009）。華德福學校教育理念與實踐之研究——以宜蘭慈心華德福實驗學校為例（未出版碩士論文）。國立臺東大學，臺東縣。

林德宏（2006）。超越熊彼特：對傳統創新觀的反思。南京財經大學學報，**2006(4)**，7-10。

林曉雲、邱紹雯（2013年3月28日）。霸凌、成績造假：教部認證優質學校。自由時報。取自http://news.ltn.com.tw/news/life/paper/665585/print

林麗娟（2011）。兩岸小學發展特色學校之比較研究（未出版博士論文）。國立新竹教育大學，新竹市。

林耀隆（2012）。私立高中學生選擇學校影響因素之研究（未出版碩士論文）。國立中山大學，高雄市。

周彥（2006）。由創新擴散理論探討大專英文教師使用電腦輔助語言教學之信念（未出版碩士論文）。國立交通大學，新竹市。

周恩存（2012）。「讀你的腦」：腦波量測新技術在人類認知、學習及生活上的應用。數位典藏與學習電子報，11(11)。取自http://newsletter.teldap.tw/news/InsightReportContent.php?nid=6121&lid=706

岡崎茂生（2012）。創視界的品牌構築—第三章：如何定義品牌。發現電通，2012(4)，取自http://www.beijing-dentsu.com.cn/upload/archive/branding_construction_03.pdf

洪正華（2000）。J. F. Lyotard後現代思想及其在比較教育上的意義（未出版碩士論文）。國立暨南國際大學，南投縣。

洪郁婷（2014）。高中優質化政策與執行之研究：以屏東地區高中為例（未出版碩士論文）。國立屏東教育大學，屏東縣。

洪詠善（2011）。跨／移界：理解教師教學創新的個案研究。教育研究月刊，204，95-109。

洪樹旺（2015）。推出自主能力學習課程活，化瀨廒小學與弱勢社區。愛心世界，33。取自http://thwu2758.pixnet.net/blog/post/434178224-推出自主能力學習課程-：活化瀨廒小學與弱勢

科技部（2014）。高瞻二期計畫簡介。載於科學Online：科技部高瞻自然科學教學資源平臺。取自http://highscope.ch.ntu.edu.tw/wordpress/?p=42436

柯柏年（2003）。臺灣高職（中）工業類科學校學校本位管理、學校氣氛與學校效能相關之研究（未出版碩士論文）。國立彰化師範大學，彰化縣。

柯禧慧（2000）。教室安靜的潛在教育學之研究～以一個六年級開放教室為例（未出版碩士論文）。國立臺南師範學院，臺南市。

胡曉雲、謝冰心（2004）。日本電通蜂窩模型：品牌建構與管理的有效解決方案。中國傳媒報告，2004(1)，27-38。

侯政宇（2011）。以創新擴散理論探討E化創新學校教師資訊素養與創新接受傾向之影響因素（未出版碩士論文）。樹德科技大學，高雄市。

涂育銘（2011）。非依傳統聯招排名選填高中就讀之學生選校因素初探

（未出版碩士論文）。國立中山大學，高雄市。

俞泊霖（2016年2月29日）。愛繪畫情侶，打造3D侏儸紀校園。蘋果日報。取自http://www.appledaily.com.tw/realtimenews/article/new/20160229/805478/

俞肇福（2016年6月4日）。〈北部〉高中祭獎學金搶人，最高35萬。自由時報。取自http://news.ltn.com.tw/news/local/paper/997077

施宏彥（2006）。國民小學學校本位財務管理之研究。嘉南藥理科技大學師資培育中心研究計畫（編號：CNTE9502）。臺南市：嘉南藥理科技大學師資培育中心。

厚生勞動省（2016）。平成27年（2015）人口動態統計（確定数）の概況：第2表-1人口動態総覧の年次推移。取自http://www.mhlw.go.jp/toukei/saikin/hw/jinkou/kakutei15/index.html

高中高職藝術才能班特色招生甄選入學作業要點（2012年5月8日）。

高級中學第二外語教育學科中心（2016）。105學年「高級中學與國際姊妹（伙伴）學校互動情況」調查。取自http://www.2ndflcenter.tw/sun79/dimage/file/105.xlsx

高怡宣（2011年5月20日）。評論／廢除明星高中 讓教育正常化吧。聯合報。取自http://blog.xuite.net/chioufatymjh/twblog/130250103-評論／廢除明星高中+讓教育正常化吧

高級中等以下學校藝術才能班設立標準（2010年2月25日）。

高級中等教育法（2013年7月10日）。

高級中等學校向學生收取費用辦法（2013年11月12日）。

高級中等學校建教合作實施及建教生權益保障法（2013年1月2日）。

高級中等學校評鑑辦法（2014年1月10日訂定／2018年3月6日修正）。

高級中等學校辦理實驗教育辦法（2014年1月8日）。

高級中等學校優質認證實施要點（2013年10月14日訂定）。

高級中等學校優質認證實施要點（2015年5月15日修正）。

高級職業學校學生預修技專校院專業及實習課程實施要點（2006年5月10日）。

高雄市立六龜高級中學（2015）。高雄市立六龜高中2015年推動國際文化

交流活動計畫。取自http://www.taiwanngo.tw/ezfiles/0/1000/attach/18/pta_353_7044592_82873.doc

高雄市私立復華高級中學（2010）。**賀！復華爲全國第一間通過ISO-9001國際品質認證之高中**。取自http://www.whowhat.com.tw/showdet.jsp?UPAUTONO=1&AUTONO=2

高雄市私立義大國際高級中學（2015）。課程介紹：國高中課程。取自http://www.iis.kh.edu.tw/01AboutI-Shou/1_5ProgramOverview_UpperSchool.aspx

秦夢群（2014）。美國特許學校經營與成效之研究。**教育資料與研究，115**，169-192。

秦夢群（2015）。**教育選擇權研究**。臺北市：五南。

秦夢群、莊清寶（2012）。臺灣國民中小學特色學校創新經營及其學校效能關係之探討。**教育政策論壇，15**(2)，163-192。

秦夢群、黃麗容（2007）。學校實施策略聯盟之研究與展望。**臺灣教育，647**，44-51。

秦夢群、濮世緯（2006）。學校創新經營理念與實施之研究。**教育研究與發展，2**(3)，123-143。

桃園市平鎮區忠貞國民小學（2015）。**104學年度教育部補助辦理品德教育推廣與深耕學校計畫成果報告表**。取自http://moral.jjes.tyc.edu.tw/moral/uploads/tad_uploader/tmp/30/104忠貞國小成果報告表.pdf

桃園市政府教育局（2016）。**桃園市品格教育資源網：最新消息**。取自http://moral.jjes.tyc.edu.tw/moral/modules/tadnews/index.php?nsn=8

桃園縣政府（2014）。**桃園縣103年度學校特色認證與獎勵計畫**。取自http://tw.class.uschoolnet.com/class/?csid=css000000116901&id=model7&cl=1272241156-8970-3401&mode=con&m7k=1399861128-8829-3066&_ulinktreeid=

孫易新（2014）。**心智圖法理論與應用**。臺北市：商周。

財團法人臺灣網路資訊中心（2015）。**2015年臺灣無線網路使用狀況調查報告中文摘要**。取自http://www.twnic.net.tw/download/200307/20160108c.pdf

夏偉倫（2008）。私立綜合高中學校行銷策略之研究（未出版碩士論文）。玄奘大學，新竹市。

教育部（2002a）。教育大事年表。載於中華民國教育部部史全球資訊網，取自http://history.moe.gov.tw/milestone.asp?YearStart=91&YearEnd=100

教育部（2002b）。創造力教育白皮書。臺北市：作者。

教育部（2005）。藝術教育政策白皮書。臺北市：作者。

教育部（2006）。教育部96年補助國民中小學活化校舍空間與發展特色學校方案。教育部2006年12月12日臺國（一）字第0950185524號函公布。

教育部（2007）。教育部推動國民中小學活化校園空間與發展特色學校計畫（97年）。教育部2007年12月4日臺國（一）字第0960184259號函公布。

教育部（2009）。教育部98年度校園活化之十大經典特色學校獲獎專輯。臺北市：作者。

教育部（2011）。十二年國民基本教育實施計畫。行政院2011年9月20日院臺教字第1000103358號函核定。

教育部（2012a）。101學年度優質高中職認證實施計畫。教育部2012年8月31日部授教中（二）字第1010516031號函訂定。

教育部（2012b）。高中高職特色招生核定作業要點訂定及報備查原則。教育部2012年3月14日臺中（一）字第1010032266號函發布。

教育部（2013a）。公告優質高中、優質高職記者會——創造校校皆優質、處處有特色的學習環境。取自https://tw.news.yahoo.com/blogs/gov-press/公告優質高中-優質高職記者會-創造校校皆優質-處處有特色的學習環境-090309349.html

教育部（2013b）。教育部召開「十二年國民基本教育七大面向務實推動」記者會。取自http://www.k12ea.gov.tw/files/epaper_ext/9b385f53-f71d-40ec-a31a-16997bd70c34/doc/0618教育部召開「十二年國民基本教育七大面向務實推動」記者會.pdf

教育部（2013c）。第二期技職教育再造計畫。行政院2013年8月30日院臺教字第1020052561號函核定。

教育部（2013d）。教育部美感教育中長程計畫──第一期五年計畫（**103年至107年**）。教育部2013年8月27日臺教師（一）字第1020124570號函發布。

教育部（2014a）。**103年度第2次全國教育局（處）長會議專題報告戶外教育推動暨五年中程計畫**。取自http://www.edu.tw/pages/detail.aspx?Node=1088&Page=24748&wid=ddc91d2b-ace4-4e00-9531-fc7f63364719&Index=1

教育部（2014b）。教育部品德教育促進方案（第三期）。教育部2014年3月11日臺教學（二）字第1030028506號函修訂。

教育部（2014c）。中華民國戶外教育宣言。取自http://www.edu.tw/pages/detail.aspx?Node=1088&Page=23967&wid=ddc91d2b-ace4-4e00-9531-fc7f63364719

教育部（2014d）。國民中小學特色學校推動成果報告。行政院第3406次會議報告案。取自http://www.ey.gov.tw/Upload/RelFile/26/716424/國中小特色學校推動成果.pdf

教育部（2015a）。高級中等學校第三期程學校評鑑實施計畫──普通型、綜合型、單科型高級中等學校。教育部2015年2月24日臺教授國字第1040020264號函核定。

教育部（2015b）。高級中等學校第三期程學校評鑑實施計畫──技術型高級中等學校。教育部2015年2月24日臺教授國字1040020264號函核定。

教育部（2015c）。教育部重編國語辭典修訂本。取自http://dict.revised.moe.edu.tw/

教育部（2015d）。十二年國民基本教育實施計畫（修正本）。行政院2015年6月23日院臺教字第1040033079號函原則同意。

教育部（2015e）。中華民國**104年全國語文競賽實施要點**。教育部2015年5月27日臺教社（四）字第1040071069號函備查。

教育部（2015f）。教育發展新契機──實驗教育三法。取自http://www.edu.tw/news_Content.aspx?n=9E7AC85F1954DDA8&s=C5AC6858C0DC65F3

教育部（2015g）。吳思華部長宣布　啓動「教育創新行動年」。教育部電

子報，**650**。取自http://epaper.edu.tw/topical.aspx?topical_sn=846

教育部（2015h）。普及偏鄉數位應用計畫（**105-108年**）。行政院2015年
10月5日院臺教字第1040029062號函核定。

教育部（2016a）。**教育部永續校園全球資訊網**。取自http://www.esdtaiwan.
edu.tw/

教育部（2016b）。檢送「**105年教育部品德教育特色學校觀摩及表揚大
會**」實施計畫及獲表揚之特色學校名單各1份。教育部2016年8月17日
臺教學（二）字第1050109930A號函。

教育部（2017a）。**教育部部史：教育大事年表**。取自http://history.moe.gov.
tw/milestone.asp?YearStart=81&YearEnd=90&page=2

教育部（2017b）。衡量指標：8.優質高級中等學校比率。載於中華民國
107年度教育部單位預算案（頁13-14）。取自https://depart.moe.edu.tw/
ED4400/Content_List.aspx?n=4EAF2E11B04F6255

教育部（2017c）。**106學年度營造空間美學與發展特色學校頒獎典禮暨高
峰論壇熱鬧登場**。載於教育部全球資訊網，取自https://www.edu.tw/
News_Content.aspx?n=9E7AC85F1954DDA8&s=603A07D07F3F5776

教育部（2018a）。後第三期程高級中等學校評鑑實施計畫──普通型、
綜合型、單科型高級中等學校。教育部2018年3月21日臺教授國字第
1070024328號函修正。

教育部（2018b）。後第三期程高級中等學校評鑑實施計畫──技術型高級
中等學校。教育部2018年3月21日臺教授國字第1070024328號函修正。

教育部師資培育及藝術教育司（2014）。**啟動學習，改變課室風景翻轉教
室工作坊登場**。取自http://www.edu.tw/news_Content.aspx?n=9E7AC85
F1954DDA8&s=66CF66105892BEF0

教育部補助大學試辦高級中學學生預修大學第二外語課程作業原則（2008
年11月7日）。

教育部補助永續校園推廣計畫作業要點（2016年12月28日）。

教育部補助技職校院建立策略聯盟計畫經費要點（2016年5月26日）。

教育部補助技專校院與高職及綜合高中建立策略聯盟計畫經費要點（2007
年7月11日）。

教育部統計處（2013a）。**101學年高中職異動一覽表**。取自http://stats.moe.
gov.tw/files/news/101_HighChange.xls

教育部統計處（2013b）。**102學年高中職異動一覽表**。取自http://stats.moe.
gov.tw/files/news/102_HighChange.xls

教育部統計處（2014）。**103學年高中職異動一覽表**。取自http://stats.moe.
gov.tw/files/news/103_HighChange.xls

教育部統計處（2015）。**104學年高級中等學校異動一覽表**。取自http://
stats.moe.gov.tw/files/news/104_HighChange.xls

教育部統計處（2016）。**105學年高級中等學校異動一覽表**。取自http://
stats.moe.gov.tw/files/news/105_HighChange.xls

教育部統計處（2017a）。**歷年校數、教師、職員、班級、學生及畢業生
數：(2)57-105學年度**。取自http://stats.moe.gov.tw/files/main_statistics/
seriesdata.xls

教育部統計處（2017b）。各級學校概況表（**80-105學年度**）。取自http://
stats.moe.gov.tw/files/main_statistics/b.xls

教育部統計處（2017c）。**106學年高級中等學校異動一覽表**。取自http://
stats.moe.gov.tw/files/news/106_HighChange.xls

教育部統計處（2017d）。高級中等學校建教合作班概況。**教育統計簡訊，
71**。取自http://stats.moe.gov.tw/files/brief/105學年高級中等學校建教合
作班概況.pdf

教育部國民及學前教育署（2014a）。高中優質化輔助方案。2014年2月19
日臺教授國部字第1030005639號函修正。

教育部國民及學前教育署（2014b）。高職優質化輔助方案。2014年5月29
日臺教授國字第1030046228號函修正。

教育部國民及學前教育署（2014c）。**教育部國民及學前教育署104年度推
動國民中小學營造空間美學與發展特色學校第3階段第3年實施計畫**。教
育部國民及學前教育署2014年11月17日臺教國署國字第1030130796號
函公布。

教育部國民及學前教育署（2014d）。教育部國民及學前教育署辦理「高
級中等學校免學費方案」作業程序講習手冊。取自http://www.whsh.

tc.edu.tw/ischool/resources/WID_5_21_9c11baf81cd5b64e3a3b8e19d95f3
b4d57f2344e/CLS_5_21_361160920518983e3891393e3a5b34e37c0afc11/
2cabbc324617452924f3379079613fc2.pdf

教育部國民及學前教育署（2015a）。高中策略聯盟新典範。教育部國民及
　　學前教育署電子報，**52**，取自http://www.k12ea.gov.tw/ap/epaper_view.
　　aspx?sn=2b36d1ca-4949-49fb-b973-c3e2ea661d4f&esn=ced5574a-622e-
　　43f5-b51b-3b8ab6e059e9

教育部國民及學前教育署（2015b）。**教育部國教署105學年度推動國民中
　　小學營造空間美學與發展特色學校實施計畫**。教育部國民及學前教育署
　　2015年11月17日臺教國署國字第1040127701號函公布。

教育部國民及學前教育署（2016a）。**高中優質化輔助方案**。教育部國民及
　　學前教育署2016年5月31日臺教授國部字第1050056505號函修正。

教育部國民及學前教育署（2016b）。**推動國民中小學營造空間美學與發展
　　特色學校實施計畫**。教育部國民及學前教育署2016年11月25日臺教國
　　署國字第1050129147號函發布。

教育部國民及學前教育署（2016c）。**高職與業界合作機構資料庫及產學資
　　訊平臺**。取自http://database.mt.ntnu.edu.tw/

教育部國民及學前教育署（2016d）。**教育部國民及學前教育署高級
　　中等學校3D列印普及培育資訊網**。取自http://3d.tchcvs.tw/index.
　　php?node=FabLab&w=school

教育部國民及學前教育署（2017a）。**優質化均質化：高中優質化執行現況
　　及成果**。載於十二年國民基本教育資訊網，取自http://12basic.edu.tw/
　　Detail.php?LevelNo=88

教育部國民及學前教育署（2017b）。**優質高級中等學校：相關問答**。
　　載於十二年國民基本教育資訊網，取自http://12basic.edu.tw/Detail.
　　php?LevelNo=713

教育部國民及學前教育署（2017c）。**104~106學年度學校型態實驗教育學
　　校名單**（2017年9月13日更新）。載於教育部國民及學前教育署網站，
　　取自http://www.k12ea.gov.tw/files/common_unit/054101b3-b785-4a56-
　　bb91-568247b252e3/doc/104~106學年度學校型態實驗教育學校名單.pdf

教育部國民及學前教育署（2017d）。**高中優質化輔助方案**。教育部國民及學前教育署2017年8月21日臺教授國部字號1060078274號函修正。

教育部國民及學前教育署（2017e）。**高職優質化輔助方案**。教育部國民及學前教育署2017年10月27日臺教授國部字第1060105036號函修正。

教育部國民及學前教育署（2017f）。**公立國民中小學發展特色學校實施計畫**。教育部國民及學前教育署2017年12月21日臺教國署國字第1060144336號函發布。

教育部國民及學前教育署補助大學校院協助高中高職優質精進計畫經費要點（2013年2月22日）。

教育部國民及學前教育署補助高中優質化輔助方案經費要點（2016年5月27日修正）。

教育部國民及學前教育署補助高級中等學校精進優質經費要點（2014年12月2日修正／2017年1月25日廢止）。

教育部國民及學前教育署補助高職優質化輔助方案經費要點（2017年2月22日）。

教育部國民及學前教育署補助國民中小學藝術與人文教學深耕實施要點（2012年12月20日修正／2015年7月8日廢止）。

教育部國民及學前教育署補助國民中學區域職業試探與體驗示範中心作業要點」（2016年5月16日）。

教育部國民及學前教育署補助實施戶外教育要點（2017年2月18日）。

教育部資訊及科技教育司（2015）。**教育新思維～改變現在、想像未來：國民中小學未來想像與創意人才培育計畫紀錄片發表**。取自http://depart.moe.edu.tw/ED2700/News_Content.aspx?n=727087A8A1328DEE&s=9BA05400445EF9FE

教育部顧問室（2014）。**未來想像與創意人才培育中程個案計畫簡介**。取自http://hssda.moe.edu.tw/wSite/DoDownload?fileName=1426582793778.pdf

教育基本法（1999年6月23日制定）。

教育基本法（2013年12月11日修正）。

國立研究開發法人科學技術振興機構（2016a）。**SSHの成果と事例：指定**

校一覽。取自https://ssh.jst.go.jp/school/list.html

國立研究開發法人科學技術振興機構（2016b）。**JSTの沿革**。取自http://www.jst.go.jp/enkaku.html

國立研究開發法人科學技術振興機構（2016c）。スーパーサイエンスハイスクール（**SSH**）とは。取自https://ssh.jst.go.jp/ssh/public/about.html

國立研究開發法人科學技術振興機構（2016d）。**SSHの成果と事例：取り組み事例**。取自https://ssh.jst.go.jp/ssh/public/casestudy/index.html

國立教育廣播電臺（2017年6月12日）。引進**KIPP**花蓮三民國小將公辦民營。取自http://eradio.ner.gov.tw/news/?recordId=38868&_sp=detail

國立臺灣師範大學（2014）。檢送本校辦理「**103年高級中等學校未來想像與創意人才培育計畫成果發表會**」一案。國立臺灣師範大學2014年12月24日師大心輔字第1031031685號函。

國立臺灣師範大學教學發展中心（2014）。翻轉教室課堂活動教學設計。取自https://sites.google.com/site/ntnuspocs/fan-zhuan-jiao-shi-ke-tang-huo-dong-jiao-xue-she-ji

國立臺灣藝術教育館（2017a）。**媒合統計**。載於「藝拍即合：一個藝文資源與學校媒合之平臺」。取自http://1872.arte.gov.tw/Match_statistics_school.aspx

國立臺灣藝術教育館（2017b）。**網站說明**。載於「藝拍即合：一個藝文資源與學校媒合之平臺」。取自http://1872.arte.gov.tw/AboutUs.aspx

國立彰化師範大學（2015）。**本校與13所高中簽訂策略聯盟，推動雙方教育資源交流**。取自http://www.ncue.edu.tw/files/14-1000-10599,r9-1.php

國民教育階段家長參與學校教育事務辦法（2012年4月24日修正）。

國家教育研究院（2012）。**十二年國民基本教育高中、綜高、高職、五專學校實施特色招生之特色課程規劃成果報告**。取自http://web.ylsh.ilc.edu.tw/course/files/1029_12year.pdf

國家教育研究院教育資源及出版中心（2005）。**臺灣教育改革推動歷程大事記（83-94年）**。取自http://3w.naer.edu.tw/941101-innovation%20of%20education.htm

張仕翰（2014）。體驗行銷與價值對於主題式週邊商品之研究：以初音未

來為例（未出版碩士論文）。國立臺灣師範大學，臺北市。

張雨霖、陳學志、陳瑛霞、邱發忠、林耀南、王蔓甄、林鴻文（2013）。淺談高中職階段未來想像與創意之人才培育。**創造學刊，4**(1)，73-98。

張國振（2016）。新北市職業試探暨體驗教育中心：新泰中心簡介。取自 https://eb1.nc.hcc.edu.tw/edu/pub/downfiles.php?recid=60598&fid=5

張國清（2000）。**後現代情境**。臺北市：揚智。

張啓芳（2014年6月24日）。瑞祥高中校長：適性發展破明星迷思，獲高瞻特優獎。**中國時報**，B2版。

張喬雯（2010）。**創新擴散模式在國民小學學校行政應用之研究**（未出版碩士論文）。國立臺中教育大學，臺中市。

張華勳（2009）。**桃園縣私立高中創新經營與行銷策略之個案研究**（未出版碩士論文）。淡江大學，新北市。

張稚美（2001）。以鷹架落實多元智慧論的教育改革理念和精神。**文教新潮，6**(4)，41-54。

張憲庭（2006）。特色學校經營之理念與策略。**北縣教育，57**，32-35。

張瀞文（2015，9月）。全臺實驗教育單位總覽。**親子天下，71**，126-127。

基隆市立中山高級中學（2015）。**歡迎光臨基隆市立中山高中國際英語村**。取自http://210.240.24.129/~evillage/

莊光復（2011）。**臺南市私立高中職學校創新經營與學校效能關係之研究**（未出版碩士論文）。臺灣首府大學，臺南市。

莊美玲（2007年5月）。華德福教育模式之探討。「社會變遷下的幼兒教育與照顧學術研討會」發表之論文，正修科技大學幼兒保育系。

莊清寶（2015）。**103年度考察日本中等教育階段優質學校及其特色發展成果報告**。行政院出國報告，未出版。載於公務出國報告資訊網，取自http://report.nat.gov.tw/ReportFront/report_download.jspx?sysId=C10400049&fileNo=001

參加國際數理學科奧林匹亞競賽及國際科學展覽成績優良學生升學優待辦法（2015年1月28日）。

陳至中（2013年3月27日）。優質高中職認證9成通過。**中央通訊社**。取自

https://tw.news.yahoo.com/優質高中職認證-9成通過-083418739.html

陳伯璋、盧美貴（2014）。另類學校課程美學實踐的反思。**教育研究月刊，241**，34-52。

陳秀瑩（2015）。**12年國教後臺南市私中學生選校因素之重要性分析**（未出版碩士論文）。崑山科技大學，臺南市。

陳定國（1977）。加強工技創新管理之道。**中國論壇，3**(12)。6-9。

陳佩英、簡菲莉（編）（2014）。**高中優質化的藍海航程紀實**。臺中市：教育部國民及學前教育署。

陳映如（2015）。**特色學校永續經營指標建構之研究**（未出版博士論文）。臺北市立大學，臺北市。

陳姿妘（2016年5月20日）。提升國際視野——「竹圍實驗小學」推動雙語課程。淡江網路新聞報。取自http://tkunetnews.tku.edu.tw/?p=3280

陳國正（2002）。**國民小學學校本位管理之研究**（未出版碩士論文）。國立臺中師範學院，臺中市。

陳國偉（2003）。**我國高級中等學校多元入學方案之研究**（未出版碩士論文）。國立中山大學，高雄市。

陳惠邦（2003年12月）。華德福學校教育的現代意義。「藝術與人文領域**教學理論與實務研討會**」發表之論文，國立新竹師範學院。

陳華（2015）。**美國最優質教育資源——藍帶中學介紹**。取自http://meijiaedu.com/article/32142.html

陳雯琪（2008）。**品牌識別設計體系之建構**（未出版碩士論文）。銘傳大學，臺北市。

陳智華（2013年4月20日）。優質認證名單爆爭議，教部大砍10高中職。聯合報。取自http://blog.xuite.net/cs0015/07/68792489

陳雅芳（2017年9月22日）。鹿港高中投入社區服務，重返鹿港光榮軟實力。今日新聞。取自https://www.nownews.com/news/20170922/2610687

陳義忠（2008）。能源環保教育：明道中學風力發電機。載於節能減碳、前瞻校園：明道中學**39**週年校慶專輯。取自http://www.mingdao.edu.tw/genaff/epa/D11.html

陳震宇（2008）。中部五縣市國民小學學校本位管理與學校效能之相關研

究（未出版碩士論文）。國立臺中教育大學，臺中市。

陳龍安（2005）。創造思考的策略與技法。教育資料集刊，**30**，201-266。

陳聰吉（2002）。**高雄市國中生選填志願影響因素之研究**（未出版碩士論文）。國立中山大學，高雄市。

陳麗惠（2007）。**臺灣特色學校品牌管理與品牌行銷策略之研究**（未出版碩士論文）。國立暨南國際大學，南投縣。

陳鐘金（2002）。**國民中小學學校本位管理與學校效能關係之研究**（未出版碩士論文）。國立花蓮師範學院，花蓮縣。

許立一（1999）。後現代主義與公共行政：理論與實務的反思。行政暨政策學報，**1**，219-266。

許明德（2006）。創新及創造性破壞──經濟學大師熊彼得[Joseph A. Schumpeter]。科學發展，**403**，70-75。

許秩維（2013年11月6日）。北區跨校聯盟助產學育人才。中央通訊社。取自https://tw.news.yahoo.com/北區跨校聯盟-助產學育人才-063409730.html

許秩維（2016年6月20日）。臺師大首推企業公費生，3年公費起薪4萬。中央通訊社。取自http://www.cna.com.tw/news/ahel/201606200108-1.aspx

許素惠（2015年6月13日）。古坑實驗高中，畢典登玉山。中時電子報。取自http://www.chinatimes.com/realtimenews/20150613003202-260405

許偉恩（2015）。**結合巨量資料及動態網路程序法於宜居城市之永續運輸規劃策略探討**（未出版碩士論文）。國立臺北大學，新北市。

許淑玲（2008）。**運用多元智慧理論的國語文創意教學實踐**（未出版碩士論文）。國立臺灣師範大學，臺北市。

許麗玲（2009）。**網路學習社群創新擴散模式建構之研究**（未出版博士論文）。國立高雄師範大學，高雄市。

許麗卿（2014）。**新北市國民中學品牌行銷策略之研究**（未出版碩士論文）。國立臺灣師範大學，臺北市。

許藝齡（2010）。蹲點臺灣：中華電信基金會「點·臺灣」雲林華南社區心得。取自http://www.clicktaiwan.com.tw/twspot02/note/note208a.htm

許瀚分（2014年11月19日）。基隆二信高中，可修北科大課程。聯合報。

　　取自https://udn.com/news/story/6885/476335

許齡尹（2010）。從消費者導向探討故事行銷的關鍵成功因素——以臺灣民宿產業為例（未出版碩士論文）。實踐大學，臺北市。

淡江大學（2013）。本校與臺北市立明倫高中簽訂策略聯盟。取自http://gdc.tku.edu.tw/TodayNews/fcdtl.aspx?id=932

梁曙娟（譯）（2003）。紫牛：讓產品自己說故事（原作者：S. Godin）。臺北市：商智文化。

郭永盛（2006）。以「品牌識別要素」建立「顧客基礎品牌權益」：Aaker蜂窩模型觀點（未出版碩士論文）。國立臺北大學，新北市。

郭俊宏（2014）。國中生選擇就讀高中職學校科系決策因素之探討（未出版碩士論文）。國立中正大學，嘉義縣。

康雅媚（2014）。新北市高中學校公共關係策略與學生選校評估取向之關係研究（未出版碩士論文）。國立政治大學，臺北市。

康禔今（2012）。藝術家駐校計畫實踐歷程與參與者觀點之個案研究（未出版碩士論文）。國立彰化師範大學，彰化縣。

基北區103學年度高級中等學校特色招生考試分發入學委員會（2014）。臺北市立大安高級工業職業學校：資電科技班。載於基北區103學年度高級中等學校特色招生考試分發入學簡章（頁7）。取自http://www.ckjh.kl.edu.tw/var/advance/11420140401084733.pdf

莫翊宸（2015年10月27日）。高中創意自造5年計畫，105年啟動。臺灣立報。取自http://enews.tp.edu.tw/paper_show.aspx?EDM=EPS20151027183545VNO

游振鵬（2009）。李歐塔後現代觀點及其在教育上的啟示。教育趨勢導報，34，134-139。

游淑燕（2012）。開放教室Open Classroom。載於國家教育研究院雙語詞彙、學術名詞暨辭書資訊網，取自http://terms.naer.edu.tw/detail/1311856/

游榮魁（2016）。宜蘭縣國民小學特色學校行銷策略之研究（未出版碩士論文）。佛光大學，宜蘭縣。

黃心英（2008）。節能建築，校園減碳。載於節能減碳、前瞻校園：明道

中學**39**週年校慶專輯。取自http://www.mingdao.edu.tw/genaff/epa/D11.html

黃宜蓁（2006）。**國內汽車廠商之品牌行銷策略與消費者購買行為之關係**（未出版碩士論文）。國立中山大學，高雄市。

黃孟慧（2008）。**以品牌識別建立職業籃球隊之品牌權益——以臺灣啤酒籃球隊為例**（未出版碩士論文）。國立雲林科技大學，雲林縣。

黃芳祿（2011年6月3日）校長陳國偉：私立港明高中是國三畢業生的最佳選擇。今日新聞。取自https://www.nownews.com/news/20110603/517298

黃政傑（2014）。翻轉教室的理念、問題與展望。**臺灣教育評論月刊，3**(12)，161-186。

黃建翔（2007）。**學校創新經營與學校效能之相關研究**（未出版碩士論文）。國立花蓮教育大學，花蓮縣。

黃敏榮（2012）。**高級中等學校分布式領導、學校創新經營與學校效能關係之研究**（未出版碩士論文）。國立政治大學，臺北市。

黃逸文（2013）。**消費者視覺、觸覺、聽覺與產品品牌識別關係研究：以智慧型手機為例**（未出版碩士論文）。大同大學，臺北市。

黃嘉雄（2001）。學校本位管理制度比較研究。臺北市：五南。

黃錫培（2016）。雲林縣山峰華德福教育實驗國小：第一所公辦實驗教育學校。師友，**586**，19-23。

曾坤輝（2007）。**臺北縣「特色學校」課程發展之研究：偏遠小學的危機或轉機**（未出版碩士論文）。國立臺北教育大學，臺北市。

曾建城（2014年11月5日）。服務學習在鹿高之推廣實務。國立臺灣師範大學師資培育與就業輔導處**Change電子報，2014年11月號**，取自http://ap.itc.ntnu.edu.tw/ePaperHistory/200905131122421415065025522.html

曾燦金（1996）。**美國學校本位管理及其在臺灣國民小學實施可行性之研究**（未出版碩士論文）。臺北市立師範學院，臺北市。

程晏鈴（2017年5月）。自我領導力引路，保長國小讓孩子找到天賦。天下雜誌，**623**，取自http://www.cw.com.tw/article/article.action?id=5082726

馮靖惠（2016年2月1日）。偏鄉學校，變身特色遊學新景點。聯合報。取

自 https://udn.com/news/story/6898/1479058

覃彥玲（2015）。廣告學。臺北市：元華文創。

彭建瀚（2010）。以科技接受模式與創新擴散理論探討影響手機電子書使用意願相關因素之研究（未出版碩士論文）。國立東華大學，花蓮縣。

湯志民（2006）。政大附中創新經營的理念與策略。教育研究月刊，**145**，59-72。

湯志民（2007）。校園的創意設計：理念與實務。載於國立教育資料館、中華民國學校建築研究學會、中臺科技大學文教事業經營研究所（主編），創意校園規劃與經營（頁24-44）。臺北市：國立教育資料館。

湯志民（2010）。2010年優質學校校園營造指標及其意涵。載於吳金盛（編），優質典範學校——校園營造情境與資源篇（頁220-233）。臺北市：臺北市教師研習中心。

湯志民（2011）。臺灣學校建築的百年蛻變。教師天地，**173**，56-64。

湯堯（2003）。後現代主義對臺灣教育改革的衝擊與啟示。載於古鼎儀、胡少偉、李小鵬（合編），教育發展與課程革新：兩岸四地的變革與創新。取自http://www.acei-hkm.org.hk/Publication/2003-10/NNN15.pdf

葉玉淘（2013）。離島地區實施高中職優質化輔助方案政策成效之研究——以澎湖縣為例（未出版碩士論文）。國立中山大學，高雄市。

葉永婷（2014）。私立高中職學校創新經營、學校行銷策略與學校品牌形象關係之研究：以桃園縣為例（未出版碩士論文）。中原大學，桃園市。

葉鳳強（2014）。整合行銷傳播：理論與實務。臺北市：五南。

富邦藝術基金會（2014）。「城市，再生」富邦藝術基金會 & 松山高中：藝術家駐校計畫課程教案。取自http://www.fubonart.org.tw/ArtAmbassador2014/松山高中「城市，再生」課程教案.pdf

舒季嫻（2012）。另類學校中的品格教育之研究：以欣欣實驗教育學校為例（未出版碩士論文）。國立高雄師範大學，高雄市。

新北市八里區米倉國民小學（2016）。童玩夢工廠：新北市八里區米倉國民小學特色學校簡介。取自http://www.mtes.ntpc.edu.tw/editor_model/u_editor_v1.asp?id={499BB886-AAE5-4805-963E-ED95AC7B3433}

新北市立鶯歌高級工商職業學校（2013）。國際遊學在鶯歌——摺頁。取
　　自http://www.ykvs.ntpc.edu.tw/fdownload/getfile.asp?fno=1325&fenable=
　　1&id={E2EB1979-F79E-4CF0-BADF-EA47145A8A40}
新北市政府（2017）。新北首創「職業試探暨體驗教育中心」，職業試探
　　教育向下扎根（2017年8月16日更新）。載於新北市政府施政成果網。
　　取自https://wedid.ntpc.gov.tw/Site/Policy?id=1858
新北市政府教育局（2011）。新北市英速魔法學院。新北市：作者。
新北市政府教育局（2013a）。雲世代特色學校成果手冊。新北市：作者。
新北市政府教育局（2013b）。新北國際遊學路線特色多，臺美生交流開
　　視野。取自http://www.ntpc.edu.tw/news/index.php?mode=data&id=
　　3429&parent_id=10003&type_id=10024
新北市政府教育局（2015a）。體驗遊學秘密基地—有木國小榮獲全國特色
　　遊學學校殊榮。取自http://www.ntpc.gov.tw/ch/home.jsp?id=28&parentp
　　ath=0,6,27&mcustomize=news_view.jsp&dataserno=201504140001&t=nu
　　ll&mserno=201309100001
新北市政府教育局（2015b）。新北市104年度「新食代運動：田園交饗，
　　農情新北」食農教育推廣實施計畫。新北市教育電子報，**174**。取自
　　http://epaper.ntpc.edu.tw/index/EpaSubShow.aspx?CDE=EPS2015071410
　　0519IHU&e=EPA20141110151333KGC
新北市政府教育局（2015c）。新北市「職業試探暨體驗教育中心」正德國
　　中揭牌啓用。取自http://www.ntpc.gov.tw/ch/home.jsp?id=28&parentpath
　　=0,6,27&mcustomize=multimessages_view.jsp&dataserno=201506230012
新北市政府新聞局（2016）。三民高中成立第4所職業試探暨體驗教育中
　　心：技職教育眞正實踐「行行出狀元」。取自http://www.ntpc.gov.tw/
　　ch/home.jsp?id=28&parentpath=0,6,27&mcustomize=news_view.jsp&data
　　serno=201604080011&mserno=201309160001
新北市瑞芳區濂洞國民小學（2016）。濂洞電子報第30期。取自
　　http://163.20.89.1/webdata/e-paper/e30.pdf
楊正義（2014）。高雄市高中高職學生學校選擇因素之研究（未出版碩士
　　論文）。國立高雄師範大學，高雄市。

楊安琪（2015年11月11日）。翻轉傳統管理模式，物聯網、大數據成創新關鍵。科技新報。取自http://technews.tw/2015/11/11/cheers-asian-talent-innovation-forum-iot-and-big-data/

楊秀敏（2005）。政策行銷策略之研究：以限用塑膠袋政策為例（未出版碩士論文）。國立政治大學，臺北市。

楊威國（2015）。建構物聯網服務系統評選模式：以智慧家庭系統為例（未出版碩士論文）。國立高雄應用科技大學，高雄市。

楊瑞明（2006）。後現代境況與臺灣中等技職教育發展之研究（未出版博士論文）。國立臺灣師範大學，臺北市。

楊瑩、林永豐、陳怡如、陳延興、魏麗敏、洪福源（2014）。英國教育（二）。臺北市：高等教育。

詹志禹、林顥達、張寶芳（編）（2013）。未來想像教育在臺灣。臺北市：教育部未來想像與創意人才培育總計畫辦公室。

詹棟樑（2009）。後現代主義教育思潮（第7版）。臺北市：渤海堂文化。

臺中市私立明道高級中學（2009a）。全校式經營能源教育：明道中學從節能減碳開始邁向永續校園。取自http://www.mingdao.edu.tw/genaff/epa/inf/mdedu.ppt

臺中市私立明道高級中學（2009b）。明道中學全校式經營的能源學校成果。取自http://www.mingdao.edu.tw/genaff/epa/inf/md2009-1.doc

臺中市私立明道高級中學（2010）。教育部99年度永續校園推廣計畫：永續校園局部改造期末報告書。取自http://www.esdtaiwan.edu.tw/project/school/upload2/file01/明道中學-99-整合案期末報告.doc

臺中市青年志工中心（2010）。青輔會99年區域和平志工團績優團隊全國競賽優勝團隊名單。取自http://www.meworks.net/meworksv2a/meworks/page1.aspx?no=227665&step=1&newsno=24192

臺中市政府新聞局（2001年10月26日）。市政新聞：「魔法城堡」永春國小，汽球魔毯揭牌啓用。取自http://www.taichung.gov.tw/ct.asp?xItem=29918&ctNode=24068&mp=1001d

臺北市私立立人國際國民中小學（2015年4月16日）。立人50週年校慶暨2015領袖日活動。臺北市私立立人國際國民中小學新聞稿。取自

http://www.doe.gov.taipei/ct.asp?xItem=102095424&ctNode=66160&mp=104001

臺東縣豐源國民小學（2017）。校史沿革。取自http://www.fayps.ttct.edu.tw/files/11-1050-3.php?Lang=zh-tw

臺灣社區安全推廣中心（2017）。臺灣國際安全學校。取自http://www.safecommunities.org.tw/safecommunity/default.asp?todowhat=showpage&no=85

彰化縣立二林高級中學（2015）。彰化縣國際英語村二林村：我們這一村。取自http://erlin.twrses.org/our_village

彰化縣政府（2011）。彰化縣100學年度國際英語村遊學體驗營實施計畫。http://erlin.twrses.org/in-the-news/page-1

廖怡慧（2012）。教學新思維—翻轉課堂（Flipped classroom）。輔仁大學深耕教與學電子報，**31**。取自http://ntuedusa.blogspot.tw/2013/05/flipped-classroom.html?m=1#!/2013/05/flipped-classroom.html

廖崇義（2009）。高中優質化輔助方案執行之研究（未出版碩士論文）。國立臺北教育大學，臺北市。

趙偉忠（2010）。破壞性創新個案研究：聯發科的中國山寨機藍海策略（未出版碩士論文）。國立交通大學，新竹市。

趙惠玲（2014）。「師大翻轉教室」教學網站啓航。取自https://sites.google.com/site/ntnuspocs/Home

翟家甫（2013）。公立高中校長分布式領導與學校創新經營之研究：以臺中市爲例（未出版碩士論文）。國立政治大學，臺北市。

蔡文堂（2007）。澎湖縣醫藥團體參與社區防疫之研究（未出版碩士論文）。國立中山大學，高雄市。

蔡永智（2011）。學校行銷策略與學生選校就讀關係之研究：以新北市公私立高職爲例（未出版碩士論文）。國立政治大學，臺北市。

蔡幸枝（2004）。高級職業學校行銷策略之研究（未出版碩士論文）。國立彰化師範大學，彰化縣。

蔡明富（1998）。多元智能理論及其在教育上的應用。初等教育學報，**11**，305-334。

鄭美芳（2012）。以多元智能理論爲基礎的繪本教學對國中生的學習投入與創造力影響之實驗研究（未出版碩士論文）。國立彰化師範大學，彰化縣。

鄭博眞（2000年10月）。多元智能論在補救教學的應用與實施模式之探討。「九年一貫課程改革下補救教學方案研討會」發表之論文，國立高雄師範大學。

鄭博眞（2003）。多元智能理論及其在課程、教學與評量革新之應用。初等教育學報，**16**，111-142。

鄭筱慧（2011）。從服務品質與學校形象的觀點探討學校創新經營對選校意願之影響：以桃園縣公立國民中學爲例（未出版碩士論文）。國立臺北大學，新北市。

鄭語謙（2016年6月20日）。台師大首創「企業公費生」3年補助50萬。聯合晚報。取自https://www.udn.com/news/story/6885/1773823

蔣欣怡（2014）。夜市品牌識別設計與應用研究：以蔣家官財板爲例（未出版碩士論文）。國立東華大學，花蓮縣。

衛生福利部國民健康署（2011）。守護我們的傳家寶 打造安全學習環境。取自https://www.hpa.gov.tw/Pages/Detail.aspx?nodeid=1131&pid=2347

衛生福利部國民健康署（2017a）。健康促進學校介紹。取自http://www.hpa.gov.tw/Pages/Detail.aspx?nodeid=1286&pid=886

衛生福利部國民健康署（2017b）。健康促進學校國際認證獲獎學校名單。取自http://www.hpa.gov.tw/Pages/Detail.aspx?nodeid=574&pid=892

駐英國代表處教育組（2013）。英國政府提倡工作坊學校的設立。取自http://fepaper.naer.edu.tw/print.php?edm_no=28&content_no=1621

駐英國代表處教育組（2014a）。英國中小學一貫制學校現況。教育部電子報，**612**。取自http://epaper.edu.tw/windows.aspx?windows_sn=15165

駐英國代表處教育組（2014b）。英國國會針對公辦民營學校研究報告出爐。教育部電子報，**634**。取自http://epaper.edu.tw/windows.aspx?windows_sn=16313

駐英國代表處教育組（2014c）。英國新增自主學校相關報告。教育部電子報，**621**。取自http://epaper.edu.tw/windows.aspx?windows_sn=15634

劉婉君（2014年12月8日）。菁寮國中小、後壁高中3校，簽訂食安教育策略聯盟。自由時報。取自http://news.ltn.com.tw/news/life/breakingnews/1176612

學校型態實驗教育實施條例（2014年11月19日制定；2018年1月31日修正）。

歐仔珊（2011）。以**Rogers**創新擴散理論探討臺灣英文線上寫作系統之使用（未出版碩士論文）。國立高雄師範大學，高雄市。

獨立行政法人科學技術振興機構（2014）。**SUPER SCIENCE HIGHSCHOOL**（平成**26**年度版）：文部科學省指定**2014-2015**スーパーサイエンスハイスクール。東京都，日本：作者。

鍾佳宏（2015）。以服務科學觀點探討高中生行動學習現況與服務價值之調查研究（未出版碩士論文）。國立屏東大學，屏東縣。

鍾國源（2010）。多元升學制度下高雄市國中畢業生升學選擇之研究（未出版碩士論文）。國立高雄師範大學，高雄市。

薛德永（2008）。澎湖縣國民小學推動特色學校發展之研究（未出版碩士論文）。國立中山大學，高雄市。

蕭富峰（2011）。行銷管理（三版）。臺北市：智勝文化。

羅凱（2007）。高品牌價值之品牌識別設計傾向與標誌模式探究（未出版碩士論文）。國立臺灣科技大學，臺北市。

蘇美麗（2005）。從後現代主義論質化研究。國民教育研究學報，**14**，57-78。

蘇慧貞（編）（2006）。永續校園營造指南。臺北市：教育部。

Aaker, D. A. (1995). *Building strong brands*. NY: The Free Press.

Akroush, M. N. (2011). The 7Ps classification of the services marketing mix revisited: An empirical assessment of their generalisability, applicability and effect on performance: Evidence from Jordan's Services Organisations. *Jordan Journal of Business Administration, 7*(1), 116-147.

Altshuler, A. A., & Zegans, M. D. (1997). Innovation and public management: Notes from the state house and city hall. In A. A. Altshuler & R. D. Behn (eds.), *Innovation in American government: Challenges, opportunities and dilemmas* (pp. 68-80). Washington, DC: Brookings Institution Press.

Amabile, T. M. (1996). *Creativity in context*. Boulder, CO: Westview Press.

American Marketing Association (2013). *Definition of marketing*. Retrieved from https://www.ama.org/AboutAMA/Pages/Definition-of-Marketing.aspx

American Marketing Association (2014). *Dictionary*. Retrieved from https://www.ama.org/resources/Pages/Dictionary.aspx

Angrist, J. D., Pathak, P. A., & Walters, C. R. (2013). Explaining charter school effectiveness. *American Economic Journal: Applied Economics, 5*, 1-27.

Barnes, J. (Ed.). (2017). *IB world schools yearbook 2017*. Woodbridge, England: John Catt Educational.

BBC NEWS (2001, June 21). *Beacon schools explained*. Retrieved from http://news.bbc.co.uk/2/hi/uk_news/education/1400353.stm

Blazer, C. (2012). A review of the research on magnet schools. *Information Capsule, 1105*, 1-13.

Borden, N. H. (1984). The concept of the marketing mix. *Journal of Advertising Research, Classics 2*, 7-12.

Briggs, K. L., & Wohlstetter, P. (2003). Key elements of a successful school-based management strategy. *School Effectiveness and School Improvement, 14*(3), 351-372. doi: 10.1076/sesi.14.3.351.15840

Buchen, I. H. (2006). *Futures thinking, learning, and leading: Applying multiple intelligences to success and innovation*. Lanham, MD: Rowman & Littlefield Education.

Bullock, K., & Muschamp, Y. M. (2004). Reflecting on pedagogy: Outcomes from a beacon school network. *Teacher Development, 8*(1), 29-44.

Bund der Freien Waldorfschulen (2017). *Waldorf world list: Directory of Waldorf and Rudolf Steiner schools, kindergartens and teacher training centers worldwide*. Retrieved from https://www.freunde-waldorf.de/fileadmin/user_upload/images/Waldorf_World_List/Waldorf_World_List.pdf

Buzan, T. (2007). *The Buzan study skills handbook*. London, England: BBC

Active.

Buzan, T., & Buzan, B. (2000). *The mind map book*. London, England: BBC Active.

Chan, D. W. (2000). Learning and teaching through the multiple-intelligences perspective: Implications for curriculum reform in Hong Kong. *Educational Research Journal, 15*(2), 187-201.

Chen, G. (2015). *What is a magnet school?* Retrieved from http://www. publicschoolreview.com/blog/what-is-a-magnet-school

Cheng, A., Hitt, C., Kisida, B., & Mills, J. N. (2015). *No excuses charter schools: A meta-analysis of the experimental evidence on student achievement* (EDRE Working Paper No. 2014-11). Retrieved from http:// www.uaedreform.org/downloads/2014/12/no-excuses-charter-schools-a-meta-analysis-of-the-experimental-evidence-on-student-achievement.pdf

Cherniss, C. (2005). *School change and the MicroSociety program*. Newbury Park, CA: Corwin Press.

Choudhary, M. K. (2012). Innovation to multiple intelligence in the classroom. *International Journal of Scientific & Engineering Research, 3*(10), 1-5.

Christensen, C. M. (1997). *The innovator's dilemma: When new technologies cause great firms to fail*. Boston, MA: Harvard Business School Press.

Christensen, C. M., & Raynor, M. E. (2003). *The innovator's solution: Creating and sustaining successful growth*. Boston, MA: Harvard Business School Press.

Christensen, C. M., Anthony, S. D., & Roth, E. A. (2004). *Seeing what's next: Using the theories of innovation to predict industry change*. Boston, MA: Harvard Business School Press.

Christensen, C. M., Horn, M. B., & Johnson, C. W. (2008). *Disrupting class: How disruptive innovation will change the way the world learns*. NY: McGraw-Hill.

Chubb, J. E., & Moe, T. M. (1990). *Politics, markets and America's schools*. WA: Brookings Institution.

ClassroomWindow (2012). *Improve student learning and teacher satisfaction in one flip of the classroom*. Retrieved from http://caite.fed.cuhk.edu.hk/projects/wp2016/?p=1132

College Board (2016). *Advanced placement (AP) tests*. Retrived from http://www.tasd.net/tahs/files/7014/7068/1797/Advanced_Placement_Information_Sheet_for_website.pdf

Daniel, B. (1992). Decentralization and school-based management. *Canadian Journal of Education, 17*(4), 473.

Department for Education (2013). *Academies annual report: Academic year 2011 to 2012*. Retrieved from https://www.gov.uk/government/uploads/system/uploads/attachment_data/file/206382/Academies_Annual_Report_2011-12.pdf

Department for Education (2014). *Free schools: How to apply mainstream, 16 to 19, alternative provision and special free schools*. Retrieved from http://dera.ioe.ac.uk/20697/1/free-schools-how-to-apply-aug-2014.pdf

Department for Education (2015). *2010 to 2015 government policy:Academies and free schools*. Retrieved from https://www.gov.uk/government/publications/2010-to-2015-government-policy-academies-and-free-schools/2010-to-2015-government-policy-academies-and-free-schools

Department for Education (2016). *Academies annual report: Academic year 2014 to 2015*. Retrieved from https://www.gov.uk/government/publications/academies-annual-report-academic-year-2014-to-2015

Department for Education (2017a). *List of all free schools: Open or in pre-opening stage (up to September 2017)*. Retrieved from https://www.gov.uk/government/publications/free-schools-open-schools-and-successful-applications

Department for Education (2017b). *Schools, pupils and their characteristics: January 2017*. Retrieved from https://www.gov.uk/government/statistics/schools-pupils-and-their-characteristics-january-2017

Doyle, P. (1990). Building successful brands: The strategic options. *Journal of*

Consumer Marketing, 7(2), 5-20.

Drucker, P. F. (1999). Innovate or die. *The Economist, 352*, 25-28.

FranklinCovey (2017a). *The leader in me (K-12)*. Retrieved from https://www.franklincovey.com/Solutions/education/TLIM.html

FranklinCovey (2017b). *The leader in me: Events*. Retrieved from http://www.theleaderinme.org/events/

Gangi, S. (2011). *Differentiating instruction using multiple intelligences in the elementary school classroom: A literature review*. A research paper submitted in partial fulfillment of the requirements for the master of science degree in education, University of Wisconsin-Stout. Retrieved from http://www2.uwstout.edu/content/lib/thesis/2011/2011gangis.pdf

Gary, L.(1991). *Marketing education*. PA: Open University Press.

Gardner, H. (1983/2004). *Frames of mind: The theory of multiple intelligences*. NY: Basic Books.

Gardner, H. (1993). *Multiple intelligences: The theory in practice*. NY: Basic Books.

Gardner, H. (1995). Reflections on multiple intelligences: Myths and messages. *Phi Delta Kappan, 77*, 200-209.

Gardner, H. (1999). *Intelligence reframed: Multiple intelligences for the 21st century*. NY: Basic Books.

Gardner, H. (2006). *Multiple intelligences: New horizons*. NY: Basic Books.

Gleason, P. M. (2016). *What's the secret ingredient? Searching for policies and practices that make charter schools successful* (Working paper, 47). Mathematica Policy Research. Retrieved from https://www.charterschoolcenter.org/publication/whats-secret-ingredient-searching-policies-and-practices-make-charter-schools-successful

Godin, S. (2003). *Purple cow: Transform your business by being remarkable*. NY: Portfolio.

Greene, J., Forster, G., & Winters, M. (2003). *Apples to apples: An evaluation of charter schools serving general student populations*. New York:

Manhattan Institute for Policy Research. Retrieved from ERIC database. (ED498243)

Guerriero, M. A. (1968). *The Benjamin Franklin high school urban league street academies program: Evaluation of ESEA Title I projects in New York city, 1967-68*. Retrieved from ERIC database. (ED034000)

International Baccalaureate Organization (2017a). *About the IB*. Retrieved from http://www.ibo.org/about-the-ib/

International Baccalaureate Organization (2017b). *Tokyo Metropolitan Kokusai High School*. Retrieved from http://www.ibo.org/en/school/050669/

Jenkins, A., & Levacic, R. (2014). *Evaluating the effectiveness of specialist schools*. London, England: Centre for Economics of Education, London School of Economics and Political Science.

Karsten, S., & Meijer, J. (1999). School-based management in the Netherlands: The educational consequences of lump-sum funding. *Educational Policy, 13*(3), 421-440.

Kermally, S. (2003). *Gurus on marketing*. London, England : Thorogood.

Kim, S. -Y. (2017). *2016 saw lowest number of births ever recorded in South Korea*. Retrieved from http://english.hani.co.kr/arti/english_edition/e_national/783928.html

Knapp, D. E. (1999). T*he brand mindset: Five essential strategies for building brand dvantage throughout your company*. London, England: McGraw-Hill.

Kotler, P. (1997). *Marketing management* (7th ed.). Englewood Cliffs, NJ: Prentice Hall.

Lanzillotti, R. F. (2003). Schumpeter, product innovation and public policy: The case of cigarettes. *Journal of Evolutionary Economics, 13*, 469-490. doi: 10.1007/s00191-003-0166-8

Leonard, D., & Swap, W. (1999). *When sparks fly: Igniting creativity in groups*. Boston, MA: Havard Business School Press.

Lingard, B., Hayes, D., & Mills, M. (2002). Developments in school-based management: The specific case of Queensland, Australia. *Journal of Educational Administration, 40*(1), 6-30.

Magnet Schools of America (2013a). *2013 annual report: Taking bold steps toward a brighter future.* Retrieved from http://www.magnet.edu/files/documents/msa-2013-annual-report-final.pdf

Magnet Schools of America (2013b). *What are magnet schools?* Retrieved from http://www.magnet.edu/about/what-are-magnet-schools

Maguire, M. (2002). *Brand marketing: Image - the key to success.* Norderstedt, Germany: GRIN Verlag.

May, B. (2014). *Media brand marketing: The new business model.* NC: Lulu.com.

Mesa Community College (2017). *Early college programs.* Retrieved from https://www.mesacc.edu/programs/

McKenzie, W. (2005). *Multiple intelligences and instructional technology.* Washington, DC: International society for technology in education.

MicroSociety (2017). *The MicroSociety model.* Retrieved from http://www.microsociety.org/programs-and-services/the-microsociety-model/

MicroSociety Academy Charter School Foundation Parents (2014). *Charter school application: MicroSociety Academy Charter School of Southern New Hampshire.* Retrieved from https://www.education.nh.gov/instruction/school_improve/charter/documents/macs_application_2014.pdf

Mirzaei A., Domakani, M. R., & Heidari, N. (2014). Exploring the relationship between reading strategy use and multiple intelligences among successful L2 readers. *Educational Psychology, 34*(2), 208-230. doi: 10.1080/01443410.2013.785053

Mok, H. N. (2014). Teaching tip: The flipped classroom. *Journal of Information Systems Education, 25*(1), 7-11.

National Alliance for Public Charter Schools (2016). *A closer look at the charter school movement.* Retrieved from http://www.publiccharters.org/wp-content/uploads/2016/02/New-Closed-2016.pdf

National Alliance for Public Charter Schools (2017). *Estimated Charter Public School Enrollment, 2016-17*. Retrieved from http://www.publiccharters. org/wp-content/uploads/2017/01/EER_Report_V5.pdf

New Schools Network (2016). *What are free schools*. Retrieved from http:// www.newschoolsnetwork.org/what-are-free-schools/

New York City Department of Education (2011). *iZone*. Retrieved from https:// ilearnnyc.wikispaces.com/file/view/iZone+One+Sheet_Chinese.pdf

New York City Department of Education (2012). *Educational impactstatement: The proposed co-location of a new public charter school success academy charter school Brooklyn 7 (84KTBD) with existing school Brownsville Academy High School (17K568) inbuilding K907 beginning in 2013-2014*. Retrieved from http://schools.nyc.gov/NR/rdonlyres/9AD78E9B-AA8A-4579-8DD8-4FAA4A16D0D3/130731/EIS_84KTBD_SuccessAcademy7Final1.pdf

Ng, P. T., & Chan, D. (2008). A comparative study of Singapore's school excellence model with Hong Kong's school-based management. *The International Journal of Educational Management, 22*(6), 488-505.

The Office for Standards in Education, Children's Services and Skills [Ofsted] (2009). *Specialist schools: A briefing paper for section 5 inspections*. London, England: Author.

Perry, A., & Wisnom Ⅲ, D. (2003). *Before the brand: Creating the unique DNA of an enduring brand identity*. NY: McGraw-Hill.

Politics.co.uk (2015). *Specialist schools: What are specialist schools?* Retrieved from http://www.politics.co.uk/reference/specialist-schools

Rebarber, T., & Zgainer, A. C. (Eds.). (2014). *Survey of America's charter schools 2014*. Washington, DC: The Center for Education Reform.

Robertson, P. J., & Briggs, K. L. (1998). Improving schools through school-based management: An examination of the process of change. *School Effectiveness and School Improvement, 9*(1), 28-57. doi: 10.1080/0924345980090102

Robertson, P. J., Wohlstetter, P., & Mohrman, S. A. (1995). Generating curriculum and instructional innovations through school-based management. *Educational Administration Quarterly, 31*(3), 375-404. doi: 10.1177/0013161X95031003004

Rogers, E. M. (2003). *Diffusion of innovations* (5th ed.). New York: Free Press.

Romano, F. (2006). *Clinton and Blair: The political economy of the third way.* London, England: Taylor & Francis Group.

Rudd, P., Holland, M., Sanders, D., Massey, A., & White, G. (2004).*Evaluation of the beacon schools initiative: Final report 2004.* Retrieved from http://www.leeds.ac.uk/educol/documents/00003864.htm

Sass, T. R., Zimmer, R. W., Gill, B. P., & Booker, T. K. (2016). Charter high schools' effects on long-term attainment and earnings. *Journal of Policy Analysis and Management, 35*(3), 683-706. doi: 10.1002/pam.21913

Schumpeter, J. A. (1934). *The theory of economic development: An inquiry into profits, capital, credit, interest and the business cycle* (2nd ed.). Cambridge, MA: Harvard University Press.

Schumpeter, J. A. (1939). *Business cycles: A theoretical, historical and statistical analysis of the capitalist process.* New York, Toronto, London: McGraw-Hill.

Smith, E. (2015). What happened to the Beacon schools? Policy reform and educational equity. *Oxford Review of Education, 41*(3), 367-386.

Spelman College (2017). *Summer programs: Early college program.* Retrieved from http://www.spelman.edu/academics/summer-programs/early-college-program

Studio Schools Trust (2015). *What is a studio school.* Retrieved from http://studioschoolstrust.org/sites/default/files/Guide%20to%20Studio%20Schools%202015.pdf

Studio Schools Trust (2016a). *Studio schools trust: 2016 national satisfaction survey.* Retrieved from http://studioschoolstrust.org/sites/default/files/2016_06.14_Studio_Schools_A4_typeset_01_0.pdf

Studio Schools Trust (2016b). *Current school locations*. Retrieved from http://studioschoolstrust.org/node/124

Śledzik, K. (2013). Schumpeter's view on innovation and entrepreneurship. In S. Hittmar (ed.), *Management trends in theory and practice* (pp.89-95). Zilina, Slovak: University of Zilina.

Teaching & Learning research Corp. (1970). *Final report of the evaluation of the Benjamin Franklin Urban League Street Academy, FSEA Title I 1969-1970*. Retrieved from ERIC database. (ED047059)

Tokyo Metropolitan Kokusai High School (2014). *Your wings to the world: New academic programme for International Baccalaureate Diploma Programme will start from 2015*. Tokyo, Japan: Author.

Tokyo Metropolitan Kokusai High School (2016). *Your wings to the world: Academic programme for International Baccalaureate Diploma Programme*. Tokyo, Japan: Author.

Tokyo Tech High School of Science and Technology (2016). *SGH Home*. Retrieved from http://www.hst.titech.ac.jp/~sgh/en/index.html

Tuttle, C. C., Teh, B., Nichols-Barrer, I., Gill, B. P., & Gleason, P. (2010). *Student characteristics and achievement in 22 KIPP middle schools: Final Report*. Washington, DC: Mathematica Policy Research, Inc.

UNESCO Institute for Statistics (2017). *Compulsory education, duration*. Retrieved from http://data.un.org/Data.aspx?d=UNESCO&f=series%3ACEDUR_1

U.S. Department of Education (2013). *U.S. Department of Education Awards $89.8 Million in Magnet School Assistance Program Grants*. Retrieved from https://www.ed.gov/news/press-releases/us-department-education-awards-898-million-magnet-school-assistance-program-grants

U.S. Department of Education (2014a). *U.S. Department of Education announces 2014 national blue ribbon schools*. Retrieved from https://www.ed.gov/news/press-releases/us-department-education-announces-2014-national-blue-ribbon-schools

U.S. Department of Education(2014b). *Charter schools program: Title V, part B of the ESEA nonregulatory guidance.* Retrieved from https://www2.ed.gov/about/offices/list/oii/resources/info/fy14cspnonregguidance.doc

U.S. Department of Education (2017a). *Programs: Magnet schools assistance.* Retrieved from https://www2.ed.gov/programs/magnet/index.html

U.S. Department of Education (2017b). *Programs: National blue ribbon schools program.* Retrieved from https://www2.ed.gov/programs/nclbbrs/index.html

U.S. Department of Education, National Center for Education Statistics [NCES] (2017). *Table 216.20. Number and enrollment of public elementary and secondary schools, by school level, type, and charter and magnet status: Selected years, 1990-91 through 2014-15.* Retrieved from https://nces.ed.gov/programs/digest/d16/tables/xls/tabn216.20.xls

U.S. Department of Education, Office of Innovation and Improvement (2008). *Successful magnet high schools.* Washington, DC: U.S. Department of Education. Retrieved from https://www2.ed.gov/admins/comm/choice/magnet-hs/magneths.pdf

U.S. Department of Education, Office of the Under Secretary (2004). *Evaluation of the Public Charter Schools Program: Final report* (No. ED98CO0074). Retrieved from https://www2.ed.gov/rschstat/eval/choice/pcsp-final/finalreport.pdf

Williams, J. D. (1998). *Lyotard: Towards a postmodern philosophy.* Malden, MA: Blackwell Publishers Inc.

Yamauchi, F (2014). An alternative estimate of school-based management impacts on students' achievements: Evidence from the Philippines. *Journal of Development Effectiveness, 6*(2), 97-110. doi: 10.1080/19439342.2014.906485

Yau, H. -K., & Cheng, A. L. -F. (2014). Principals and teachers' perceptions of school-based management. *International Education Research, 2*(1), 44-59. doi: 10.12735/ier.v2i1p44

家圖書館出版品預行編目資料

學校特色發展與創新／秦夢群、莊清寶著.一
初版. — 臺北市：五南，2018.07
　　面；　公分
ISBN 978-957-11-9520-9（平裝）

1.學校管理　2.學校行政

527　　　　　　　　106023616

111D

學校特色發展與創新

作　　者 — 秦夢群(434.1)　莊清寶

發 行 人 — 楊榮川

總 經 理 — 楊士清

主　　編 — 陳念祖

責任編輯 — 郭雲周　李敏華

封面設計 — 姚孝慈

出 版 者 — 五南圖書出版股份有限公司

地　　址：106台北市大安區和平東路二段339號4樓

電　　話：(02)2705-5066　　傳　真：(02)2706-6100

網　　址：http://www.wunan.com.tw

電子郵件：wunan@wunan.com.tw

劃撥帳號：01068953

戶　　名：五南圖書出版股份有限公司

法律顧問　林勝安律師事務所　林勝安律師

出版日期　2018年7月初版一刷

定　　價　新臺幣530元